本书是国家社科基金项目"数字赋能西南民族地区农旅融合实践路径研究"（编号：23BMZ045）的阶段性成果。

山地农业景观时空演变及脆弱性研究
——以重庆市石柱县为例

THE SPATIO-TEMPORAL EVOLUTION AND VULNERABILITY OF MOUNTAIN AGRICULTURAL LANDSCAPE

江娟丽　杨庆媛 ◎ 著

知识产权出版社
全国百佳图书出版单位
北京

图书在版编目（CIP）数据

山地农业景观时空演变及脆弱性研究：以重庆市石柱县为例 / 江娟丽，杨庆媛著. —北京：知识产权出版社，2024.1

ISBN 978-7-5130-9068-1

Ⅰ.①山… Ⅱ.①江… ②杨… Ⅲ.①观光农业—景观规划—研究—重庆 Ⅳ.①F592.771.9②TU982.29

中国国家版本馆 CIP 数据核字（2023）第 243509 号

内容提要

本书以重庆市石柱县为例，以农业景观格局演变为研究切入点，运用景观指数法、景观转移矩阵法、景观利用图谱对研究区的农业景观格局进行分析，通过对研究区的农业景观脆弱性进行测度，揭示石柱县农业景观脆弱性的演化规律与特征，并采用多种研究方法分析农业景观格局演变和农业景观脆弱性变化的驱动力，进而提出农业景观格局优化和脆弱性应对管理的对策建议。

本书适合科研院所、高等院校的区域经济、乡村振兴和农旅融合发展等方向的研究人员，山地地区农业、文旅部门管理者，政府工作人员等阅读参考。

责任编辑：刘　嵩	责任校对：王　岩
封面设计：邵建文　马倬麟	责任印制：孙婷婷

山地农业景观时空演变及脆弱性研究
——以重庆市石柱县为例

江娟丽　杨庆媛　著

出版发行：知识产权出版社有限责任公司	网　　址：http://www.ipph.cn
社　　址：北京市海淀区气象路 50 号院	邮　　编：100081
责编电话：010-82000860 转 8119	责编邮箱：liuhe@cnipr.com
发行电话：010-82000860 转 8101/8102	发行传真：010-82000893/82005070/82000270
印　　刷：北京中献拓方科技发展有限公司	经　　销：新华书店、各大网上书店及相关专业书店
开　　本：720mm×1000mm　1/16	印　　张：17
版　　次：2024 年 1 月第 1 版	印　　次：2024 年 1 月第 1 次印刷
字　　数：252 千字	定　　价：89.00 元

ISBN 978-7-5130-9068-1

出版权专有　侵权必究

如有印装质量问题，本社负责调换。

序
——关于山地农业景观变化研究的方法论思考

"三农"问题是关系国计民生的根本性问题，必须坚持把解决好"三农"问题作为全党工作重中之重。要坚持农业农村优先发展，按照产业兴旺、生态宜居、乡风文明、治理有效、生活富裕的总要求，建立健全城乡融合发展体制机制和政策体系，加快推进农业农村现代化。服务"三农"工作既是地理科学工作者的优良传统，又是地理科学工作者的光荣使命。

山地农业景观是一类独特的农业生态系统，分布广泛。山地农业景观是山区乡村振兴的物质基础，从大的方面整体谋划，搞好顶层设计，要按照人口资源环境相均衡，经济社会生态效益相统一的原则，把山地农业景观开发保护格局设计好、建设好。深入开展山地农业景观变化研究，服务乡村振兴战略意义重大。从方法论的角度看，地理工作者开展山地农业景观变化研究主要聚焦在以下四个方面。

其一，山地农业景观变化特点分析。辩证唯物主义认为，变化是大千世界的本质特征，是一切科学研究的切入点。如何揭示事物的变化特点和变化规律，是一个科学问题，应当运用科学理论和科学方法来回答这个问题。山地农业景观变化特点诊断应抓住两个着力点：一是建立山地农业景观变化诊断指标体系。在科学研究实践中，地理学家通常采用野外观测、遥感影像判读、社会调查、专家咨询、文献分析等科学方法来建立诊断指标体系。二是描绘山地农业景观变化诊断指标变化曲线。变化是时间的函数,在科学研究实践中,地理学家通常采用时间函数来描述变化过程,通过采集不同时点的变化特征值,描绘诊断指标变化曲线,构建诊断指标变化函数。

其二,山地农业景观变化机理分析。内因是事物变化的根源,外因是事物变化的条件。山地农业景观变化机理分析应抓住三个着力点:一是建立山地农业景观变化影响因素指标体系。地理学家通常采用头脑风暴法、特尔菲法、层次分析法等科学方法来建立影响因素指标体系,着力寻找那些对大自然产生伤害的人类活动或人类行为。二是描绘山地农业景观变化影响因素变化曲线。地理学家通常采用时间函数来描述影响因素变化过程,通过采集不同时点的影响因素变化特征值,描绘影响因素变化曲线,构建影响因素变化函数。三是揭示影响因素作用机理。山地农业景观是一个动态系统,影响因素体系也是一个动态系统,它们的变化是相互联系、相互影响的。在科学研究实践中,人们常用相关分析法、回归分析法、耦合分析法,以及相应的统计分析软件包如 Excel、Spss 等,来解决这类问题,揭示各个山地农业景观变化影响因素与山地农业景观变化的相互关联。

其三,山地农业景观变化影响评价。人类活动导致山地农业景观变化,山地农业景观变化必然对人类社会发展产生影响,那么这些影响是什么,这些影响在哪里,这些影响如何应对,是一系列科学问题,应当运用山地农业治理科学理论和科学方法来解答。不同的山地农业景观变化对不同的人类活动影响是不同的,不同的人类活动对山地农业景观变化的影响也是不同的,评价山地农业景观变化对人类活动的影响,必须坚持因地制宜、因势利导的原则,针对具体问题做具体分析,针对具体研究情况,建立影响评价指标体系,选择影响评价科学方法。

其四,山地农业景观变化响应研究。人与自然是生命共同体,人类社会不是消极地承受大自然的变化,而是积极顺应大自然的变化。山地农业景观变化对人类活动产生了各种各样的影响,那么人类应当如何应对,如何减小自然报复损失,如何促进人与自然和谐共生?对于这些科学问题,应当运用

序

科学理论和科学方法去寻找答案。顺天意，接地气，讲科学，是人类社会应对山地农业景观变化的基本方略。顺天意，就是要遵循马克思主义生态文明学说，树立人与自然和谐共生的理念，坚持"生态优先、绿色发展"。接地气，就是要遵循实事求是精神，树立因地制宜、因势利导的理念，坚持"从群众中来、到群众中去"的工作路线。讲科学，就是要遵循客观规律，树立科学技术是第一生产力的理念，坚持"科学问题科学解决"的科学态度。如此，山地农业景观工作者就能找到应对山地农业景观变化的对策，推进山地农业景观生态建设。

西南大学经济管理学院江娟丽博士科研团队聚焦山地农业景观时空演变及脆弱性研究，坚持"生态优先、绿色发展"科学理念，开展科技创新攻关，取得了可喜进展。该科研团队在梳理总结国内外相关研究成果的基础上，结合石柱县山地农业景观变化的实际情况，提出了山地农业景观变化研究的新思路，构建了山地农业景观变化研究的理论阐释体系、调查技术体系、评价技术体系和规划技术体系，提出了关于优化山地农业景观和推进乡村振兴的对策建议。该项研究成果为国内外面向乡村振兴的山地农业景观变化研究提供了新的理论阐释、技术支撑和现实指导。

面向乡村振兴的山地农业景观变化研究博大精深、任重道远，许多科学问题尚需我们深化认识。当务之急，要顺应时代发展的需要，坚持"生态优先、绿色发展"的理念，遵循乡村振兴战略指引，着力在山地农业景观变化特点分析、山地农业景观变化机理分析、山地农业景观变化影响评价、山地农业景观变化响应研究等重点领域攻坚克难，加快推进相关学科建设。科学的春天已经到来，百花齐放，时不我待。"路漫漫其修远兮"，吾辈需上下求索。

以此为序。

邱道持

2023 年 12 月 22 日 于西南大学

前　言

农业景观作为一种独特的地表景观，涉及多个景观类型，包括土地利用类农业景观、植被类农业景观、动物类农业景观等。本书涉及的农业景观特指土地利用类农业景观，由生产型、生活型、生态型和拓展型农业景观组成。农业景观时空格局变化研究作为土地利用和土地覆被变化（LUCC）研究的重要内容之一，对于厘清和理解人类与环境的关系具有重要的指导意义。研究区石柱土家族自治县（以下简称石柱县）以中山、低山为主，山多坡陡土薄，尤其随着城镇化的快速推进，农业景观格局发生了重大的变化，诸如农业景观面积减少、破碎化程度加剧等，这不仅导致农业景观的脆弱性增强，而且对山地农业的生态安全产生了威胁。在此背景下，探索山地农业景观时空格局演变特征及脆弱性具有十分重要的理论与实践意义。

基于此，本书以石柱县为例，以人地关系理论、景观生态学理论、可持续发展理论为指导，采用 2005 年、2010 年、2015 年、2020 年 4 期土地利用变更调查数据，以农业景观格局演变为研究切入点，运用景观指数法、景观转移矩阵法、景观利用图谱对研究区的农业景观格局进行分析；进一步采用 SEE-VDS 模型和层次分析法对研究区的农业景观脆弱性进行测度，揭示石柱县农业景观脆弱性的演化规律与特征，并采用 GIS-logistic 回归模型、空间杜宾模型、灰色关联度分析法和面板数据回归模型等研究方法分析农业景观格局演变和农业景观脆弱性变化的驱动力,最后提出农业景观格局优化和脆弱性应对管理的对策建议。主要研究结果及结论如下。

(1)农业景观划分为生产型、生活型、生态型和拓展型4种类型;研究期内石柱县农业景观主要以生态型和生产型为主,体现了山地"生态型农业景观"占绝对主体地位的地域特征。① 石柱县农业景观呈现"三增一减"的变化趋势,即生活型和拓展型农业景观呈持续增长趋势,生态型农业景观呈"V"形波动变化趋势,呈略微增长趋势;生产型农业景观呈持续下降趋势。② 石柱县农业景观变化具有明显的空间分异特征:西南部城镇区农业景观呈"两增两减"特征,生产型和拓展型农业景观呈减少趋势,生活型和生态型农业景观呈增加趋势;东部旅游区呈"三增一减"特征,生产型、生活型和拓展型农业景观呈持续上升趋势,生态型农业景观呈下降趋势;南部生态区呈"一增两减一稳"特征,生产型、生活型农业景观呈上升趋势,生态型农业景观呈整体下降趋势,拓展型农业景观呈稳定状态;北部农业区呈"三增一减"特征,生产型农业景观呈减少趋势,生态型、生活型和拓展型农业景观呈现上升趋势。③ 研究区农业景观各类型的转移流向有一定的方向性,景观结构发生了较大变化。从农业景观的转出类型看,按照转出面积大小排序依次为生产型＞生态型＞拓展型＞生活型。从农业景观流入类型看,按照流入面积大小依次为生态型＞生产型＞生活型＞拓展型;其中2005—2010年农业景观主要在生产型与生态型、生产型与生活型之间相互转化,2010—2015年主要表现为生产型与生活型农业景观之间相互转化,生产型农业景观主要流向生活型农业景观,流入面积主要来源于生活型农业景观,2015—2020年主要表现为生产型农业景观向生态型农业景观转化,生态型农业景观向生活型农业景观转化。

(2)石柱县山地农业景观的景观破碎化程度高并呈加剧趋势,景观形状越来越复杂,景观稳定性降低。① 研究区内农业景观面积在研究期内减少,各类景观指数变化较大,破碎化程度增加。其中,2005—2020年农业景观形状指数、边缘密度和斑块密度都呈上升趋势,表明石柱县农业景观形状受到人类活动的影响，农业景观形状越来越复杂和不完整。斑块数量增加、分离度指数上升，结合度指数下降，说明农业景观破碎度增加，聚合度降低，农业景观的稳定性下降，抵御外部干扰的能力降低。多样性指数先增加后降低，蔓延度持续降低，进一步说明农业景观破碎化程度增加。② 研究区农业景观格局演变具有类型差异性，各类型农业景观形状趋于复杂，破碎化程度加剧。其中，生产型农业景观的各类景观指数变化，说明研究期内石柱县生产型农业景观减少，对研究区景观格局的控制作用减弱，形状越来越复杂与不规则，景观破碎度增加；生态型农业景观的景观指数变化，说明生态型农业景观尽管占地面积大，但形状也日趋于复杂、不规则，景观保存不完整，连通性变差；生活型农业景观的系列景观指数变化说明研究期内生活型农业景观面积增加，对研究区景观格局的控制作用增强，景观形状也日趋复杂；拓展型农业景观的景观指数变化，说明拓展型农业景观形状趋于复杂，分布较为零散和不规则。

（3）石柱县农业景观变化图谱和景观破碎化程度均呈现显著的地形梯度特征，体现了山地特有的地域特征。① 研究区景观变化图谱有较强的地形梯度特征。研究期内农业景观以稳定型和前期变化型图谱为主，即以"生态—生态—生态—生态（3333）""生产—生产—生产—生产（1111）""生产—生态—生态—生态（1333）"和"生态—生产—生产—生产（3111）"图谱为主，石柱县农业景观集中分布在4~8级地形位上，主要变化类型为中低地形梯度下生产型农业景观与其他类型农业景观的转化。前期变化型、中间过渡型变化趋势相似，优势分布区集中于1~2级地形位，持续变化型、后期变化型分布趋势相似，优势分布区集中于1~3级地形位，反复变化型优势分布区集中于1~6级地形位，稳定型的优势分布区集中于1~5级地形位。生产型农业景观的优势分布区集中于1~5级地形位，生活型农业景观分布在低、中低等级地形梯度上，该区域为人类活动的聚集区域，生态型农业景观的优势分布区域集中于5~10级地形位；研究前期，拓展型农业景观的优势分布区集中于1~5级地形位，后期逐渐向较高地形位拓展。② 随着地形梯度增加，石柱县农业景观破碎化程度呈下降趋势。总体上，石柱县景观格局破碎化程度逐年上升，主要发生在中低地形梯度区，也说明中低地形梯度区农业景观受人类活动影响较大。

（4）石柱县农业景观脆弱性具有明显的时空变化特征：① 研究区农业景观脆弱性在研究期内呈现"上升—下降"的变化趋势，并且等级类型空间演替明显。整体变化呈"三减二增"趋势，低度脆弱区和中度脆弱区总体呈下降趋势；重度脆弱区呈逐年下降趋势；轻度脆弱区、高度脆弱区总体呈上升趋势。脆弱性变化具有区域差异和景观类型差异，西南地区、南部地区、西北地区脆弱性增加，东部地区脆弱性减弱。生产型、生活型农业景观位于脆弱性等级较高的区域，而脆弱性等级越低的区域，生态型、拓展型农业景观面积比例越大。② 石柱县农业景观脆弱性具有明显的空间异质性。从脆弱性指数看呈由东部—西南部逐渐增强，再由西南部—西北部和北部逐渐下降；不同等级规模上看，低度脆弱区集中分布在南部生态区和北部农业区；轻度脆弱区主要集中于南部生态区和北部农业区，中度脆弱区主要集中于西南部城镇区、东部旅游区；较高脆弱区集中分布在西南部城镇区，少部分分布在北部农业区，高度脆弱区集中分布在西南部城镇区。③ 石柱县农业景观脆弱性呈显著空间自相关和集聚特征。2005年、2010年、2015年、2020年 Moran's I 分别为 0.8401、0.8440、0.8447 和 0.8527，景观脆弱性主要是 H-H 和 L-L 空间自相关模式，其中 H-H 空间自相关模式集中分布在西南部城镇区和北部的西沱古镇，L-L 空间自相关模式集中分布在东部旅游区和南部生态区。

（5）农业景观格局演变及脆弱性时空变化的驱动因素多样且不同类型的农业景观变化的驱动因素具有差异性。① 农业景观演变的驱动因素可以归结为环境驱动、生存驱动、经济驱动、产业驱动、文化驱动、制度驱动六个方面，农业景观脆弱性受自然因素、经济因素、产业因素、科技因素和景观格局自身特征等因素的影响。② 在 GIS-logistic 回归模型中，三个时期各农业景观类型转化的解释变量大体一致。从整体上来看，农业景观面积变化主要受人文因素中的生存驱动、经济驱动、产业驱动和制度驱动四类驱动因素影

前 言

响，环境驱动在农业景观的转化中的作用强度次于生存驱动、经济驱动、产业驱动、制度驱动。③ 通过 GIS-logistic 回归模型和空间杜宾模型测度可知，生存驱动、经济驱动是推动生产型农业景观格局变化的共同驱动因素；生存驱动、经济驱动、制度驱动是推动生活型农业景观变化的重要因素；经济驱动是生态型农业景观变化作用方向一致的共性驱动因素；通过空间杜宾模型测度，拓展型农业景观格局变化受到生存驱动、制度驱动、经济驱动、文化驱动等多类因素影响。④ 研究期内农业景观格局演变是导致石柱县农业景观面积持续减少和脆弱性增强的重要因素，自然因素、经济因素、产业因素、科技因素和景观格局是影响农业景观脆弱性变化的主要因素。

本书的创新点包括以下三点：① 理论分析框架创新。基于以土地利用为核心的生产型、生态型、生活型、拓展型农业景观格局变化过程的探讨，尝试提出农业景观格局演变及脆弱性时空变化驱动力分析的理论框架。② 研究视角创新。以生态脆弱性理论为基础，融入社会脆弱性评价理论与因素，综合景观格局脆弱性的影响因素，创新了农业景观脆弱性测度的维度。③ 研究方法改进。突破了传统对农业景观格局演变驱动力的分析方法，在理论构建驱动力系统的基础上，采用两种定量研究方法进行对比分析，探寻农业景观演变的关键驱动因素，较为系统地掌握了石柱县农业景观脆弱性时空变化的驱动机制，拓展了农业景观保护和脆弱性应对管理研究的思路，为石柱县农业景观保护和脆弱性监测提供了可能。石柱县作为山地县域的典型代表，与其他山地县域的自然环境、社会经济条件具有相似性。因此本书得出的研究结论，可为我国山地农业景观可持续发展提供理论依据和决策支撑。

目 录

第1章 绪论·· 1
  1.1 研究背景与意义·· 1
  1.2 研究目标和内容·· 6
  1.3 研究思路与框架·· 9
  1.4 研究区域与数据·· 13
第2章 文献综述·· 17
  2.1 农业景观格局变化研究·· 17
  2.2 农业景观地域性研究·· 22
  2.3 农业景观脆弱性研究·· 24
  2.4 研究述评·· 28
第3章 理论基础·· 32
  3.1 核心概念·· 32
  3.2 农业景观相关理论·· 42
  3.3 农业景观演变驱动力的理论分析··· 47
  3.4 农业景观脆弱性的理论分析·· 66
  3.5 景观格局与景观脆弱性的关系··· 68

  3.6 本章小结 ········· 71

第4章 石柱县农业景观时空演变分析 ········· 72
  4.1 农业景观时空演变的研究方法 ········· 72
  4.2 石柱县农业景观的整体变化特征 ········· 78
  4.3 石柱县农业景观格局的演变过程 ········· 96
  4.4 石柱县农业景观格局的地形梯度分异特征 ········· 105
  4.5 本章小结 ········· 116

第5章 石柱县农业景观脆弱性时空变化 ········· 118
  5.1 石柱县农业景观脆弱性评价方法 ········· 118
  5.2 石柱县农业景观脆弱性时空变化特征 ········· 126
  5.3 本章小结 ········· 151

第6章 石柱县农业景观时空演变的驱动力分析 ········· 152
  6.1 农业景观时空演变驱动力分析方法 ········· 152
  6.2 驱动力体系构建和指标确定 ········· 155
  6.3 农业景观时空演变驱动力的定量分析 ········· 159
  6.4 本章小结 ········· 187

第7章 石柱县农业景观脆弱性时空变化的驱动力分析 ········· 189
  7.1 农业景观脆弱性时空变化驱动力的研究方法 ········· 189
  7.2 结果分析 ········· 192
  7.3 本章小结 ········· 208

第8章 石柱县农业景观格局优化与脆弱性应对 ········· 209
  8.1 基于农业景观脆弱性结果的景观格局优化和脆弱性应对
     管理措施 ········· 209
  8.2 基于景观格局演变结果的景观格局优化和脆弱性应对管理 ········· 216
  8.3 本章小结 ········· 220

第9章 结论与展望 ·················· 221
  9.1 主要结论 ·················· 221
  9.2 创新点 ·················· 226
  9.3 展望 ·················· 227
参考文献 ·················· 228

第1章 绪 论

1.1 研究背景与意义

1.1.1 研究背景

农业景观是世界上分布最为广泛的景观类型（傅伯杰等，2001；王仰麟和韩荡，2000），包括土地利用类农业景观、植被类农业景观、动物类农业景观等。本书所述的农业景观特指土地利用类农业景观，由生产型、生活型、生态型和拓展型农业景观组成，其在确保粮食安全、传承农耕文化、保护生物多样性和维持农村风貌等方面具有至关重要的作用。

土地利用方式是人类作用于环境的重要方式（吴琳娜等，2014），土地利用和土地覆盖变化不仅是社会关注的核心问题，也是全球环境变化研究的重要内容。农业景观格局变化作为土地利用和土地覆盖变化（LUCC）的重要组成，对于厘清和理解人类与环境的关系具有重要意义。近年来，中国山区农业景观格局发生了重大的变化（黄孟勤，2021），农业景观面积减少，景观斑块破碎化程度加剧（Su et al.，2011；Wadduwage，2018），出现了景观稳定性欠缺、脆弱性增强、水土流失（张佰林等，2018）等问题，进而对农业生态系统生产力产生了重大影响（Kumaraswamy and Kunte，2013）。在此背景下，探索山地农业景观格局演变特征及测度景观脆弱性具有十分重要的理论与实践意义。

研究区石柱县位于重庆市东部、三峡库区腹心地带，地处三峡库区与武陵山的交接处，其地形起伏较大，以中山、低山为主，有少部分丘陵和平地，山多坡陡土薄，地理环境复杂，土地利用/覆被变化显著（梁鑫源等，2019），是典型的县域农业发展"不平衡"的区域，是"两山"理论践行区和生态屏障建设的重点区域。石柱县不仅在长江上游生态屏障建设中具有重要的地理区位，同时具有少数民族文化资源富集、农耕系统景观丰富等资源优势，对促进成渝地区"双城"经济圈的可持续发展具有举足轻重的意义。在快速城镇化背景下，这些富含农耕文化因素的农业景观和农耕遗产景观严重受损，且由于山地生态系统本身的脆弱性，出现耕地面积减小和资源枯竭的现象（张全景等，2004；金鉴明和汪俊三，2009），以耕地、水域、草地、林地、园地为基础的农业景观不仅关系国家的生态安全，也关系国家的经济安全（邓玲和何克东，2019）。研究区农业生产系统面临自然生态环境变迁、人力资源流失等现实问题的挑战，需要动态、系统地进行科学研究和保护农业景观生产系统可持续发展（王剑和田阡，2019），避免农区生态系统单一化、农业景观生物多样性降低（李波，1999），以及由此引起的生态服务功能受损（孙玉芳等，2017），抵御自然灾害风险能力降低，从而影响生态安全。如何破除和解决山地农业景观所面临的困境，最大程度上降低生态风险，保护自然环境和实现农业可持续发展，俨然成为亟待深入研究的课题。

本书以石柱县作为案例区，开展农业景观格局演变分析，并对农业景观的脆弱性进行测度，从而为区域农业景观的保护与管理提供理论基础和决策支撑。

1. 农业景观可持续发展是确保我国粮食安全的基础

农业景观是由耕地、园地、草地、林地、水域等多种景观斑块组成、以农业特征为主的生态系统（Cook and Lier，1994；赵志刚等，2012），受人类活动干扰和随土地特征改变而变化的系统，是世界上分布最为广泛的景观类型。作为世界农业生产大国和较早从事农业生产的国家，中国农耕文明历史悠久，以耕地为基础的农业景观是保障国家食物安全的核心（杜涛和贾春香，2012）。但随着新型工业化、新型城镇化进程加速，以及现代科技的迅猛发展，中国山区农业景观受到前所未有的冲击和挑战，山地农业景观赖以发展的土地资源不断被破坏，迅速发展的城镇化不断改变着农业景观风貌和景观格局（黄孟勤，2021），破坏了原生态的农业景观特征，导致山区农业景观面积显著减少（李升发和李秀彬，2018），土壤质量降低并影响粮食安全（Varis and Vakkilainen，2001；Khan et al.，2009；Hanjra and Qureshi，2010；Bao and Fang，2012；姚成胜等，2016）。党的十九届六中全会提出了"粮食安全""守住自然生态安全边界""深入实施可持续发展战略"的新要求，这些举措也是对农业景观保护的要求。探索农业景观格局演变和脆弱性时空演变规律不仅是保障国家粮食安全的关键和基础，也是确保农业可持续发展的重要方面。

2. 农业景观研究是生态文明建设和长江上游生态屏障建设的内在需要

农业景观资源不仅具有生产资料功能和保障国家粮食安全功能，还具有保障生态安全的功能。然而由于人们对山地农业景观资源认识不足，在开发与利用过程中，出现山地农业景观破碎化、土地质量退化和环境恶化等现象，严重威胁山区的农业生态安全，制约和阻碍了山区农村经济可持续发展。因此，保护山地农业景观资源不仅关系国家生态安全，也是国家生态文明建设的重要内容，更是关系国家经济安全的重大问题。党中央和国务院高度重视生态文明建设，先后出台了一系列重大战略部署以推动生态文明建设。2016年、2018年和2020年，习近平总书记对长江经济带发展做了重要指示，提出要把修复长江经济带生态环境摆在关键性位置。党的十九大报告提出"必须树立和践行绿水青山就是金山银山的理念"，十九届六中全会对"生态文明建设""优化国土空间开发保护格局""生态安全屏障"提出了新的要求，农业景观保护成为落实上述战略的重要方面。

3. 农业景观保护与合理利用是振兴乡村产业和建设美丽乡村的重要内容

农业景观是人与自然双向作用的时空综合体，是人类探索和实现与自然交融的审美范式。农业景观是独特的土地利用系统和生态景观系统，蕴含丰富的生态哲学思想和生态农业理念，对农业可持续发展具有重要的指导意义和参考价值。但受城镇化发展的影响，大多数农业景观由于缺乏合理规划、农业景观同质化增加以及与历史和传统的割裂加剧，逐渐失去乡村传统特色，乡土农业景观格局遭受破坏。中国工程院李文华院士认为，发掘和保护重要农业遗产景观是生态农业研究与应用示范的进一步深化，也是美丽乡村和生态文明建设的重要抓手。重庆作为一个典型的农业文明发达地，具有亟待保护的典型农业景观，如稻鱼共生系统、农林复合系统、农牧复合系统、基塘系统、稻作梯田系统、旱作农业系统等，这些典型农业景观对于人类可持续发展具有重要的战略意义（李文华和孙庆忠，2015）。强化对作为农耕文化载体的农业景观的保护和合理利用，是美丽乡村建设的关键内容。

党的十九大报告和2018—2021年四年的中央一号文件，均对农村农业优先发展提出了新要求。2021年12月29日，中央农村工作会议对"三农"问题做出了重要指示，再次强调"全力抓好粮食生产和稳定粮食面积""大力发展县域富民产业，推进农业农村绿色发展"。农业景观不仅是稳定粮食面积的物质载体和保障，还可增加农产品、农业旅游、休闲旅游等方面的附加值，并通过这些附加产业带动农民富裕。在全面实施乡村振兴战略的进程中，调控好农业景观的规模和利用方向，对乡村振兴和农业可持续发展具有重大意义。石柱县是重庆市生态脆弱地区和少数民族聚居区，属于巩固拓展脱贫攻坚与乡村振兴有效衔接的重点地区。据2020年土地利用数据，石柱县耕地面积为56517.63hm^2（1hm^2=10000m^2），其中平地仅有320.35hm^2，其余多属梯田和坡地，可见石柱县农业景观多位于坡地，破碎化程度大、农地资源质量低，保护农业景观资源和促进乡村振兴是未来较长时期面临的重要问题。而掌握农业景观的演变规律及揭示农业景观演变机理是保护农业景观的重要基础和前提，也有助于全面推进乡村振兴和美丽乡村建设，促进探索产业振兴及文化振兴的途径及思路。

虽然石柱县在农业景观保护和农耕文化遗产保护方面已取得了显著的成绩，但从整体来看，农业景观的不合理开发利用依然是制约其社会经济发展的重要因素之一，需要加强农业景观格局演变及脆弱性研究来为山区县域农业景观面临的现实困境提供解决逻辑思路。基于此，本书选择石柱县农业景观作为研究对象，揭示山地农业景观的空间演变格局及其驱动机制，并对农业景观脆弱性进行评价，以期对促进农业景观保护和农业可持续发展提供决策支持。

1.1.2 研究意义

石柱县是地处三峡库区的典型山区县，经济社会发展水平滞后，是重庆市巩固拓展脱贫攻坚与乡村振兴有效衔接的重点地区，是"两山"理论践行区和生态屏障建设的重点区域。本书对石柱县农业景观格局演变和农业景观脆弱性进行研究，对化解地区不平衡和践行"两山"理论、筑牢生态屏障有重要的理论意义和实践意义。

1. 理论意义

（1）本书遵循山地农业景观"格局演变分析—脆弱性评价—驱动机理探究—保护模式构建"的逻辑脉络，在对重庆市石柱县农业景观格局进行研究的基础上测度了石柱县农业景观脆弱性，有助于推动对农业景观脆弱性的应对管理和农业景观保护，为山地农业景观的合理利用和农业可持续发展提供理论指导。

（2）补充和完善山地典型县域农业景观保护理论研究体系。本书以剖析重庆市石柱县农业景观演变为切入点，对石柱县农业景观的演变、影响因素和驱动力机制进行理论探讨，探索不同区域农业景观的脆弱性，结合不同时空维度探索山地农业景观的分区分级保护模式，为农业景观研究提供了新的研究视角。

（3）丰富农业景观脆弱性评价体系。农业景观脆弱性评价为地理学的前沿研究领域。本书以景观生态脆弱性为基础，融入社会脆弱性评价体系和景观格局脆弱性评价因素，丰富了农业景观脆弱性评价的内容。

2. 现实意义

（1）农业景观时空演变特征和农业景观脆弱性时空变化研究，对解决乡村振兴中农业出现的现实问题具有长远的现实意义；同时，有利于促进农业景观的合理利用和有效整合，进而促进农业产业结构调整，真正为实现文化传承、产业兴旺、社会和谐、生活富裕的社会发展目标提供依据。

（2）助力地方农村农业景观保护和景观脆弱性应对管理。本书运用多学科相结合的研究方法，以石柱县为研究区域，剖析山地农业景观时空演变和农业景观脆弱性时空变化及其驱动机制，并提出合理的农业景观格局优化和脆弱性应对管理措施，旨在为区域促进农业景观的合理利用提供科学依据，为促进长江上游生态屏障区的农业景观生态保护，保障长江上游的生态安全提供决策支撑。

石柱县作为山地县域的典型代表，与其他山地县域的自然环境、社会经济条件具有相似性。因此本书得出的研究结论，可为我国山地农业景观可持续发展提供理论依据和决策支撑。

1.2 研究目标和内容

1.2.1 研究目标

本书旨在揭示山地县域农业景观格局的变化特征及驱动因素、农业景观脆弱性时空变化及影响因素，为农业景观保护及脆弱性管理提供保障。

（1）从理论层面剖析农业景观时空变化和农业景观脆弱性的内涵，构建农业景观时空变化测度及景观脆弱性评价的理论模型，完善农业景观时空演变驱动力的理论体系。

(2) 从实证角度揭示石柱县农业景观的时空动态演变规律，并从生态脆弱、社会脆弱和景观格局三方面选取指标，构建农业景观脆弱性评价指标体系，进而解构石柱县农业景观演变及脆弱性的驱动机制。

(3) 从政策建议层面探索构建农业景观格局优化和景观脆弱性应对管理措施，结合县域农业景观格局特征和脆弱性现状，总结农业景观格局优化和景观保护模式，为实现农村农业可持续发展和促进农业景观保护提供依据。

1.2.2 研究内容

围绕研究目标，运用定性与定量相结合的分析方法研究石柱县农业景观变化及脆弱性的时空变化特征、规律及影响机制，提出农业景观格局优化及脆弱性应对管理对策，本书的主要研究内容包括以下五个方面。

1. 农业景观格局变化测度及脆弱性评价的理论阐释

在对国内外农业景观格局演变及脆弱性评价相关研究进行梳理的基础上，阐释农业景观和农业景观脆弱性的内涵，构建农业景观格局变化测度的理论基础和脆弱性评价的理论模型，并以其为理论基础构建农业景观时空演变及脆弱性评价的理论框架

2. 石柱县农业景观格局演变特征

基于农业景观的相关理论与方法，利用 2005 年、2010 年、2015 年、2020 年四期土地利用变更数据，借助 ArcGIS 中的景观格局指数法、景观变化图谱、地形位指数、景观转移矩阵对石柱县农业景观整体现状特征以及 2005—2010 年、2010—2015 年、2015—2020 年三个时间段农业景观动态演变和空间分布特征进行分析，并进一步对比分析三个时段研究区农业景观的分形分异特征和各类农业景观的空间格局，由此形成对山地农业景观时空演变特征的总体把握，为农业景观格局演变驱动力分析和农业景观脆弱性评价提供支撑。

3. 石柱县农业景观格局演变的驱动力机制

以理论框架为基础，分析石柱县农业景观演变驱动力机制，通过对重庆市石柱县 2005 年、2010 年、2015 年、2020 年四个时间节点农业景观变化的

状况进行分析，采用 GIS-logistic 回归模型和空间杜宾模型定量研究农业景观用地动态变化及驱动机制；深入解析石柱县山地农业景观格局变化与环境、生存、经济、产业、制度、文化等影响因素的相关性；揭示景观变化过程中不同驱动要素对农业景观变化的作用机制，进一步采用空间杜宾模型分析方法对研究区农业景观地域分异机制进行研究，揭示各影响因素对重庆市石柱县农业景观格局变化的作用程度，识别农业景观变化的关键影响因素，以期为城镇化过程中合理保护和利用农业景观资源提供参考。

4. 石柱县农业景观脆弱性时空变化规律及影响因素

该部分通过"山地农业景观演变—农业景观脆弱性评价"的逻辑思路，应用 ArcGIS 等研究方法评价研究区的农业景观脆弱性，主要从暴露度、敏感性、适应能力三方面建立评价指标体系对石柱县农业景观脆弱性进行评价，分析石柱县农业景观脆弱性时空分布规律，采用灰色关联度分析法和面板数据模型深入探讨石柱县山地农业景观脆弱性变化的影响因素，为探索农业景观格局优化和景观脆弱性应对管理奠定理论基础和依据。

5. 石柱县农业景观格局优化和景观保护措施

在理论与实证分析基础上通过归纳总结、案例分析法对典型县域农业可持续发展中农业景观格局优化和脆弱性应对进行具体探讨，提出研究区不同农业景观脆弱性区域分区分级保护建议。

1.2.3 关键问题

为了促进农业的可持续发展，实现经济发展和农业景观的和谐统一，研究农业景观时空演变及其脆弱性迫在眉睫。鉴于石柱县农业景观时空变化的异质性以及景观面临越来越多的挑战，总结已有研究，本书借助景观生态学理论，厘清 2005—2020 年石柱县的农业景观发生了怎样的变化，目前农业景观脆弱性状况如何，是哪些因素促使石柱县农业景观格局和景观脆弱性发生变化，针对存在的问题进行格局优化和管理。为了实现上述目标，拟解决以下关键问题。

1. 山地农业景观演变特征及影响农业景观格局演变的关键因素识别

认识和了解山地农业景观演变的规律和机制是未来农业景观保护和农业可持续发展的理论基础。因此，剖析重庆市石柱县农业景观的空间格局演变特征，在2005—2020年社会高速发展阶段，重庆市石柱县农业景观的演变规律是怎样的？不同地区、不同类型的农业景观演变表现出的特征是怎样的？农业景观变化受哪些因素的影响？这些因素对农业景观变化的作用机理如何？本书尝试在理论分析农业景观演变的驱动力基础上，结合逻辑回归和空间杜宾模型两个模型定量分析"环境—生存—经济—社会—文化—制度"因素对农业景观演变的作用力，识别影响石柱县农业景观格局演变的关键驱动因素。

2. 农业景观脆弱性评价体系构建及石柱县农业景观脆弱性变化的驱动力分析

农业景观格局演变与景观脆弱性是农业景观一个问题的两个方面，农业景观格局在演变过程中产生了脆弱性。如何对农业景观脆弱性进行评价？脆弱性时空变化的驱动力如何？这些也是研究农业景观格局演变要解决的关键科学问题。

3. 农业景观脆弱性缓解的模式及路径探讨

在对石柱县农业景观的演变规律和驱动力识别以及对农业景观脆弱性进行评价及驱动力分析基础上，从景观格局和脆弱性治理等方面制定对策措施，也是有效应对农业景观破碎化加剧、脆弱性增强的重要途径，是促进石柱县农业发展和农业景观可持续发展的保障。

1.3 研究思路与框架

1.3.1 研究思路

本书以重庆市典型山地石柱县为研究区域，以景观生态学理论、人地关系理论、可持续发展理论为指导，对农业景观格局的演变规律和保护优化模式进行系统研究。围绕研究目标和研究内容，本书遵循"格局—机理—模式"分析基本范式，按照"研究基础—理论研究—实证研究—政策建议"的逻辑框架对石柱县农业景观时空演变及其脆弱性所展现的特征、所产生的响应进行全面系统研究，在理论和实证研究成果归纳、总结的基础上，明确农业景观时空演变及脆弱性变化的驱动机制，并提出农业景观格局优化和景观保护的对策。本书的研究技术路线如图1-1所示。

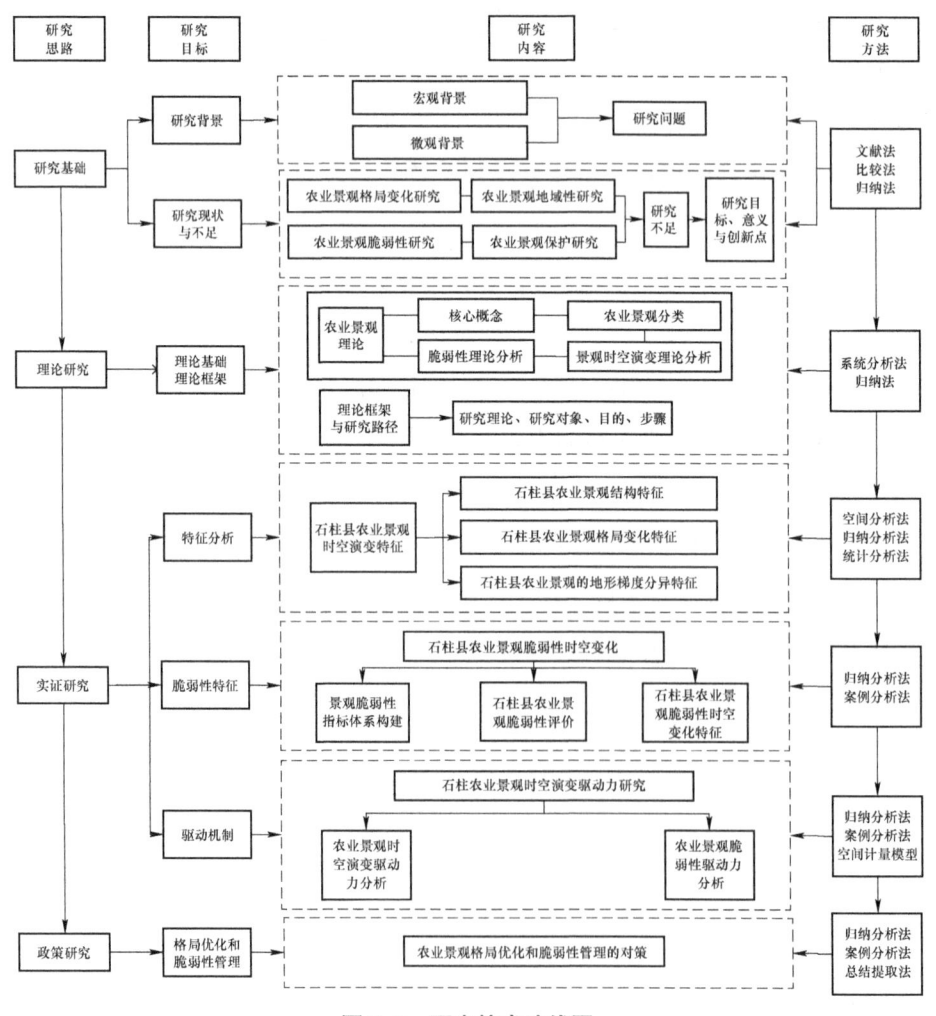

图1-1 研究技术路线图

1.3.2 研究框架

实现农业景观可持续发展是新时期农业高质量发展的必经之路，农业景观演变的驱动力是多维的和丰富的，农业景观在多维因素的驱动下出现面积减少、多样性减弱以及脆弱性增强等困境，破解的关键在于深入分析农业景观时空演变的特征、脆弱性时空变化规律和探索农业景观时空演变的驱动因素，在景观格局和脆弱性基础上提出农业景观格局优化和保护的策略。构建农业景观时空演变及其脆弱性管理的理论研究脉络，也是本书研究的基础。

农业景观的时空演变是多维的，需要通过逻辑分析厘清农业景观时空演变与景观脆弱性的关系。梳理农业景观时空演变及脆弱性的逻辑，并在理论分析的基础上，按照农业景观时空演变特征、农业景观脆弱性时空变化和农业景观时空演变的驱动力三个方面，构建农业景观时空演变及其脆弱性分析的研究框架（图1-2）。

1.3.3 研究方法

1. 文献研究与对比分析相结合

通过对国内外农业景观相关研究文献进行梳理、评述，掌握已有研究的进展和不足之处，总结归纳国内外的经验启示，构建农业景观格局演变和保护模式的理论框架，提出课题研究的科学问题、创新之处、研究方法，确保本课题的研究角度、理论和方法既有学术高度，又切合实际，能够落地。

2. 实地调研与专家咨询相结合

在重庆市石柱县选择一些典型农业景观案例展开实地调研，通过访谈、座谈、项目区实地走访等多种方式，形成对研究区的直观认识，获取研究区宏观统计数据、微观调查数据、土地利用数据等第一手材料。同时，广泛咨询景观生态学、地理学、经济学、管理学、农学、旅游规划学等相关学科领域的专家，充分吸收其建设性的意见和建议。

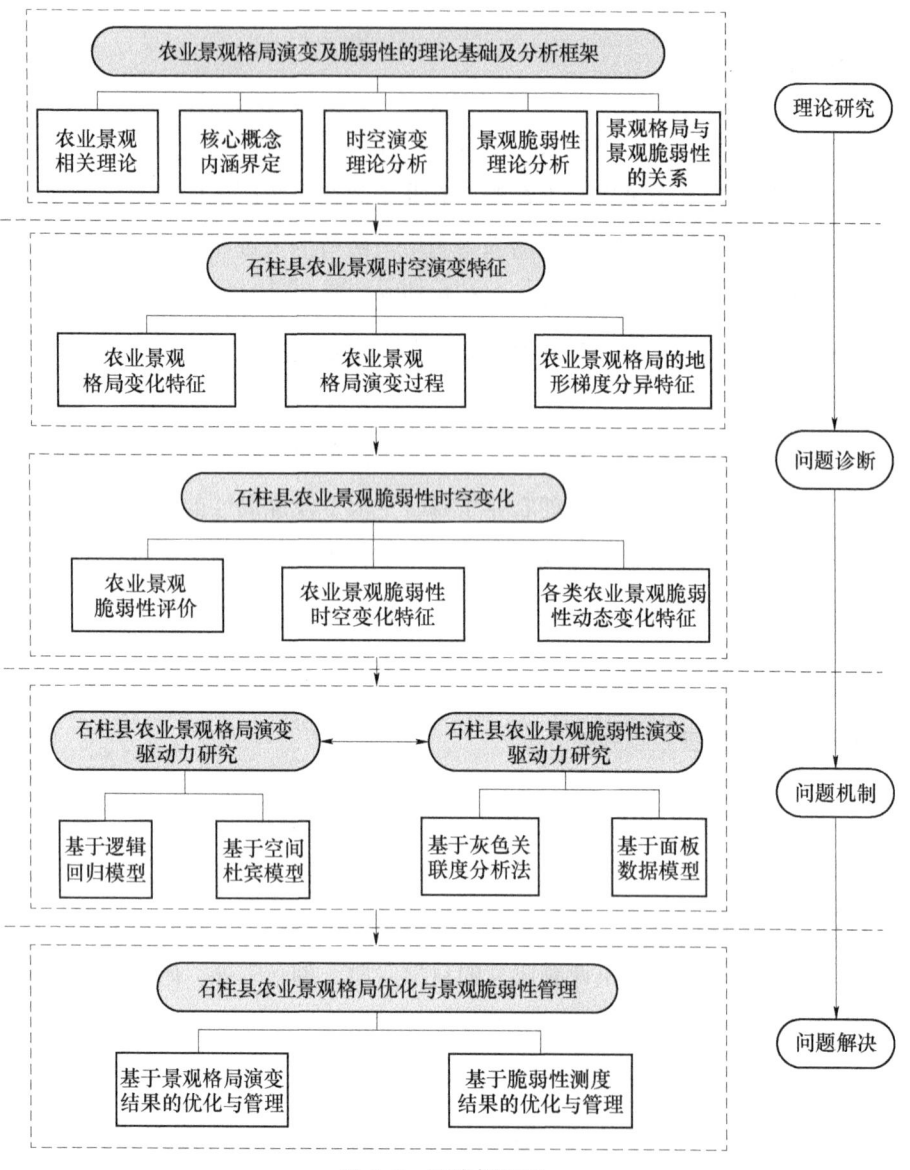

图 1-2 研究框架图

3. 时间分析与空间分析相结合

农业景观的时空演变研究拟以地理学时空结合的分析方法为主,运用多学科研究方法,从宏观、微观多个尺度,对农业景观格局的时空演变进行分析，为了得到全面的影响因素及其影响机制，将时序上的演变分析与截面上的空间分析相结合，对农业景观格局的影响因素做全面的分析，构建完整的影响因素体系及其影响机制，探寻山地农业景观空间特征与演变规律。

4. 定性分析与定量分析相结合

运用系统分析方法，对农业景观演变与农业景观脆弱性的关系等进行逻辑分析；此外，在对农业景观格局演变进行分析时，既要考虑重庆市的社会经济环境，又要考虑最终定量的格局配置，所以既需要使用定性分析的研究方法，又要采取定量的景观评价方法为农业景观保护目标的确定提供合理的参考。运用 ArcGIS 空间分析方法分析山地农业景观时空演变特征，最终提出农业景观保护的优化模式。

5. 理论阐述和实证分析相结合

通过对农业景观概念和内涵的解析、农业景观类型的分析，构建农业景观演变和保护模式研究的理论框架；通过对重庆市石柱县山地农业景观的演变、现状格局分析，探究西南山地典型县域农业景观演变机制，并指导重庆市石柱县山地农业景观脆弱性管理实践。

1.4 研究区域与数据

1.4.1 研究区域

1. 研究区概况

本书选取三峡库区石柱县作为研究区，石柱县位于重庆市东部的长江上游南岸，地处中西部交界处，不仅是成渝双城经济圈直通中东部的交通要道，也是渝东南武陵山区融入长江经济带绿色发展的前沿阵地。石柱县地处北纬29°39′~30°33′、东经107°59′~108°34′，南部、北部、东部分别与彭水苗族土家族自治县、万州区、湖北省利川市相邻，西南、西北与丰都县、忠县接壤。县境南北横跨 98.30km²、东西长 56.20km²，总面积 3014.16km²，是三峡库区生态脆弱带和生态敏感区。

2. 自然环境概况

（1）地形地貌。

石柱县多为多级平面与侵蚀沟谷组合的山地地貌，因受地质构造控制和长江支流水系切割，境内形成"两山夹一槽"及群山连绵、岭坝交错、沟壑纵横的地貌格局，其中以中山、低山为主，兼有平坝和丘陵，面积分别占总面积的 64.40%、29.40% 和 6.20%，分为中山区、低山区和丘陵区，包括黄水山原区、方斗山背斜中山区、老厂坪背斜中山区、石柱向斜低山区、西沱向斜丘陵区 5 个地貌单元，其中大歇、龙沙、悦崃、鱼池、三星、六塘、龙潭、沙子、金铃、金竹、新乐、洗新、枫木等 15 个乡镇处于中山区；下路、南宾、临溪、马武、三河、桥头、三益、中益、石家、王家、河嘴、黄鹤 12 个乡镇处于低山区，海拔 500~1000m；长江南岸的西沱、王场、黎场、沿溪、万朝 5 个乡镇位于海拔在 500m 以下的丘陵区。境内地形大势东南高、西北低，平均海拔 800m 左右，最高点黄水镇大风堡海拔 1934.10m，最低点西沱镇陶家坝长江水面海拔 119m，相对高差 1815.10m。

（2）气候条件。

石柱县所处的地理位置决定其属于亚热带湿润季风环流气候，全年降水量 1036mm，年均日照 1146.90h，无霜期 281 天。四季分明，立体气候极为明显，冬春多低温寒潮，夏秋之交时有伏旱秋干，秋季常有低温冷露。春季升温快，夏无酷热，秋多绵雨，冬少严寒，四季分明的气候适宜多种植物生长，对大春作物极为有利。历代劳动人民用勤劳的双手培育出了全国知名的黄连、莼菜、兔毛等出口创汇农产品。

（3）水资源。

石柱县境水资源由长江过境水、地下水、地表水三部分组成，多年平均径流量 $2.282\times10^9 m^3$（不含长江过境水径流量）。长江支流和乌江支流流经境内；此外流域面积在 15km² 以上的溪河 52 条，其中流域面积在 50km² 以上的有23条，主要有龙河、官渡河、毛滩河、悦崃河、油草河、田龙溪和马武河。

3. 社会经济概况

（1）人口及城镇化。

石柱县2020年年末全县户籍总户数19.28万户，户籍总人口54.75万人，其中男性28.26万人，女性26.48万人。年末常住人口38.90万人，其中城镇人口22.52万人，常住人口城镇化率为57.89%，户籍人口中农业人口32.23万人，可见农业人口基数大。18岁以下106149人，18~34岁134737人，35~59岁209414人，60岁以上97156人❶。

（2）经济发展。

2020年石柱县的地区生产总值171.05亿元，较上年提高4.7%。其中，第一、第二、第三产业分别为31.30亿元、48.63亿元、91.12亿元。全县城乡常住居民人均可支配收入25321元，远低于重庆市的平均水平（30824元），按常住地分，城镇居民人均可支配收入37194元，农村居民人均可支配收入15456元。2020年康养投资68.4亿元，全年共接待旅游人次1617万，旅游综合收入119.72亿元。全年完成农林牧渔业总产值49.74亿元，其中农业产值34.03亿元，林业产值1.86亿元，牧业产值12.07亿元，渔业产值1.30亿元，农林牧渔服务业产值0.48亿元。有机农业和生态养殖业达10.31亿元。区域内拥有黄连、莼菜、水稻、辣椒、天麻等特色农业经济产业，其中石柱县为黄连、莼菜、水稻、辣椒等的有机农业示范基地；石柱县的辣椒、黄连为中国特色农产品，石柱莼菜优势区为重庆特色农产品优势区。

1.4.2 数据来源

本书采用的数据主要包括土地利用变更数据、生态环境数据和社会经济数据等，数据来源如下。

---

❶ 数据来源于《石柱土家族自治县2020年国民经济和社会发展统计公报》。

1. 石柱县土地利用变更数据

本书采用的土地利用变更数据来源于石柱土家族自治县规划和自然资源局提供的 2005 年、2010 年、2015 年、2020 年的四期土地利用变更调查数据库，其中 2005 年数据为第一次土地调查数据，2010—2020 年数据为第二次土地调查数据，通过投影转换和边界校正后全部研究范围一致、图斑边界一致，具有可比性，能满足研究需求。在土地利用矢量数据库基础上进行景观类型重分类，形成生产型农业景观、生活型农业景观、生态型农业景观和拓展型农业景观四种农业景观类型矢量数据库。通过对四期数据进行分析，研究石柱县农业景观演变过程和规律。

2. 其他辅助数据

其他辅助数据包括石柱县行政地图资料、《石柱县土地利用总体规划（2006—2020 年）》、生态环境数据、永久基本农田数据。其中相关统计资料数据等来源石柱土家族自治县农村农业委、石柱土家族自治县统计局等相关部门。生态环境数据、永久基本农田、2006—2020 年土地利用总体规划数据来源于石柱土家族自治县规划和自然资源局，影像数据来源于Google 地图(分辨率 5m)，气象数据来源于重庆市气象局，其他数据如行政区划图主要来源于国家基础地理信息中心（http：// www.ngcc.cn/ngcc/）。

3. 社会经济数据

社会经济数据包括石柱土家族自治县国民经济和社会发展第十四个五年规划、重庆统计年鉴、石柱土家族自治县统计年鉴资料、石柱土家族自治县统计公报、32 个乡镇的统计数据等。其中，《石柱土家族自治县国民经济和社会发展第十四个五年规划和二〇三五年远景目标纲要》来源于石柱土家族自治县发展和改革委员会，《重庆统计年鉴》（2006—2020）来源于重庆市统计局，《石柱统计年鉴》（2006—2020）以及《石柱土家族自治县国民经济和社会发展统计公报》（2006—2020）来源于石柱土家族自治县统计局；此外还包括实地调研和收集到的 32 个乡镇统计数据和调研数据。

第2章
文献综述

农业和农村是新时代地理学研究的前沿阵地，重要且脆弱的农业景观是新时代地理学科的重点研究领域之一。20世纪中叶，以美国、德国、英国、荷兰等为主的一些欧美国家，对景观生态学、农业以及乡村景观规划做了大量的探索和分析（Ryszkowski et al., 1999），形成了较为成熟、完善的农业景观理论体系（Petit and Usher, 1998），这些研究大多以本国的农业发展为基础，从视觉和美学等角度出发对农业景观进行研究；我国学者从20世纪80年代开始对农业景观进行研究。

2.1 农业景观格局变化研究

景观格局是大小和形状不一的景观要素在空间上的组合配置关系（韩敏等，2005），是景观结构和景观生态过程在不同尺度上共同作用的结果（贾毅等，2016）。农业景观格局是生物自然过程与人类活动相互作用的结果（付梅臣等，2005）；同时，农业景观格局变化对各种生态过程产生影响和制约（赵华甫和张凤荣，2008）。随着对景观格局、功能及生态过程研究的不断深入，景观格局变化对景观功能和生态过程的影响机制，景观格局与生态环境之间的关系，以及景观格局变化的生态效应等逐渐成为研究热点。

2.1.1 农业景观格局变化特征

随着研究手段和方法多样化，农业景观格局研究日益受到重视，多以区域为研究范畴，采用景观指数法、统计学、马尔科夫转移矩阵、案例法、趋势面分析、结构方程模型、聚类分析等研究方法（Pan et al., 1999; Ruiz and Domon, 2009），关注农业景观结构类型、形态、面积及其空间布局的变化特征，如从景观基本空间结构、景观构型特征、斑块特征指标分析农业景观时空演变规律（曹瑞娜等，2014；王亚娟等，2013），集中于区域农业景观（Samuel et al., 2018; Hietala-Koivu, 1999; 哈斯其木格，2005）和城郊农业景观（王云和周忠学，2014）格局变化。景观指数一般分为斑块水平（斑块面积、斑块周长、斑块形状指数及其平均值与标准差）和景观水平（景观丰富度指数、景观多样性指数、景观优势度指数等）两种类型（张秋菊等，2003）。例如，研究景观边缘密度、核心区密度、多样性指数与海拔的变化关系（曹瑞娜等，2014）；分析生活类景观、生产类景观和生态防护类景观数量变化特征以及破碎化程度，以及其景观格局的变化与区域农业发展实际相切合（程炯等，2005）；关注农业景观类型转化特征（梁国付等，2010；焦雪辉等，2016），以及坡耕地、撂荒地和果园为代表的农业景观格局转型特征（黄孟勤等，2021），尤其是农田景观等典型的农业景观发生了显著变化，出现耕地转化为城镇，园地景观与耕地景观互相转化现象（张永生等，2018）。综上可知，学者们对农业景观格局特征变化着重从"质""量""形""度"等方面进行分析（李忠锋等，2004；梁国付和丁圣彦，2005），研究发现快速城镇化及乡村产业转型等因素导致农业景观破碎化程度加大，斑块数量增加，单个斑块面积减小。

随着旅游活动与农业生产相结合，乡村农业景观和休闲农业景观逐渐成为研究热点，围绕景观格局问题及生态优化思路（金桂梅和袁锋，2016；李函洋等，2015；张梅和罗小青，2019）、高原特色农业庄园（黄炜和吴晓敏，

2016)、休闲农业与乡村旅游耦合（孟翔，2019）等方面开展研究，采用层次分析法构建休闲农业景观评价指标体系（杨绣娟等，2018；夏雪琦、林进添等，2021)，研究乡村旅游地的空间规律（吴必虎等，2004)，总结农业景观资源利用模式（何佳欢和韦新良，2018）和休闲农业景观的规划方法（刘砚璞等，2012；李畅，2021)，探索促进农业经济可持续发展和实现乡村振兴战略的途径与方法。

2.1.2 农业景观格局变化驱动因素

景观格局演变驱动力是促使景观发生变化的主要生物物理和社会经济因素（张秋菊等，2003）。研究发现，识别和探索农业景观格局变化的驱动因素，可以为国土空间规划和国土资源的合理利用提供科学依据和搭建理论基础（许丽等，2001），有助于对土地利用的变化趋势进行预测（李新通和朱鹤健，2000）。根据已有研究，引起景观格局变化的因素可分为自然因素（地貌、气候、水文、土壤等）和人文因素（人口变化、技术进步、政治经济体制等）（傅伯杰等，2001）。研究显示，生态环境（许丽等，2001）、人类作用（姜鑫和安裕伦，2009）、快速城镇化（周忠学，2015）、土地利用的经济效益（黄宝荣等，2014）、退田还湖（草）与人口增长（许丽等，2002）、农业结构优化（吴菊等，2008）等都被认为是推动农业类型转变和农业景观格局变化的重要因素。尤其是在黄河沿岸地区和西北农牧交错区，地形地貌以及人类干扰是农业景观演变的核心因素（石云等，2015；祁元等，2002），陆晴等（2013）研究了人文水利建设作用和人类经济活动对绿洲景观格局演化的促进。此外，土地利用的经济效益是驱动农场农业覆被变化的主导因素（李新通和朱鹤健，2000），耕作技术的革新与农作物布局导致了土地覆被的类型、形态、面积及其空间布局的变化，尤其是城乡接合部农业景观的演变更是社会经济发展、土地利用规划、公共政策等多重因素共同驱动的结果（黄宝荣等，2014）。当然，从农业用途到旅游用途的转变也会引起农业景观格局变化（Schirpke et al.，2019），农户类型与农业景观格局变化之间有密切关系（梁小英等，2010），农民决策的多样化对景观结构产生了制约和影响（Valbuena et al.，2010），农业实践、城市化进程是导致农业景观格局变化的重要因素（Naveh，2001）；土地利用变化是由资源短缺等多重因素组合推动的，这些因素导致资源约束增加、市场创造机会的变化、政策干预加强、适应能力丧失以及社会组织态度的变化（Erickson et al.，2002），不同类型的农民决策可以被动或主动地影响农业景观的结构（Valbuena et al.，2010；梁小英和刘俊新，2010），政策的主导、管理模式也对农业景观的发展产生深刻影响（Yan et al.）。因此要实现农业景观的综合价值功能，缓解人地矛盾，必须协调利益分配制度，关注"人"作为景观要素的组成成分在景观发展中所起的作用（de Groot，2006）。总之，农业景观格局变化驱动因素研究维度逐渐拓展，更多关注人文因素的研究，但评估农户行为、政府政策、乡村旅游、文化变迁和价值观对农业景观的影响仍需进一步深入。

随着研究方法的多样化，景观动态变化模拟和景观变化驱动因素等方面的研究成为重点，如 Kristensen et al.（2009）研究了 136 年间丹麦西部农业土地利用变化，发现农业集约化是 20 世纪欧洲乡村农业景观变化的关键驱动因素；Poudevigne et al.（1997）利用地图学、地理信息系统和多元分析等方法研究了法国诺曼底 25 年间的土地覆盖和景观格局动态变化；Bowen et al.（2009）分析并研究了撒丁岛土地食物足迹的演变和景观变化，评估景观变化是否需要加强资源的使用，以及是否需要改变区域的能力来满足当地居民的食物需求；Zomeni et al.（2008）用遥感数据和案例法研究希腊农村地区的转型、景观变化与农业结构调整的关系；Statuto et al.（2019）使用景观度量和空间分析工具，定量评估意大利南部典型乡村景观的土地利用变化；Sousa et al.（2019）探寻巴西大规模的农业扩张对农业景观的组成和配置的影响；Samuel et al.（2018）等评估埃塞俄比亚西部 4 个半湿润地区不同土地利用类别下的农业景观多样性及其空间格局；Lambin et al.（2003）剖析热带地区气候驱动的土地覆盖变化与土地利用变化的相互作用；Hersperger A M and Burgi M（2009）认为经济因素是景观变化的重要因素，政治因素是景观变化的次要因素。这些研究显示农业景观空间格局是自然生物过程与人类活动相互作用的结果（Andersen，2017）；同时，农业景观格局对各类生态过程产生重要影响和制约作用。这些研究还显示农业实践、城市化、政策、气候、土地管理、经济、政治等因素对农业景观格局有着强烈的影响（Hietala-Koivu，1999；Kristensen et al.，2009；Bowen et al.，2009；Zomeni et al.，2008；Statuto et al.，2019；Corry，2019；Li，2019；Masny and Zauskova，2016；Hersperger and Burgi，2009）。

由上述可知，当前学界有关农业景观格局变化驱动因素的研究多认为农业景观格局变化是受自然、经济、社会、政治、社会组织态度、农户类型、农户决策等因素共同影响，但对粮食安全、乡村振兴、轮作休耕制度、人口变迁、乡村旅游、文化习俗等因素对农业景观格局变化的影响研究有待加强，而这些研究将有助于更好地理解人地关系，有利于农业景观资源的有效保护和合理利用。

2.1.3 农业景观格局变化效应

农业景观格局变化效应是近几年的热点问题，主要围绕农业景观格局变化体现出来的土壤养分循环、热环境、水环境、生态服务、地方制度等方面的效应进行研究，包括农业景观面积变化对土壤养分循环的影响，不同土地利用类型之间陆地表面温度差异及不同土地空间分布格局与地面温度之间的关系（王帅等，2012；王敏等，2013），土地利用、景观格局与河流水质的关联（黄金良等，2011；Han et al.，2021；Lee et al.，2015），农业景观破碎化与生态系统服务价值的关联（王云等，2014；刘济等，2016；宋博等，2016；黄婷等，2017），喀斯特区和非喀斯特区的农业景观格局和生态系统服务价值变化比较（史莎娜等，2018），景观格局与农业表层土壤重金属污染的定量关系（程炯等，2015），景观格局变化与社会经济响应关系（郑淋峰等，2019），农业景观格局对生物多样性的影响（边振兴等，2022；卢训令等，2018）。研究显示，农业景观格局对地区热环境具有独特而重要的影响，不同景观类型的地表温度差异较大（王敏等，2013）；农业景观格局变化阻碍了养分循环和水循环，也阻碍和降低了景观之间的物质及污染物的流动，对都市农业生态系统调节服务产生了影响；同时也会使生态系统的美学和文化功能降低，娱乐服务功能受到影响（王云等，2014）。云南西双版纳州版纳河地区的农业景观格局变化对当地少数民族文化与制度有深刻影响，引起社会脆弱性加剧（梁川等，2012）。此外，学者们还认为农业景观格局变化对农户生计有影响（Castella et al.，2013）。总之，农业景观格局变化效应研究已取得较丰富的成果，但是对经济、社会、文化、休闲娱乐效应等方面的研究有待进一步强化，使农业景观格局变化特征、农业景观格局变化驱动机制、农业景观格局与生态过程等方面的研究充分结合乡村振兴战略的需要，为农业景观保护和美丽乡村建设提供科学咨询和智力支撑，为促进区域土地资源合理利用和农业农村可持续发展提供理论指导。

2.2 农业景观地域性研究

中国是农业大国，农业景观是中国分布最为广泛的景观。中国的山地面积约占国土面积的1/3，由此可见山地对中国生态安全十分重要，关注中国的山地，即是关注中国未来的生态安全。学界从不同视角对山地农业景观进行了研究。

2.2.1 山地农业景观格局影响因素

地理学对地形地的分类有明确的界定，一般认为山地是由许多高度大于500m、相对高度大于200m的山岭、山谷和山坡地组合而成的起伏状地貌的总称。低山丘陵区具有起伏度、坡向、坡位、海拔变化等空间特征，从而形成了具有不同于平地地区的局部小环境（王小明，2010）。

山地农业景观破碎化趋势明显。中山天然林区，人类土地利用受地形影响较大，景观类型多；平原高产农业区土地利用方式主要受人类控制而有规律分布；低山地用材林区受自然条件和人类活动的双重影响，但自然条件占主导作用（钟学斌等，2008）。在元阳县，梯田、旱地、林地分布与稻种丰富度呈正相关，水田、居民点分布与稻种丰富度呈负相关；水田、梯田和林地景观对农民传统稻种种植的影响最突出，传统稻种种植面积随水田面积增大而减少，村寨种植传统稻种面积随林地面积增加而增加（王红崧等，2019）。在重庆綦江，地形地貌决定了丘陵山地非整治区土地利用景观格局，土地整治工程显著地改造了整治区景观格局（阎叙西等，2016）。在三峡库区山区，农业景观格局趋于多元化，斑块破碎化，聚集性增强，主要与撂荒地和果园景观的出现和扩展相关（李阳兵等，2021）。总之，地形和人类干扰活动是影响山地农业景观格局的主导因素，人类干扰是景观空间格局动态变化的核心驱动因素，农业景观的生态重构必须考虑规范人类干扰活动的性质、强度。

2.2.2 山地农业景观格局演变及优化

山地农业景观在山地乡村背景下人类与自然环境长期相互作用，形成了具有地域特色的乡村聚落、生产性和自然生态等景观。学界对山地乡村景观格局演变规律、农业景观评价、农业景观格局优化等进行研究（梁发超等，2015；曾黎等，2017），聚焦于"美丽乡村"建设，将景观优化与农业生产、旅游开发、山地开发和石漠化治理相结合，提出城郊旅游农业模式、丘陵山地农业旅游优化模式、水域渔业旅游模式和小流域石漠化治理生态农业模式四种喀斯特山地景观优化模式（张凤太等，2009）；结合山地农业景观特征，提出合理保护、开发和利用山地农业景观资源以及通过土地整治来实现区域生态安全（杨庆媛，2003），探索适合山地农业景观发展的种植模式（尹一帆，2014）。此外，韩国学者 sung et al.（2001）采用 GIS 和人工神经网络方法评估山地景观的美学价值，并预测了山地景观的未来发展态势。地形是影响山地丘陵地区农业景观格局变化的主要因素，人口、经济、收入及交通分布也在一定程度上影响了山地丘陵区农业景观格局的变化。

2.2.3 山地新型农业景观发展

新型农业景观是以农业景观为载体,由农业和旅游业相互结合形成的一种新型产业形态组织。生态农业观光园是农业景观经营的一种新形式,是将农业和农村文化作为发展背景的一种新型生态旅游业(唐菲等,2012)。山地丘陵型农业观光园一般选择地势高低起伏、景观层次多变的地区依山而建,这些地区资源丰富、生态环境较好,具有发展生态农业观光园的优势(张瑞等,2018)。近年来,国内生态农业观光园的研究越来越深入和普及,学界结合休闲农业生态园的各种分类和特征,探寻农业观光园建设的影响因素及评价指标体系(高旺等,2008),指出农业、生态、地形、视线、土地利用现状、文化等因素影响生态农业观光园规划建设(王树进和陈宇峰,2013)。以重庆这一典型的山地地区作为研究对象,得出自然资源、区域经济的发展水平、景观垂直变化及视觉独特性、观光农业资源所具有的文化特色和知名度、区域旅游的空间聚集、当地居民的态度、政府的决策行为等因素对农业观光园有至关重要的影响作用(杜谋等,2010),提出在平坝带、丘陵低山带、中山带和高山带生态农业区采用农、林、牧、渔、副各产业结合的立体开发利用模式(张智奎,2012)。

2.3 农业景观脆弱性研究

2.3.1 景观脆弱性评价

景观脆弱性评价从环境影响评价分解演化而来,最初主要测度生态环境的不稳定性(Bevacqua et al.,2018)。国内外对脆弱性的研究主要聚焦于脆弱性评价、脆弱性成因分析等方面,例如 Bradley and Smith(2004),Jones et al.(2007),Wadduwage(2018),马骏等(2015)一众学者主要从生态环境角度对景观脆弱性进行评价。随着研究视角的拓展，景观脆弱性评价也逐渐延伸到其他学科，例如从土地利用角度通过景观敏感度指数、景观适应度指数构建景观脆弱度指数（孙才志等，2014；张月等，2016），从社会脆弱性角度加入社会经济评价指标（温晓金等，2016；陈萍和陈晓玲，2010；Lee，2014）。一般用综合指数法（主成分分析法、层次分析法、模糊综合评价法）、图层叠置法、脆弱性函数模型评价法、模糊物元评价法对景观脆弱性进行评价（李鹤等，2008），也有学者从脆弱性定义出发，确定暴露度、敏感性、适应潜力等为脆弱性的核心要素（陈萍和陈晓玲，2010；Maria et al.，2018）。

景观脆弱性研究主要从理论性研究、实证评价研究和区域综合研究三个角度进行（田亚平和常昊，2012），国内学者大多从生态脆弱性（付博等，2011；蔡海生等，2009；黄木易等，2020）和景观格局脆弱性（孙才志等，2014；何清清等，2019）视角评价景观脆弱性，常用方法为综合指数法和层次分析法（刘振乾等，2001）、景观格局定量分析法、景观生态图叠置法（孙才志等，2014）。生态脆弱性研究集中于成因、过程、评价和预测（乔青等，2008），认为生态脆弱性包括自然环境的脆弱、社会经济的脆弱和人地耦合系统脆弱性等（Metzger et al.，2006），常采用"压力-状态-响应"模型（汪邦稳等，2011）、"敏感-弹性-压力"模型（乔青等，2008）、"生态敏感性-生态恢复力-生态压力度"概念框架（卢亚灵等，2010）、"自然-结果表现因素"（钟晓娟等，2011）、"敏感-暴露-适应"（Polsky et al.，2007）、"易损-适应-压力""驱动-状态-能力""暴露度-敏感性-恢复力"（李路等，2021）等概念模型来评价脆弱性（田亚平和常昊，2012）。而景观格局的脆弱性研究大多选择流域、矿区、盆地、平原等区域作为研究区（孙才志等，2014；任志远和张晗，2016；张月等，2016；徐晓龙等，2018；钱大文等，2020；曾红霞等，2021），聚焦于景观格局变化对生态安全、生态风险、生态服务功能的响应（任志远和张晗，2016），常采用基于景观格局指数视角的景观脆弱度等来衡量（田鹏等，2019；刘晶等，2012；徐燕等，2018）。总之，景观脆弱性研究成为探索景观生态系统在自然环境与人类活动双重作用下的运行机制以及阐释人地关系的前沿学术领域。

2.3.2 景观脆弱性管理和应对措施

学界对景观脆弱性管理的研究主要聚焦于生态管理，提出了相应的调控和应对措施，徐君等（2016）把生态脆弱性管理总结为生态调控、生态恢复与重建、协调人地关系、整治环境灾害、重建景观生态、调整空间结构等，具体包括通过进行规划和协调，增强共生功能，提高生态保护意识，增强自我调节功能，控制人口数量、提高人口质量，优化产业结构与布局，建立灾害预警机制（熊康宁和池永宽，2015），应因地制宜、分区重建（陶希东和赵鸿婕，2002），强化功能分区，明确控制发展区域与重点发展区域（欧阳慧和欧阳旭，2008），强化教育，进行观念创新，积极发展生态经济产业，调整农业结构（宋德荣和杨思维，2012），通过景观空间结构调整，重新构建新的景观格局（肖笃宁，2003）。

2.3.3 农业景观保护和美丽乡村建设

快速的工业化城镇化导致农业逐渐弱化，村落急剧减少、农民非农化转移现象突出，农业景观的空间愈发缩减。农业景观作为独特的自然资源，在传承农耕文明、确保粮食安全、维系乡村风貌、协调城镇化、保护生物多样性等方面发挥着至关重要的作用。农业景观作为重要的景观类型，其建设和保护是乡村振兴的核心内容（乔丹等，2019），农业农村生态景观建设和管护是休闲农业发展、乡村经济发展和文化复兴的基础（宇振荣等，2012）。乡村振兴、新农村建设、旅游开发、农耕文明传承与保护等提高了国内农业景观领域的研究热度（郑文俊，2013），而农业景观拥有生态价值、经济价值、社会价值和美学价值等多重价值。通过对农业景观的保护研究，为我国乡村振兴战略的实施提供理论依据。发达国家农业景观保护经历了传统、应对、管制、治理、管护五个阶段（余慧容和杜鹏飞，2021），形成了"自上而下"政府主导管理模式、"自下而上"社区自治管理模式、"政府导控+村民自治"管理模式三种模式，推行"官民共治"管理模式（乔丹等，2019）。我国对农业景观保护模式的探讨聚焦于乡村旅游、传统农业景观、农业生态景观、乡村文化景观等领域。学者们认为，农业景观的特质性保护是基于历史、文化、生态和社会对农业景观的"三生"（生产、生态、生活）功能的有机再生（冯娴慧和戴光全，2012）。对传统农业景观进行保护，也是农业景观保护的重要环节。立足于区域景观的悠久性和完整性、建筑的乡土性、环境协调性和文化传承的典型性等方面进行全面的保护（王云才和史欣，2010），在传统性评价的基础上，以传统文化景观空间网络为核心，提出传统文化景观空间整体性保护的空间格局（王云才等，2011），以产业融合为手段、以发展旅游为主导方向的产业化保护模式（王德刚，2013），通过确定保护圈层、构建文化景观遗产廊道和景观生态网络格局，实现传统文化景观空间的拓展、连接和传统文化景观与缓冲空间的有机复合，以实现传统地域文化景观区域性整体保护的空间模式（王云才和韩丽莹，2014）。生物多样性是农业景观保护的重要内容，刘云慧、常虹、宇振荣等（2010）从格局和过程两个方面为农业景观生物多样性保护提出了一般性指导，并总结欧盟农业景观生物多样性保护的政策与经验（刘云慧等，2021），认为农业景观生态多样性保护需要从农田生态系统和农业景观两个尺度上开展农业景观综合管理（孙玉芳等，2017），提出拓宽和提升我国农业景观的多功能性，加强以农户或村集体为主体的管护制度建设，加强部门协同机制、技术集成研究和示范的生态景观管护对策（宇振荣等，2012）。乡村景观的保护模式也是农业景观保护的逻辑借鉴起点。乡村景观是"活态"景观，保护历史和维持发展需双管齐下，为达到保护与发展共赢的目标，需采取差别化措施（袁敬和林箐，2018）。余慧容和刘黎明（2018）从政府行为决策视角，基于中央政府和地方政府乡村景观保护的行为特征，构建乡村保护机制。孙彦斐等（2020）提出了以环境教育来推动乡村文化景观的保护路径。刘春腊等（2009）认为培养新型农民，提升农民科学技能和文化素质是乡村文化景观建设和管理的核心和基础。李飞（2011）基于乡村文化景观具有乡村性和遗传性的二元属性，提出了生态博物馆模式、乡村大舞台模式和景观嘉年华模式三种以乡村旅游促进文化景观保护发展的模式。

总之，农业景观是重要的景观类型，农业景观建设和保护是乡村振兴的核心内容，确保农业景观核心价值和维护农业景观乡土特色是农业景观建设和保护的核心内容，但目前学界对农业景观核心价值研究不够充分，同时由于理论基础不足，以及农业景观保护机制不健全，可能会导致特色农业景观的破碎和消失。因此应强化维护农业景观核心价值和保护农业景观乡土特色研究，以便更好地为乡村可持续发展和文化振兴提供依据。

2.4 研究述评

2.4.1 总体研究特征

在农业发展型和城镇化加速发展的双重背景下，农业景观及其演变研究已经引起了学术界的广泛关注，并已形成一批独具特色的研究成果和学术阵地。

（1）研究热点紧跟国家重大战略需求。已有研究表明我国农业景观相关理论研究明显受到国家战略需求的影响。自1978年至今，国家颁布了一系列关于农业农村发展的政策，农业景观研究、农业景观生态效应和生态安全性研究开始成为我国学者关注的热点领域，以农业景观为核心的景观格局与过程研究随之成为研究热点领域并一直持续至今。随着新农村建设的推进和乡村振兴战略的全面实施，农业景观保护和美丽乡村建设的研究随之呈现迅速增长态势。尤其是随着我国工业化、城市化和现代化的加速发展，人类活动与农业景观的关系已经上升为人地矛盾的主要方面，农业景观变化及驱动机制成为学界透视人地关系的重要研究内容。由此可见，农业景观的已有研究紧密跟踪和服务于国家重大战略需求和生态文明建设的现实需要。

（2）研究主题日趋多元化。目前以农业景观及其格局演变为研究中心，围绕农业景观的概念、分类、演变、效应、保护与美丽乡村建设做了大量有益探索，形成"概念阐释—分类认知—格局演变—效应评估—保护发展"的研究主题，并呈现逐渐多元丰富的过程。

（3）研究方法多学科交叉融合互动。从已有研究得知，农业景观研究涉及地理学、生态学、风景园林、旅游学、土地科学、建筑学等多个科学领域，农业景观研究经历了从生产属性、生态属性到强调景观的复杂性和多功能性的发展过程，从强调自然、文化属性向自然与文化综合、多功能属性发展，从单一学科向多学科综合发展转变，从定性研究到定性与定量研究相结合。但因农业景观多功能属性和自身组织结构的复杂性，还需进一步增强与人类学、社会学、经济学、管理学、文化学视角的综合交叉研究，形成不同性质学科的彼此促进与推动。

2.4.2 研究进展评述

由耕地、林地、水域、园地、牧草地等共同构成的农业景观对于保护生态环境和确保社会经济可持续发展具有至关重要的作用。而农业景观资源在开发与利用过程中，出现景观破碎化、土地质量退化和环境恶化等现象，严重威胁农业生态安全，制约和阻碍了农村经济可持续发展。因此，厘清农业景观格局演变及脆弱性时空变化机制对农业景观的科学利用和合理保护具有重要意义。综上所述，农业景观研究已取得较丰硕成果，相关成果也为未来研究搭建了理论支撑，但研究尺度、研究主题需进一步深入和拓展，研究方法需进一步完善。一是研究成果之间相对独立，研究成果的理论深度不足、系统性受限，不利于农业景观的定量研究、系统评价和调控管理等研究的推进和发展。二是研究区域不够全面。例如目前研究案例地多侧重于平原地区、农牧交错带、黄河流域、都市区域等区域，对西南山地研究较少。因此仍需从农业景观自身的逻辑体系中不断丰富研究尺度与研究主题，探索人地矛盾逐渐上升过程中，农业景观变化等现象背后的文化变迁与社会经济、农业景观可持续性等问题。特别是不同地区、不同类型的农业景观变化的特征，山地农业景观变化的驱动因素及作用机理，农业景观变化对农业景观可持续发展的影响，这些研究能够为未来农业景观保护与调控管理提供理论基础。三是国内外关于景观脆弱性研究已经取得了很大的进展，对农业景观脆弱性评价和测度相对较少，需完善和规范农业景观脆弱性评价指标的选取，进一步探索景观脆弱性的发生机制和演化机理以及农业景观格局变化对景观脆弱性的影响等问题，因此将农业景观脆弱性研究纳入农业景观格局演变的驱动机制研究，对于优化农业景观格局具有重要的现实意义。

结合中国农业景观研究现状，未来我国的农业景观研究可从以下方面进一步深化。

（1）丰富研究尺度。深化山地农业景观塑造及农耕文明传承策略研究。现阶段中国农业景观研究在空间尺度上主要侧重于微观层面的格局特征与优化策略，侧重于某一类型农业景观格局演变驱动力，研究成果之间相对独立，对内容的系统、整合研究有待强化；其次，区域空间侧重于平原地带、农牧交错带、黄河流域、都市等区域，而对丘陵山地农业景观研究的成果较少。中国是山地国家，关注山地丘陵，也是关注中国未来的生态环境安全。因此从宏观和微观层面探寻社会经济转型过程中丘陵山地农业景观的演变特征及形成机理，探索丘陵山地农耕文明的传承与保护以及农业景观保护模式和策略，有助于相关部门制定更有针对性的应对措施，为中国可持续的农业生态系统建设提供理论支撑。

（2）拓展研究维度。深化国家战略和制度政策对农业景观演化及农耕文明传承的影响机制研究。景观结构与其生态过程相互作用的逻辑是景观生态学等学科研究的热点领域。目前国内围绕景观格局的动态变化、农业景观优化策略的理论和实证研究较为深入，但对农业景观与乡村振兴、城乡融合、乡村旅游、轮作休耕制度、人口迁移、农耕文化等之间逻辑关系和耦合机制等的研究仍处于探索阶段，尤其是农耕文化传承和保护与农业景观格局变化的辩证关系研究有待深入，这些是未来中国农业景观研究的重点趋势之一。

因此在未来的农业景观研究中,需考虑中国社会经济转型过程中粮食安全、乡村振兴、城乡融合、退耕还林、轮作休耕制度、人口变迁、乡村旅游、新农村建设等政策以及农耕文明传承的现实需要对农业景观建设和保护的影响。

(3)创新研究方法。进一步强化多学科融合研究方法于农业景观研究中的应用。综观国内研究,普遍采用 GIS 和 RS 的研究方法开展农业景观格局的全国、区域、县域等尺度研究。结合空间大数据挖掘,应用新技术、新方法,引入多学科研究方法对不同时段不同区域农业景观演变历程进行分析,对农业景观演变趋势进行模拟与预测将是重要的发展方向。此外,农业景观对当地社会经济及生态的影响是深刻而多样的,也是很多学科研究的范畴,需集成生态学、地理学、经济学、社会学、文化学、管理学等学科的理论和方法,在质性分析的基础上,定量阐释这些影响的性质和强度。

(4)加强对比研究。注重国情特点,兼顾他山之石。由于中西方农村和农业发展阶段不同,中外农业景观研究重点也有差异,农业景观格局变化的驱动因素既有相似性也有差异性。人类干扰、地形地貌、快速城市化、乡村旅游发展、农业经营主体转变以及栽培植物布局与耕作技术的变化等是导致中国农业景观格局变化的主要因素。而西方农业景观格局变化主要受农业实践、城市化进程、景观生产力变化、土地利用变化、市场变化、外部政策干预、适应能力的丧失以及社会组织及其态度的变化影响,不同类型的农民决策、农业景观的业主管理方法等都可能会对农业景观格局产生影响。农业景观格局变化总体上来说,是人类活动综合作用的结果,农业景观类型及其与自然环境、人类活动之间存在复杂的相互作用。农业景观还受到宏观环境、发展阶段和历史文化、土地制度等的影响。农业空间是地理空间,更是社会空间,农业空间格局具有自身的演变规律,发达国家农业景观空间保护与发展的经验能够为我们揭示农业景观空间变化的规律提供有益的启示和研究的逻辑前提。借鉴西方农业景观发展经验,植根于中国农业实践环境,强化理论创新和实践创新与美丽中国要求相适应是农业景观建设的必由之路。

第3章
理论基础

理论基础是能够为研究内容提供一般规律或者主要规律指导和引领作用，以及为研究内容的应用性研究提供一定的指导意义和共同理论的基础性理论（程钰，2013）。为了更好地对农业景观格局演变及调控系统理论与实践进行指导和引领，有必要对基础理论体系加以阐述和分析总结。景观时空演变与景观脆弱性是农业景观的两个主要方向，二者相互影响、相关密切。本书主要探讨景观格局演变对农业景观带来的影响，研究农业景观及其脆弱性演变的驱动力机制；并根据新时期国家战略要求，提出合理的农业景观保护建议，为实现农业和农业景观的可持续发展提供参考。鉴于涉及"农业景观"与"脆弱性"两个核心概念，必须对与两者相关的理论进行梳理，以明晰"农业景观格局演变"和"景观脆弱性"产生的机制。所以，本章以"核心概念界定—农业景观理论归纳—农业景观时空演变理论—农业景观脆弱性理论分析—农业景观格局演变与景观脆弱性关系辨析"为逻辑思路，对相关概念进行解释，为后续的实证研究奠定理论基础。

3.1 核心概念

本书的研究对象为"山地农业景观"，在这一对象界定中，农业景观、农业景观格局以及农业景观脆弱性等构成本书的核心概念。

3.1.1 农业景观

1. 农业景观的内涵

人们由对土的感知产生了景观的概念,"景观"一词内涵丰富,在不同历史时期有不同含义和内涵,不同学科对其有不同的诠释。随着人类大规模探险和旅行活动的推动,学界对景观概念的认识经历了从地貌属性、视觉属性到强调景观的复杂性和多功能性的发展过程(王紫雯和叶青,2007)。19世纪初,德国学者洪德堡首次把景观概念引入地理学(Turner,1987),并由此形成了"自然地域综合体"的景观内涵。景观作为构成地球表面的可识别部分(E.马卓尔和王凤慧,1982),是一个由气候、水、土壤、植被等自然要素以及文化现象组成的多层次复杂系统的地理综合体,是具有多重功能和多种价值的复合体(俞孔坚,2002)。农业景观并不是一种新的景观类型,农业活动与景观相结合便产生了农业景观,它强调人类活动对自然的改造。农业景观的概念早在19世纪西方地理学界就已经被明确提出,而关于其定义与解释,东西方学界依学科的不同而有不同的理解(表3-1)。国外学者对农业景观的定义多偏重于乡村景观(rural landscape),有的甚至将其与景观农业混淆(Turner,1990)。景观生态学家把农业景观定义为生态系统,其中有学者把农业景观看作整个生态系统来进行定义,用农田景观代指整个农业景观(闻大中,1990;王仰麟和韩荡,2000)。地理学者把农业景观作为一个科学名词,将其定义为一种地表景象或地域综合体,如从人类活动的视角对农业景观进行诠释,认为农业景观是在自然景观的基础上,经过人类长期的农业生产实践活动改造而成的,是复杂的自然、人文过程和人类价值取向在土地上的投影(俞孔坚,2002),也是"自然与人类的共同作品",是由耕地、园地、草地、林地、村庄和道路等组成的区域综合体(梁发超和刘黎明,2011),是一种半自然的景观生态系统和粗放的土地利用景观(王云才,2003)。学界对农业景观的理解也随着时代的发展而不断完善,在农业景观的定义中逐渐引入旅游学的观点。旅游学者把农业景观当作资源,更强调农业景观的休闲与观赏、娱乐与教育功能,认为农业景观既受自然环境条件的约束,同时也受人类生存发展的影响,是兼具生产、社会经济、生态和美学等多种价值,以及生产、生态、文化、旅游休闲、科教体验等多重功能的综合体(梁发超等,2011;梁发超,2017),是以乡村聚落及其周边自然环境为基础,以农业生产活动为根本,由历史、人文等因素构成的农业土地景观形态(冯娴慧和戴光全,2012),包含了以农业生产为主的景观以及独特的农耕文化和优美的田园生活方式(梁发超,2013)。

表 3–1 农业景观的典型概念

农业景观的概念	学科视角	价值属性
(1)农业景观即农田景观,是指包括耕地、草地、林地、道路及树篱等多种景观斑块甚至廊道的镶嵌体,可以为物种提供生存栖息地的各种破碎化的空间网格(Turner,1990)	景观生态学	生态功能
(2)农业景观是农田与非耕地多种景观斑块的嵌块,包括尺度、空间格局和镶嵌动态(王仰麟和韩荡,2000)	景观生态学	生产、生态功能
(3)农业景观是较高等级的农业生态系统群体镶嵌体,包括农田范围,以及由人管理的用来生产食物、纤维和其他农产品的生态系统,包括中尺度小流域农业景观和大尺度大流域农业景观(闻大中,1990)	景观生态学	生产、生态、社会功能
(4)农业景观指在城镇之外的区域范围内为农业生产、生活提供服务的多种景观斑块的镶嵌体,包括农田、草地、林地、园地、农村聚落、水利设施、乡村道路等生态系统(梁发超,2017)	土地规划学	生产、生活、生态功能
(5)农业景观由乡村土地、农作物栽培和农业生产过程以及农业生产的附属景观构成,是一种半自然的景观生态系统和粗放的土地利用景观(王云才,2003)	旅游规划学	生产、生活、生态功能
(6)农业景观是指以乡村民居及其周边自然环境为基础,以农业生产活动(耕作、畜牧等)为根本,由人文、历史等因素构成的农业土地景观形态(冯娴慧和戴光全,2012)	旅游规划学	生产、生活、文化、历史、旅游功能

综上，农业景观是一个具有时间属性的、以农业特征为主的动态而复杂的景观系统，包含土地利用景观、植被景观、动物景观等要素。本书结合研究区的实际情况，将农业景观定义为以农业活动为基础，被人类活动改造后的土地利用景观类型，包含耕地、园地、林地、农村居民点、草地、水域等景观要素，是一种具有高度空间异质性的综合类景观类型，其本质是一种特殊的土地利用形式。

2. 农业景观与乡村景观的异同

乡村景观是我国重要的景观类型之一，也是乡村振兴的核心物质基础。乡村景观是以村庄为核心的综合体（刘振宇，2018），是具有特定景观行为、形态、类型的景观类型，包括乡村聚落景观、经济景观、文化景观和自然环境景观（王云才，2002），是乡村地域范围内空间性的外在表征和文化内涵表征。乡村景观是相对于城市景观而言的（刘滨谊和陈威，2005；杨小军等，2015），是一种介于自然景观与都市景观之间的景观空间系统（周连斌，2010），主要从地域范围和人与自然关系的角度进行分类（谢花林等，2003；周连斌，2010；刘滨谊和王云才，2002；金其铭等，1990；张益宾等，2019），是一种由农田、山林、河流、道路、村落等不同类型的景观组成的景观格局。农业景观是与工业景观、后工业景观等并列的景观类型，它强调景观的主体特征属性，是农业产业系统所包含的所有景观的总和。它不仅包括实实在在的田间地头生产景观，还包括人类生产劳动本身和劳动积累所形成的经验以及背后所蕴含的民俗文化景观。

3. 农业景观与景观农业的异同

随着我国乡村振兴战略的提出，景观农业为农业生产和美丽乡村建设提供了新的方向（刘俞含等，2019），学界也开始致力于研究景观农业，但目前我国学术界常把景观农业与农业景观两者当成相同的事物（陈颖，2008）。景观农业是以多姿多彩的农作物为基础，通过规划与设计，在较大的地域内形成美丽的外貌形态，使农业的生产功能、生态功能同审美功能紧密结合起来，成为"三生"空间的有机组合体（戴锦，2004）。景观农业是农业发展中的新型业态，是由传统农业向观赏性农业发展而来，是一种通过农业的能量与物质交换，具备较高的稳定性与自我调节能力的新型农业（袁力，2019；赵羿和郭旭东，2000），是农业生态系统与自然生态系统在一定景观效果引导下的有机结合（赵羿和郭旭东，2000）。同时，景观农业也是重要的休闲和观光农业旅游资源，是农业由提供农产品的第一产业向商品加工业、旅游服务业等方向发展的重要物质前提（杨美霞，2013）。景观农业促使传统农业景观功能发生演化，促进了农业景观经济功能、旅游功能、生态功能、休闲功能、娱乐功能的凸显。总之，景观农业与农业景观相辅相成，但二者所强调的重点和目标不同，农业景观强调景观基质和类型，是农业生产各要素集合形成的外观，农业景观是景观农业的基础与前提。农业景观具有多功能特征，不仅具有自然属性，更具有人文属性；既是自然生态系统，又是人类活动留下的人文过程和人类价值的体现，是农耕文明的重要组成部分。景观农业侧重农业的景观化，强调农业的文化及价值的附加；同时，景观农业注重农业发展中高层次景观的塑造，是农业景观的延续和拓展，是农业的高级形态（表3-2）。

表3-2　农业景观与景观农业内涵对比

项目	农业景观	景观农业
内涵	农业景观是一种半自然的景观生态系统和粗放的土地利用景观（孙玉芳等，2017），是包含耕地、草地、林地、村庄及道路等的区域综合体（Turner，1990）	景观农业的本质是农业生态系统与自然生态系统在一定自然景观上的有机结合，是以人类不断提升的技术持续维育土地、生物的生态系统，是实现能量与物质平衡的新型农业系统（Varis and Vakkilainen，2001）
本书异同辨析	农业景观强调景观基质和类型，是农业生产各要素集形成的外观。 农业景观更强调景观的原生性。 农业景观是景观农业的基础和前提	景观农业是农业的景观化，强调农业的文化及价值的附加，其注重农业发展中高层次景观的塑造。 景观农业更强调景观的衍生功能。 景观农业与农业景观相辅相成；景观农业是农业景观的延伸和拓展，是农业的高级形态

4. 农业景观分类

（1）分类的原则。

农业景观分类是进行区域景观差异性描述和景观格局特征分析的依据与

第 3 章 理论基础

基础，也是农业景观评价、规划与管理的基础（梁发超，2017）。而目前因为应用目的不同，景观分类方法也千差万别，因此尚未形成学界一致认可的农业景观分类体系。传统的农业景观分类都是土地利用分类或农业用地分类的演化，将农业景观概括为耕地、草地、林地、水域、建设用地等。在快速城镇化时代和乡村振兴战略背景下，农业景观是一个以人类社会活动为主体的综合性人工生态系统，它塑造并维持农业景观多功能演化。农业景观在承担基本的生产功能和生态功能之外，更多地体现出文化功能、经济功能、审美功能。由于区域土地的集约、粗放或混合模式的经营和管理，农业景观的破碎化程度加剧，农业景观的多样性及区域差异性特征逐渐消失，不仅其空间组合及格局发生了变化，乡村生态环境也面临风险。为了保障农业生态系统的平稳运行与发展，需要对农业景观进行合理保护和规划管理。农业景观分类不仅仅是进行农业景观格局分析的基础与依据，还是进行农业景观保护和持续发展的基础与依据。因此，本书在进行石柱县农业景观分类时，参考前人研究成果，结合石柱县农业发展的实际情况，确定了下列景观要素分类原则。

一是功能主导原则：以人类活动产生的景观功能为分类的主要因素，保证农业景观分类在同一类型景观中具有相似的主导功能和空间形态。

二是差异性原则：在遵循科学、合理、客观、实用原则的前提下，明确区分不同类型景观，凸显不同类型景观之间的差异性。

三是地方特色原则：体现和突出石柱县农业和农村经济的地方特色。

（2）农业景观分类的代表性观点。

景观分类研究是地理学、景观生态学和规划学等学科共同关注的领域。农业景观分类既是景观结构、生态过程和功能研究的逻辑起点，也是农业景观格局评价、规划和管理等研究的理论依据和重要前提（曹宇等，2009）。随着研究视角的拓展和研究的深入，学者们对农业景观分类的研究也不断变化发展（Mücher et al.，2010；García-Munõz et al.，2010；Forman，1995），主要从景观组成要素及其外部特征对景观进行分类（梁发超，2017；Mücher et al.，2010；Zev and Lieberman，1984）。我国景观分类主要以土地基本类型为本底，综合自然地形地貌和土地利用现状，从人类活动对景观的干扰强度或从景观功能入手，采用遥感手段获取地表覆被物的景观特征数据等进行分类（李振鹏等，2005）。目前国内学者对农业景观分类的专门研究较缺乏，一般直接纳入农业景观的其他研究中（表3-3）。有学者将土地利用方式等同于农业景观类型，例如以宁夏中部干旱带为研究对象，采用两级分类法，把农业景观分为林地、耕地、草地、城乡工矿居民点用地、水域以及未利用地（王亚娟等，2013）。随着研究的深入和拓展，学者们逐渐综合自然地貌特征和土地利用现状进行农业景观分类（王仰麟等，2000；张艳芳和任志远，2000；宇振荣等，2000；王学雷和吴宜进，2001）。随着农业景观功能的演变，学者对农业景观的分类也越来越突出主导功能和强化人类活动特点。例如基于主导功能特征差异，将农业景观分为农业生产、农业服务设施、农业旅游休闲和农业生态四类景观（梁发超等，2011）；结合地域差异特征和新农村建设中农业景观规划需要，将农业景观分为农业生产、农业服务设施、农村聚落、农业生态四类景观（梁发超，2017）。总之，随着研究的不断深入，农业景观分类逐渐强调建立科学和实用的分类指标和方法，强化农业景观的主导功能，但尚未形成适应性强的分类标准体系，不利于农业景观的定量研究、系统评价和调控管理等研究的推进和发展。

表3-3 农业景观分类的代表性观点

分类依据	景观类型
研究目的和土地利用现状	灌溉农田、坝地农田、梯田农地、坡耕地、果园、草地、灌木林地、乔木林地、水库和居住用地（韩敏等，2005）
研究区土地利用现状，遥感卫片解译的技术可行性	建成景观、水体景观、水田景观、旱地景观、林地景观、果园景观、裸地景观、山地景观（王仰麟等，2000）
地形、气候等自然特征垂直差异特点	轮歇地、梯旱地、川旱地、沟旱地、坡旱地、荒草地、园地、居住用地、疏林地、灌林地、未成林地、裸岩、草地、菜地、林地、水域、交通用地（张艳芳和任志远，2000）

第 3 章　理论基础

续表

分类依据	景观类型
土地利用方式的差异	旱地、水稻田、林地、菜地、河流、水塘、大坝、居民点庭院、居民点、公路、湿地、防护林带（宇振荣等，2000）
自然特征及土地利用现状，研究区的光谱特征及遥感影像	水田、水域、旱地、林地和城乡等（王学雷和吴宜进，2001）
景观主导功能特征的差异	农业生产、农业服务设施、农业旅游休闲、农业生态等（梁发超，2011）
地域特征差异和新农村建设中农业景观规划需要	农业生产、农业服务设施、农村聚落、农业生态等（梁发超等，2017）
景观组成要素的差异	自然生命、农业生产、农村聚落和文化生活等（郭杨，2019）

（3）石柱县农业景观类型划分方案。

依照以上原则，根据研究区农业景观的微地形特性，考虑农业景观研究尺度的特点，综合国内外学术研究分类成果（梁发超等，2015），本书结合不同景观结构类型的生产、经济、文化、生态、休闲功能来制定划分方案。为体现石柱县农业景观自身的地域特征和主导功能的演变，本书把该区农业景观划分为生产型、生态型、生活型、拓展型四个一级类（表 3-4），在 ArcGIS10.2 中进行重新分类，把耕地、坑塘、人工牧草地、园地（除果园和茶园之外）、设施农用地、沟渠合并为生产型农业景观；把草地（天然牧草地、其他草地）、水域（河流、滩涂）、林地合并为生态型农业景观；把农村居民点、农村道路合并为生活型农业景观；把风景名胜及特殊用地、园地（果园、茶园）、水域（水库水面）、裸地合并为拓展型农业景观。

表 3-4　石柱县农业景观分类及构成

一级类	二级类	分类依据
1 生产型农业景观	11 耕地；12 坑塘；13 人工牧草地；14 园地（除果园和茶园之外）；15 设施农用地；16 沟渠	以农业生产功能为主导功能的土地

续表

一级类	二级类	分类依据
2 生活型农业景观	21 农村居民点；22 农村道路	以满足乡村生活需要为主导功能的土地
3 生态型农业景观	31 草地（天然牧草地、其他草地）；32 水域（河流、滩涂）；33 林地	以维护和保持地区生态为主导功能的土地
4 拓展型农业景观	41 风景名胜及特殊用地；42 园地（果园、茶园）；43 水域（水库水面）；44 裸地	以乡村振兴中观光农业、休闲旅游、潜在开发价值为主导功能的土地

3.1.2 农业景观格局

农业景观是最普遍也是最重要的景观类型，随自然和人类干扰双重影响而变化。人类的土地利用行为是干扰农业景观利用格局的方式之一，尤其在短时间内，更是导致农业景观格局演变的主要驱动力。景观格局即不同规模和形状的斑块在空间上的排列与组合特征（钱大文等，2020），本书所述的农业景观格局是指人类活动、自然因素等共同作用于农业景观类型，由农业景观类型的数量大小、空间组合与配置方式共同形成的一种空间格局特征。农业景观格局演变主要表现为农业景观覆盖变化，其本质是人类为满足自身生存发展需要而不断调配农业景观利用方式的过程，体现了人类基于景观进行生产生活的发展趋势与状态。农业景观格局演变即研究区范围内各地农业景观类型的数量大小和组合与配置方式在时间和空间上的变化情况，本研究既考虑农业景观格局在时间上的演变，也考虑其在空间上的演变。

3.1.3 农业景观脆弱性理论

1. 景观脆弱性

脆弱性一词源于拉丁语"vulnerare"，指可能受伤（李莉等，2010），最初用于国际政治分析与评估，指改变相互依存的系统所带来的代价。地理学者将脆弱性定义为系统或者系统的一部分在灾害事件发生时所产生不利影响和损害的程度（Timmerman et al.，1981），提出了"适应与调整"的概念（Burton et al.，1993）。近年来，随着研究的深入以及学术交流的推动，脆弱性的内涵和外延不断扩展，逐渐拓展到灾害管理、生态学、地学、土地利用、工程学、可持续科学等研究领域（袁海红等，2015；Mitchell et al.，1989；Chambers，2006；杨飞等，2019；Sahoo et al.，2016），学界对脆弱性的关注从以环境为中心、注重自然环境导致的脆弱性发展到注重人在脆弱性中的作用（黄建毅等，2012）。景观脆弱性最早是景观要素在外界干扰和压力下不损失能力的相对度量（杨忍和潘瑜鑫，2021）和景观生态系统在外界因素影响下所表现出来的敏感性及适应力（孙才志和闫晓露，2014）。综观已有研究成果（蔡海生等，2009），学界对景观脆弱性的认知各有侧重，但一致认为景观脆弱性有以下几层含义：一是表明景观系统内部存在不稳定性；二是景观系统容易遭受外部因素和环境变化的影响而出现损害或者破坏，并难以恢复（刘燕华和李秀彬，2007）；三是景观系统对外界干扰和影响具有敏感性。

2. 农业景观脆弱性

本节试图通过对农业景观脆弱性内涵的阐释来构建其研究逻辑。暴露在自然环境或人类干扰活动下的生产型农业景观、生活型农业景观、生态型农业景观、拓展型农业景观都是脆弱的，但由于对扰动的敏感程度和适应能力的不同，四者表现出的脆弱性程度各不相同。综合前人研究（何清清等，2019），本书认为农业景观脆弱性是农业景观生态系统在特定时空尺度下在遭受自然、人为因素影响和破坏时所表现出的敏感性，以及农业景观对上述因素所产生的适应性（适应性响应），包括自然脆弱性和社会经济脆弱性两方面。农业景观脆弱性内涵包含以下几方面。

（1）农业景观脆弱性是指农业景观具有敏感性、易变性或不稳定性，即农业景观系统在外界干扰或胁迫的影响下更容易发生改变，这种改变可以是正向的，也可以是负向的。

（2）农业景观脆弱性指农业景观抗干扰能力即受到干扰后自我恢复能力的强弱，同样程度的干扰对于脆弱性较低的农业景观系统来说也许是可以承受的，但对脆弱性较高的景观系统来说，也许会使其产生不可逆转的改变。

（3）农业景观的脆弱性表现为农业景观系统内部和外部的共同作用；脆弱性一方面说明景观内部的不稳定性，另一方面说明在遭受外部因素干扰时会造成损失或者破坏，具有不可恢复性。

（4）农业景观脆弱性由暴露度、敏感性、适应能力三个要素组成。其中暴露度指系统受到外力胁迫的程度（Birch，2014），取决于农业景观在自然环境和人类活动干扰下暴露的概率（于婷婷等，2019），决定了农业景观系统在灾害影响下的潜在损失大小（Cumming et al.，2005）；景观敏感性是指景观随外界干扰强弱呈现的变化趋势（黄木易等，2020），也是景观系统对各种灾害及人类干扰所表现出的敏感程度，主要取决于农业景观系统结构的稳定性（乔青等，2008）；景观适应能力是指景观系统因外界干扰而产生敏感反应后所表现出的调整能力（孙才志等，2014）。

（5）农业景观面对干扰时所反映的脆弱程度取决于农业景观的暴露程度、敏感性特征和适应能力，因此，干扰作用于农业景观时会对脆弱性状态产生正向或负向作用。农业景观脆弱性与暴露度、敏感性正相关，与适应能力负相关。

（6）农业景观脆弱性干扰源包括自然环境变化和人类活动，干扰源可能来源于自然环境变化，也可能来源于农业景观自身系统。但并不是自然环境脆弱，农业景观就一定脆弱，因为农业景观可以通过人类的合理调控和建设而得到改良，而且其自身也有自我调节和修复功能。

3.2 农业景观相关理论

农业景观格局演变及脆弱性研究需综合多学科的研究成果来支撑和指导，书中农业景观格局演变与脆弱性研究涉及景观生态学理论、可持续发展理论、人地关系理论等基础性理论，其中景观生态学理论是农业景观格局演变分析的理论基础，也是农业景观脆弱性评价的指导理论，可持续发展理论和人地关系理论是指导本研究的核心理论。

3.2.1 景观生态学理论

景观生态学是一门新兴学科，由德国生物地理学家 Troll 在 20 世纪 30 年代最早提出（文克·E. 德拉姆施塔德等，2016），到 20 世纪 80 年代，其理论、方法在实践中的重要性已得到大量认可。景观生态学以景观为研究对象，是研究景观的结构、功能关系和景观动态及三者相互关系的一门学科，强调空间格局与生态学过程相互作用关系。

（1）景观生态学理论为农业景观保护研究提供了理论基础。景观是由斑块、廊道、基质等景观要素组合形成的空间关系特征（邬建国，2007），这就是景观生态学的斑块—廊道—基质空间镶嵌体理论。斑块是由人类活动影响的不同于周围背景的非线性景观要素（Aminzadeh and Khansefid，2010），一般为景观的最小异质性空间单元，具有相对均质性，斑块的大小、类型、形态、边界、动态以及内部均质程度对生物多样性保护都有特定的生态学意义。斑块在景观生态学中被解释为"依赖于尺度的、与周边环境在性质上或外观上不同的空间实体"（文克·E. 德拉姆施塔德等，2016）。廊道是指狭带状的镶嵌体，与基质有显著差异，包括宽度、组成内容、内部环境、形状、连续性及与周边环境的相互关系等，它是连接斑块的纽带和桥梁，具有重要的生态功能、娱乐功能、教育功能和确保生物多样性的功能。基质是景观中面积最大、连接度最好的本底，它对景观的稳定性和动态性至关重要，对景观控制力最强，在很大程度上对景观性质功能起决定性作用。"斑块—廊道—基质"模式提供了分析景观结构与功能的关系、改变景观现状、构建核心景观的范式和基础，使我们能更直观和形象地理解景观结构、功能和动态诠释，还利于比较景观结构和功能在时间上的变化（欧定华，2016）。因此，在构建农业景观格局保护模式时，应充分考虑景观内部不同斑块、廊道和基质之间的相互联系，充分把握其景观格局与生态过程的相互联系，从而更好地将"斑块—廊道—基质"模式应用到农业景观保护模式构建中。

（2）景观格局是指大小不同、形状不一的各种景观元素的空间配置（Liu et al.，2010），包括景观构成要素的类型、数量等配置信息及其空间分布情况（高祖桥等，2020），因此，也被称为景观的空间格局。景观格局不仅是景观异质性的明确体现，又是自然、生物、社会经济因素驱动的各类生态过程在不同尺度上作用的最终结果。景观格局是生态过程的载体，格局变化会引起相关的生态过程改变，而生态过程的改变也会使格局产生一系列响应（徐延达等，2010）。生态过程反映景观发生和发展的动态特征；生态过程能塑造或改变景观格局。景观格局与生态过程彼此作用、互相影响，驱动着景观的整体动态。景观格局与生态过程之间的相互关系和耦合逻辑，是景观生态学的核心科学问题。

（3）景观功能即景观结构与生态过程的相互作用，或景观结构单元之间的相互作用（邬建国，2007），这些作用主要体现在能量、物质和生物有机体在景观镶嵌体中的运动过程。从本质上说，景观功能指景观为人类社会提供与人类福祉紧密相关的产品及服务的能力（Willenmen，2010），具有生态、社会文化和经济价值（Willemen et al.，2008），主要包括生产功能、生态功能、生活功能和美学功能等。景观结构是景观功能的基础和内在依据，景观功能是结构的外在表现（吴建军等，2002），结构发生变化必然引起功能变化，功能也反作用于结构（蔡晓明，2000）。景观格局、景观功能、生态过程三者相互联系，相互作用。

3.2.2 可持续发展理论

随着科技进步和工业文明的发展，出现了环境污染、粮食短缺、能源紧张、资源破坏等全球生态危机，促使以人与自然统一的和谐发展为核心的可持续发展观逐渐兴起（罗慧等，2004）。可持续发展观念源远流长，1972年，由《生态学家》杂志资助并组织编写的《生存的蓝图》一书中，首次提出了社会经济"可持续"的概念，1978年在世界环境与发展委员会（WCED）的文件中首次被正式使用[1]，1987年《我们共同的未来》发表后，推动和拓展了可持续发展理念的影响（皮尔斯，沃福德，1997）。随着可持续发展深入实践领域，可持续发展理论也成为生态学、社会学、经济学、地理学、科学技术等关注的热点（表3-5）。可持续发展理论的关键在于发展，其基本内涵与要求在于：第一，关注生态平衡、自然保护、资源环境的永续利用，维护基本的生态过程和生命支持系统，保护基因多样性和物种与生态系统的可持续利用（刘会强，2003）；第二，把发展建立在成本效益比较和审慎的宏观分析基础上，从而加强福利水平的提高和维系（陈昌署，2000）；第三，关注社会发展、社会分配、利益均衡等问题，维持社会价值、传统制度、社会结构、文化要素、社会基础设施、服务设施、人文发展指数等的可持续，进而实现可持续发展；第四，科学技术的支持是人类可持续发展的关键和核心。不同学者和理论关注可持续发展的侧重点有所不同，反映出可持续发展本身所具有的综合性、复杂性和发展性。总之，可持续发展是指既满足当代人的需要，又不对后代满足其需要的能力构成危害的发展，强调既要实现经济发展的目的，又要实现人类赖以生存的自然资源与环境的和谐，使子孙后代安居乐业，得以永续发展（比尔·霍普伍德等，2013）。农业景观不仅可以为人类提供食物来源，还可为人类提供居住场所（欧定华，2016）。农业景观具有美学、娱乐、生态、历史、文化等多重价值，是人类社会经济发展、社会进步和环境保护的基础；在开发利用农业景观的过程中，采用可持续的方式，对农业景观格局进行合理优化，可确保区域景观资源得到有效保护和可持续利用，基于此，本书将可持续发展理论作为研究的关键理论之一。

---

[1] WECD. Report of World Commission on Environment and Development: Our Common Future[R]. New York:United Nation, 1987.

表 3-5 可持续发展理论的发展脉络

序号	机构和学者	基本内容	内涵	学科
1	1980年,由联合国环境规划署(UNEP)和国际自然与自然资源保护联盟(IUCN)共同起草的《世界自然资源保护大纲》(WCS),生态学家康威具体研究	第一次正式提出了"可持续发展"概念,提出收入分配平等、产出的稳定性与可持续等问题	可持续发展是维护基本的生态过程和生命支持系统,保护基因多样性和物种与生态系统的可持续利用	生态学
2	世界银行的《世界发展报告》,主流经济学派和伦敦经济学派	以区域开发、生产力布局、经济结构优化、物资供需平衡等为基本内容	可持续发展要加强环境保护,并强调福利水平的提高和维系以及强化发展质量	经济学
3	联合国开发计划署主持编写的《人类发展报告》及一系列学者	以社会发展、社会分配、利益均衡等为主要研究内容	可持续发展是维持社会价值、传统制度、社会结构、文化要素、社会基础设施、服务设施、人文发展指数等的可持续	社会学
4	世界资源研究所及一系列学者	可持续的工艺和技术领域	可持续发展需要强化科学技术的支持	科学技术学

3.2.3 人地关系理论

人地关系理论阐释人类活动与自然环境之间的关系(吴传钧,2008;李扬和汤青,2018),是地理学的核心理论(杨宇等,2019)。人地关系演变的过程与机制是地理学研究的核心科学问题之一(王成新,2020),贯穿地理学研究的整个发展过程(吴传钧,1991),形成了环境学派、区域学派、景观学派、可持续科学等一系列对人地关系研究具有重要影响的学派(杨宇等,2019),逐渐形成人地系统的优化理论、人地关系协同理论、人地协调共生理论、人地差异协同论、人地协调阶段论等理论。人地关系理论揭示地理环境本身的自然特征,研究社会、经济、历史等人文因素与自然环境的相互作用机制,讨论人地地域系统的格局、结构、演变过程和驱动机制等(李扬和汤青,2018)。由于学科视角不同,学者们对人地关系的定义和诠释也不尽一致,但从总体上来说，主要都从"人类与土地资源"以及"地理环境"两个角度来诠释人地关系的内涵（表3-6）。农业景观是人类与自然的共同作品，是人类与自然环境构成的复合生态系统，在进行农业景观保护及研究的过程中，要以人地关系理论为指导，构建人地和谐的空间格局关系，促进区域可持续发展。因此，在本书的研究中，将人地关系理论作为研究的基础之一。

表3-6 人地关系理论的代表性观点

序号	主要内涵	代表作者
1	人地关系是以地球表层上一定地域为基础的人类活动与地理环境相互作用形成的开放、复杂的巨系统	吴传钧（2008）
2	人地关系不仅包括人类与自然环境的关系，而且包括人与人之间的社会关系等	李扬和汤青（2018）
3	人地关系是人类起源以来就存在的客观关系，人地关系的发展应在系统、协调、适应、共生的框架下抽象和升华	李振泉（1999）
4	人类与地理环境相互作用的关系称为人地关系	蔡运龙（1995）
5	人地关系是既涉及自然过程又涉及社会过程的综合概念，随着技术水平的进步，人类对自然环境的依赖性减弱	胡兆量（1996）
6	人口资源、土地关系及其相互关系，简称为人地关系	成岳冲（1994）
7	人地关系是指人类需求与耕地资源之间的关系	陈印军（1995）
8	人地关系是指人口增长与土地利用和生态环境的关系，即不同人地关系状态下的生态环境问题	朱国宏（1995）

3.3 农业景观演变驱动力的理论分析

长期以来，在自然因素和人类活动干扰下，农业景观发生了明显的变化：农业景观面积骤减，破碎度上升，多样性降低。景观演变驱动力系统是若干驱动力因素组合而成的具有新功能的一个体系，具有各相对独立的驱动力所不具备的性质与功能（吴健生等，2012）。国内外学者对农业景观驱动力机理做了相关研究，大多认为驱动因素包括自然因素和人文因素（傅伯杰等，2001），其中自然因素又包括稳定型因素和突变型因素（高常军等，2010），人文因素又包括人口变化、技术进步、政治经济体制变革、文化观念改变等（吴健生等，2012）。农业景观兼具自然和人文双重属性特征，所以国内外学界认为社会经济因素、政策因素、文化因素是推动景观变化的重要因素（Hersperger and Burgi，2009）。但因为除突发性的自然灾害外，自然因素的作用通常是缓慢而渐进的过程，而人文因素往往具有快速性、不可预见性和瞬时性，所以多样化和高频率的人口变迁、工业化、农业产业结构调整、农业景观功能演变等是直接造成农业景观差异的主要驱动力。农业景观的发展演变是由相互联系、相互作用，并具有一定结构特征的因素共同推动的。

3.3.1 驱动力模型

本书所述的驱动力是指引发和导致农业景观变化的因素。结合研究区情况，本书采用定性和定量相结合的方法对引起农业景观变化的驱动因素进行分析测度，通过对已有研究成果的归纳总结（谭少军等，2017），确定制度、产业、文化、经济、意识、生存、环境为推动农业景观格局演变的主要驱动因素。驱动因素可以根据驱动力来源分为内生驱动力和外生驱动力，从内部产生的促进农业景观发展演变的作用力称为内生驱动力，将生存因素、经济因素、环境因素、产业因素归纳为内生驱动力；而外生驱动力主要包括制度因素、文化因素、意识因素等。内外生驱动力相互作用，共同构成了农业景观格局演变的驱动力作用系统（图3-1）。

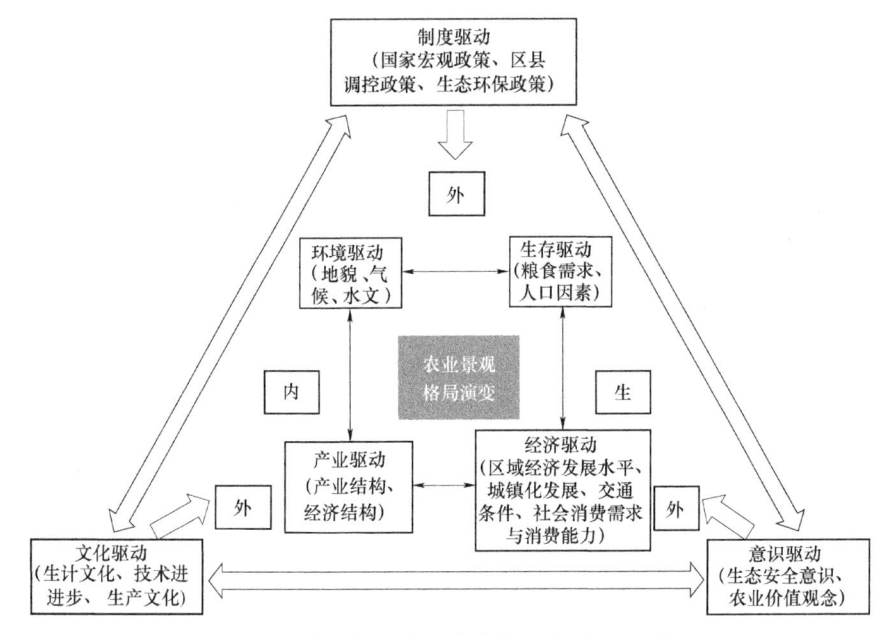

图 3-1 农业景观格局演变的驱动力作用系统

3.3.2 驱动力构成

1. 环境驱动

农业景观是地区重要的生态系统，地形地貌、气候和水文条件等环境因素是农业景观格局形成和变化的基础驱动力。

(1) 地形地貌和气候条件。

地形地貌和气候条件为农业景观格局形成提供了地理本底条件，是农业景观格局形成的重要因素。地形条件包括海拔、坡向、坡度和地貌类型与组合等。海拔主要通过光、水、热量的再分配来影响农业景观格局变化。一般来说，海拔和气温呈负相关，而降水量在一定范围内与海拔呈正相关（高惠芸等，2008）。对于山区县域而言，生产型农业景观在低海拔地区比例最大，生态型农业景观比例随海拔上升而增加，生活型农业景观主要分布在低海拔和中海拔地区。地形通过坡度影响农业景观类型的分布。例如石柱县境内地势东南高、西北低，山岭连绵，峡谷较多，坡陡土薄，石柱县各乡镇中仅 5 个乡镇分布在500m以下的丘陵地区，12个乡镇位于低山区，15个乡镇位于中山区。以农村聚落为主的生活型农业景观主要分布在坡度相对较平缓的地区，以耕地为主的生产型农业景观分布在坡度大的地区。

（2）水文和水资源条件。

区域水文和水资源对景观格局的形成与发展产生不同程度的影响（Hu et al.，2020；Erwin，2009）。刘蕴瑶等（2021）论证了景观格局变化与水文径流变化的相关性，韩艳莉（2021）认为水资源变化引起景观类型空间配置的变化，韩旭等（2019）认为水资源利用方式的改变与景观类型中的耕地与建设用地的面积变化呈正相关。水资源的开发和利用深刻影响着区域的经济发展和生态环境建设，从而成为驱动农业景观格局演变的基本驱动力。石柱县处于长江上游生态脆弱区和屏障区，水资源丰富，长江水系和乌江水系流经石柱县，其中长江水系流域面积2374.35km^2，县境河长502.50km，流域面积100km^{2}以上；乌江水系流域面积50km^{2}以上；水资源成为石柱县农业景观资源得以维持的重要因素，也成为石柱县重要的农业景观资源。

2. 生存驱动

农业景观格局变化是客观主体对物质环境的需求所产生的一种改造活动。反映在内在驱动需求上，表现为农业景观的利用主体对农业景观需要的迫切程度：首先表现为支持生存的粮食安全之需，其次表现为人口状况改变对农业景观的不同需求。

（1）粮食安全之需。

粮食安全一词的英文为"food secutity"，国际上最初意指"食物安全"，我国的大多数学者把其译为"粮食安全"。联合国粮食及农业组织（FAO）于1974年首次提出这一概念，是指保障所有人都能获得粮食。随着研究的不断深入，粮食安全的内涵和外延在不断拓展和丰富，粮食安全不仅是数量、质量的安全，更是生态、经济的安全。石柱县处于生态脆弱地区，"环邑皆山""邑山多田少"，动植物资源丰富，但土地资源极其贫乏，所以以耕地为核心的生产型农业景观面积有限，成熟的生产型农业景观数量有限，土地大多贫瘠，缺少良田型生产景观。由于以耕地为核心的生产型农业景观匮乏，即使种植所有可耕地也可能无法实现食物自足，当遭遇较长时期的粮食市场紧缺时，粮食外部输入有限，在人口不断增长的情况下，农户采取开垦陡坡地来降低粮食短缺的风险，所以确保居民生存性食物的保障能力是石柱县农业景观布局的一个重要前提。因此，生产型农业景观的一个重要功能就是满足人们对粮食的需求。此外，因为城镇化建设的发展，农业景观格局破碎化不仅导致生产型农业景观规模缩小，而且出现生产力水平降低，从而间接地影响和威胁到区域粮食安全。生产型农业景观格局变化带来的粮食安全问题已经成为国家经济安全问题的重要组成部分，这一问题必然推动粮食安全保障成为区域核心战略，从而促使生产型农业景观由破碎化转向连片，实现生产型农业景观格局趋于稳定。在粮食生产稳定的基础上，为了增加收入，追求利润最大化，采取种植经济型作物或者发展拓展型农业景观的措施，由此又可能出现生产型农业景观面积的减少。

（2）人口因素。

人地关系是地理学研究的核心议题，农业景观不仅为人类提供生活空间和娱乐休闲空间，而且还能满足物质资料等需求。而人作为景观利用的主体，是农业景观格局演变最主要、最具活力的影响因素之一，是农业产品的生产者和消费者。因此，人口数量、分布、素质及迁移等不仅会引起农业景观利用结构的变化（Vezina et al.，2006），而且会导致农业景观利用强度的改变。

一是人口数量的增减驱动农业景观资源类型、需求变化，对农业景观产生直接的影响。人口数量在很大程度上决定区域劳动力资源状况与生产能力、人均资源拥有状况、区域资源的需求量及消费总量等，因此人口数量对区域农业景观结构、规模、类型至关重要。人口数量增减必然会导致农业景观内部出现类型转化：如果人口增长，对生产型农业景观、生活型农业景观资源需求就会扩大，以此来满足基本物质生活需求和其他方面的生活需求；人口数量减少，必然导致对农业景观资源需求减少。如表 3-7 所示，2005—2020年石柱县生产型农业景观由 76815.19hm^2 减少到 71590.72hm^2，生活型农业景观由 7552.70hm² 增加到 10387.23hm²，生态型农业景观在 2005—2015 年呈下降趋势，至 2020 年上升到 214893.60hm²，拓展型农业景观由 2005 年的 1745.73hm² 增加到 2020 年的 2105.90hm²，总人口由 51.91 万人上升到 54.75 万人，城镇人口由 7.66 万人增长到 22.52 万人。可见随着总人口的增加和城镇化率的提高，人们对住房改善需求增强以及对文化娱乐配套设施、休闲观光需求增加，因此从 2005 年到 2020 年，以耕地为核心的生产型农业景观面积不断减少，以居民地为核心的生活型农业景观、以休闲观光景点为核心的拓展型农业景观不断增加，这与统计中农村人均住房面积呈现不同程度的增加相一致。

表 3-7　石柱县 2005—2020 年人口与农业景观类面积变化

年份	生产型农业景观/hm²	生活型农业景观/hm	生态型农业景观/hm²	拓展型农业景观/hm²	农业人口/万人	总人口/万人	城镇人口/万人
2005	76815.19	7552.70	214708.93	1745.73	44.25	51.91	7.66
2010	73691.80	10143.67	214178.30	2012.02	39.88	53.96	14.08
2015	73539.74	10075.47	213604.05	2100.06	36.99	54.66	15.30
2020	71590.72	10387.23	214893.60	2105.90	38.49	54.75	22.52

但是农业景观用地基础来源于土地，而土地的有限性和位置的相对固定性，决定了某一具体空间范围内的可利用农业景观面积的固定不变。农业景观变化速度会随着人口密度的增加而深化和加速，一般表现为调整农业景观内部的结构，以及扩大未利用空间的开发与利用。

二是人口的不同民族成份对农业景观资源利用方式、结构和利用程度有所影响。不同的民族分布地区不同，风俗、信仰也不同，对农业景观资源的利用方式、结构和利用程度也呈现差异。例如石柱县的土家族，在游耕社会一直保持游动性特征，所以一般喜欢动植物资源丰富的山坡岗地，时至今日，土家族仍然保留"六山一水三分田"的格局，以耕地为核心的生产型农业景观大都是挂在半山腰的坡田旱地，平坝水田类生产型农业景观很少；汉族需要始终如一管理土地上的庄稼，因此，石柱县的汉族选择了更适合农耕生活的土地资源和生态环境。

三是农业人口和非农人口对农业景观类型的需求不同。由表3-8可以得知，石柱县2005年总人口51.91万人，常住人口43.47万人，其中城镇人口7.66万人，农业人口35.81万人，而土地面积为3014.06km²；到2020年石柱县总人口54.75万人，常住人口38.90万人，其中城镇人口22.52万人，农业人口16.38万人，城镇化率达57.89%，可见，石柱县总人口呈增加趋势，而常住人口大体上逐年减少，城镇化率自2010年起呈上升趋势，到2020年城镇化率达57.89%。城镇人口增加必然导致农村人口和农村从业人数的下降，从2005年到2020年城镇人口由7.66万人上升到22.52万人，由此导致从事农业生产活动的从业人员也呈下降趋势。从表3-8可知，2005年第一产业（农业）从业人数22.69万人，到2020年仅9.45万人，第一产业从业人数减少意味着从事农业生产的人数减少，从而出现生产型农业景观面积减少，生态型农业景观、拓展型农业景观增加的情况，导致了农业景观类型发生变化；而城镇化水平的提高也会促使城镇空间扩张，就必然引起农业景观数量和结构的改变。

表3-8 石柱县2005—2020年人口变化情况❶

年份	总人口/万人	常住人口/万人	城镇人口/万人	城镇化率（%）	土地面积/km²	第一产业从业人数/万人
2005	51.91	43.47	7.66	18.7	3014.06	22.69
2006	52.41	43.34	8.13	20.1	3014.06	13.59
2007	52.97	42.93	9.24	21.5	3014.06	13.32
2008	53.34	42.86	9.87	23.07	3014.06	13.10
2009	53.92	43.11	9.44	24.70	3014.06	12.80
2010	53.96	41.51	13.42	32.3	3014.06	10.70
2011	54.45	41.14	13.97	34.0	3014.06	10.14

❶ 资料来源：2005—2020年的《石柱统计年鉴》和《石柱土家族自治县2020年国民经济和社会发展统计公报》。

续表

年份	总人口/万人	常住人口/万人	城镇人口/万人	城镇化率（%）	土地面积/km^2	第一产业从业人数/万人
2012	54.69	41.21	14.72	35.72	3014.06	9.88
2013	54.79	39.91	14.76	36.98	3014.06	12.30
2014	55.02	39.21	15.04	38.36	3014.06	11.32
2015	54.66	38.65	15.30	39.59	3014.06	10.95
2016	54.76	38.34	15.68	40.90	3014.06	10.54
2017	54.78	37.91	16.10	42.26	3014.06	9.94
2018	54.86	37.80	16.61	43.94	3014.06	9.49
2019	54.88	37.90	17.20	45.38	3014.06	9.51
2020	54.75	38.90	22.52	57.89	3014.06	9.45

四是人口分布的变化是驱动农业景观空间分布变化的直接因素。行政中心驻地和居民点是生活型农业景观集聚地区，其周边地区成为生产型农业景观、拓展型农业景观的集中地带。

3. 经济驱动

农业景观作为重要的生态—社会系统，是伴随社会经济发展而产生的，同时也为人类生存和发展提供了巨大的经济效益。因此，经济因素也就成为农业景观格局演变的重要驱动因素。影响农业景观变化的经济驱动因素包括区域经济发展水平、交通条件、社会消费需求和消费能力、城镇化发展等。区域经济发展程度和总体水平高低很大程度上决定农业景观类型。

（1）区域经济发展水平。

经济发展会直接推动农业景观格局的变化。学者们（Su et al.，2014）认为，20世纪80年代影响中国农业景观格局变化的主要因素是经济因素。区域经济发展对农业景观类型的影响主要表现在：一是影响拓展型农业景观、生活型农业景观开发的投资规模与生活型农业景观开发的强度。经济发展水平高则有能力在拓展型农业景观的经营管理、人才引进和环境保护等方面增加投资，促进农业景观资源的可持续利用。二是社会经济发展水平高，则对外联系和交流能力强，从而带动区域人流、物流、信息流增大，扩大农业旅游、休闲旅游的市场需求和消费能力，进而使生活型农业景观、拓展型农业景观规模扩大，生产型农业景观向非生产型农业景观转化速度将明显加快；当经济处于停滞或衰退阶段，则会出现相反的局面和状况。统计资料显示，2005—2020年，石柱县地区生产总值从25.22亿元增加到171.05亿元，农民人均可支配收入也由1308元增加到15456元，生活水平的提高促进了人们对高品质生活的需求，加快了城乡建设，因此以居民点用地为核心的生活型农业景观面积逐渐增加，一部分以耕地为核心的生产型农业景观被占用，由此出现生产型农业景观面积减少。三是区域经济快速发展，加快了农业战略转型、深化了农业经济体制，休闲农业的兴起成为传统农业战略转型的方向，导致对拓展型农业景观和生态型农业景观的需求增加。四是经济水平提高，城乡居民收入和支出水平也会大幅度提高，这既为城市居民外出旅游提供资金准备，又为农村居民发展拓展型农业景观提供物质保障。

（2）交通条件。

交通与农业景观格局的变化存在相互联系、相互影响的复杂关系。农业景观格局的变化必然导致对交通需求的变化，区域交通条件改变也会影响农业景观的类型转化强度和规模。交通条件的改变会导致该区域在社会经济上的区位条件的变化，区位条件的改善促使拓展型农业景观的需求增加，生产型农业景观面积减少。这是因为一来交通条件改善会降低外运农产品的成本，生产型农业景观区域就会逐渐改变种植品种，如改种经济效益好的经济作物。二来交通条件改善也会促进外来旅游人数增加，旅游人数增加必然导致对生态型和拓展型农业景观需求的增加。三来从微观层面上看，道路修建会导致植被破坏，可能会导致原有的农业景观受到影响；同时，交通干线的修建，会分割、破坏原有的生态农业景观。从宏观层面上看，交通干线的修建会加强区域的交流，提高资源开发强度，促进人口、资本、技术等在空间上的重新分布和组合，进而促使区位优势好的地方发生人口、产业、城镇等规模集聚，也促使不同地区农业专门化，导致农业景观类型的转化。

(3) 社会消费需求和消费能力。

社会消费需求和消费能力的提升是农业景观格局变化的内生驱动力。社会消费能力的提高必然引起社会消费结构的调整，从而激发观光、娱乐、度假等休闲消费需求，增强休闲农业景观开发的市场潜力，以现代农业与旅游业为核心的关联产业集聚发展的休闲农业实现规模化、产业化经营。而休闲农业发展必然推动多功能农业景观的发展，从而促进拓展型农业景观和生态型农业景观的增加。

(4) 城镇化发展。

快速城镇化不仅使农业景观面积变小，破碎化程度加剧，也会导致农业景观结构变化。城镇化会导致城镇建设用地扩大，农业景观用地减少。人口城镇化导致从事农业生产的人口减少，农业景观出现撂荒和废弃，由此导致生产型农业景观面积减少，生态型、生活型农业景观面积扩大；而空间城镇化会直接破坏和侵蚀农业景观的空间，同时伴随着工业化进程，工业化直接带来经济的快速发展，经济总值和经济结构的调整对农业景观格局也会产生显而易见的影响。

4. 产业驱动

产业驱动即产业结构或经济结构变化驱动。合理的产业结构、产业布局、技术水平共同决定农业景观格局的演变速度、规模。产业结构变化会引起农业景观格局变化，从而导致农业景观利用结构的变化。2005—2020 年的数据显示，石柱县生产总值、第一、第二、第三产业产值将近增加了 6 倍，生产总值、第一、第二、第三产业产值增长都与农业经济紧密相关，都对农业景观格局产生影响。自 2001 年我国加入世贸组织，农村产业结构根据需要做出相应调整，促使农业景观结构发生变化。第一、第二、第三产业发生明显变化，农村第二、第三产业的增速明显快于第一产业，从而出现生产型农业景观减少，拓展型农业景观、生活型农业景观增加的趋势（表 3-9）。尤其是 2010—2015 年"十二五"期间，重庆市农业农村发生了深刻变化，新型农业经营主体出现，农业发展由"生产导向"向"消费导向"发展，"一二三"产业跨界融合，城乡互动频繁，农村劳动力进城，城市工商资本下乡等，促使重庆市农业农村出现发展新趋势，大数据、互联网、云计算深刻改变了农产品营销模式，促使农业景观功能衍化和拓展，农业景观的格局也因此发生了深刻变化。

表3-9 石柱县2005—2020年主要经济数据[1]及农业景观面积变化

名称	单位	2005	2010	2015	2020
生产总值	万元	252227	648118	1292437	1710500
第一产业产值	万元	69980	133065	219023	313000
第二产业产值	万元	84048	263532	645281	486300
工业	万元	52261	182689	460988	345300
第三产业产值	万元	98199	251521	428133	911200
农林牧渔总产值	万元	122230	204715	335150	497400
人均生产总值	元	5786	12011	33199	44080
农业商品产值	万元	63480	119144	199578	294165
生产型农业景观	hm^2	76815.19	73691.80	73539.74	71590.72
生活型农业景观	hm^2	7552.70	10143.67	10075.47	10387.23
生态型农业景观	hm^2	214708.93	214178.30	213604.05	214893.60
拓展型农业景观	hm^2	1745.73	2012.02	2100.06	2105.90

5. 文化驱动

文化因素被一致认为是景观变化中最复杂和最难量化的（吴健生等，2012）。所以尽管学界意识到文化对景观格局变化的影响，但却因难以明确化而很少把文化因素运用到景观格局变化研究中来（徐中民等，2008）。国外学者将文化驱动因素分为生活方式、人口、对休闲旅游文化设施的需求、生态

---

[1] 资料来源：2000—2020年的《石柱统计年鉴》和《石柱土家族自治县2020年国民经济和社会发展统计公报》。

意识、社会发展历史（吴健生等，2012）。文化包含狭义文化和广义文化，其中狭义文化包括态度、信仰、规范和知识等，而广义文化包括人口发展、经济、技术和政治程序。本书讨论的文化因素主要是地域文化，所谓地域文化是指在一定的区域空间和环境相融合打上地域烙印的一种独特的文化。就石柱县而言，所有固有的农作习惯、生活方式、生计方式、作物品种、科学技术和价值观念等，都是影响农业景观类型的重要区域文化因素。本书主要从农户生计文化、技术进步和农业生产文化等方面进行论述。

（1）农户生计文化。

农户生计文化变化是影响农业景观类型改变的重要因素。作为以土家族为主体的民族自治县，石柱县农户生计经历了从刀耕火种为主和游猎采集为辅到种植业、养殖业与农耕互补的生产方式，又逐渐过渡到现在的非农生计与农业生计相结合的多元形式。尤其自改革开放以来，很多石柱土家族年轻人纷纷外出务工或寻求新的谋生方式，农户生计方式呈现多元形式，而随着非农生计农户增多，农村摞荒和弃耕现象突出，生产型农业景观用地面积比例降低，生活型农业景观和生态型农业景观用地比例上升。

（2）技术进步。

技术进步反映了一个国家和时代的工业发展水平，也是衡量一个国家经济发展能力的标志。技术进步体现为农业耕作水平提高、单位面积土地产量增加和生产潜力提升。技术进步主要通过生产的规模效应、集聚效应、要素替代效应以及产业结构升级影响农业景观利用结构。与农业景观利用有关的技术包括农业种植技术、灌溉技术、土地整治技术、垦荒技术、引水技术等。尤其是作物品种改良、新型肥料使用、植保措施改进、农业机械化、生物工程发展、土地整治技术推广、规划管理方法进步等，不仅会促使农业景观利用规模扩大，也会促使农业景观的结构和布局发生改变。

（3）农业生产文化。

生产文化是人类社会适应自然生态环境的特殊方式。农业生产文化是与农业景观格局变化直接相关的农业生产活动，包括作物种植模式、耕地利用方式、规模化经营,其中作物种植模式是农业生产活动在土地上的外在表现。

产生于石器时代的中国农业,在漫长的发展历程中,承载了人类厚重的文化;以土地为基础的农业景观更是承载着当地的风土人情,最能体现乡土文化和民俗特征,是当地农业文化的结晶。石柱县土家族社会逐渐形成以玉米、番薯、洋芋为主,传统杂粮为辅的作物种植制度;在粮食作物生产获得显著发展的同时,以商品生产为目的的种植业和养殖业也不断被开发出来,如茶、黄连、党参、莼菜、烤烟等经济作物的种植业和长毛兔、生猪、肉牛、山羊等的养殖业,逐渐成为当地农业增收的主要方式。石柱县逐渐形成将农业种植和牲畜饲养有机结合在一起的"混合农耕"农业生产文化。

石柱县土家族经过对自然生态环境的选择与适应,形成立体农业结构模式。一般海拔350m的河谷地带主要为农耕和渔业,这一区域主要分布生产型农业景观;海拔350~700m的低山地带为农耕和经济林木,以种植水稻、红薯为主,这一区域以生产型农业景观、拓展型农业景观、生活型农业景观为主;海拔700~1300m主要发展玉米、红薯、洋芋等旱作作物和经济作物,主要分布生产型农业景观和拓展型农业景观;海拔1300~2000m主要发展高寒种植作物、药材、林木等,这一区域主要分布生产型农业景观、生态型农业景观、拓展型农业景观;海拔2000m以上为林业和畜牧业等,主要分布生态型农业景观。

6. 制度驱动

制度与政策是有关国计民生的各种措施方针,是国家或团体在具体情境下的行动指南或准则,包括法律、计划、文件、措施等。随着人口增长和城市扩张,出现了一系列社会问题、环境问题和城乡发展问题,规范保护土地、乡村发展的一系列法律法规应运而生。我国关于景观利用和保护的制度政策正是在这样的背景下孕育产生的,具有较强的时代性,反映各个时期人地关系的变化,驱动农业景观在自然因素所限定的最大范围内发生变化。制度的变迁和政策的实施在一定程度上直接影响区域农业景观格局的演变。政策导向是一个区域农业景观格局发生变化的强有力推手。具体到农业景观领域,主要表现为土地所有权制度、农业生产组织制度、"三农"政策、退耕还林政策、基本农田保护政策、农业生产管理政策、涉农的规范性文件、林业政策、水资源保护管理政策、自然保护政策、区域发展规划和环境保护政策等（表3-10）。

表3-10 土地保护和农业发展的相关政策文件

颁布主体	政策文件	政策意义
石柱县人民政府及相关部门	1. 一九八八年粮食生产意见	完善农业生产责任制度
	2. 关于一九九三粮食生产意见	
	3. 关于加强农技推广服务体系建设	
	4. 进一步稳定和完善农村土地承包关系的通知	
	5. 2001年粮油结构调整意见	
	6. 2002年粮经及水产业结构调整意见	
	7. 2003年调整辣椒产业基地建设意见	
	8. 关于加快农村土地流转促进规模经营发展的意见	
	9. 关于引导农村土地经营权有序流转发展农业适度规模经营的实施意见	
	10. 关于加快全县农业产业化经营发展的意见	产业结构调整与发展
	11. 关于2005年加快无公害农产品绿色食品有机食品基地建设促进农业结构调整工作的意见	
	12. 关于开展农村土地承包经营权确权颁证工作的意见	
	13. 关于大力促进家庭农场发展的意见	
	14. 关于一九八九年加强农村实用技术普及推广工作的意见	农村改革与发展
	15. 关于培育和扶持农业产业化经营龙头企业的意见	
	16. 重庆市人民政府办公厅关于开展农村土地承包经营权居民房屋和林权抵押贷款及农户小额信用贷款工作的实施意见（试行）	
	17. 关于加快推进农村金融服务改革创新的意见	
重庆市人民政府及相关部门	18. 关于完善土地管理责任制的意见	完善基本经营制度
	19. 重庆市农村合作经济组织承包合同条例	
	20. 关于切实做好稳定和完善农村土地承包工作的通知	

续表

颁布主体	政策文件	政策意义
重庆市人民政府及相关部门	21. 关于进一步完善农村土地承包关系工作的通知	土地承包制度
	22. 市农委关于促进农民专业合作社持续健康发展意见的通知	农业专业合作社制度
	23. 重庆市发展农村新型股份合作社工作管理办法（试行）	
	24. 关于培育发展家庭农场的指导性意见	
中共中央、国务院及相关部委	25. 关于进一步加强和完善农业生产责任制的几个问题	生产经营体制改革
	26. 关于当前农业和农村经济发展的若干政策措施	土地承包制度
	27. 关于进一步稳定和完善农村土地承包关系的通知	
	28. 中华人民共和国农村土地承包法	
	29. 农村土地承包经营权证管理办法	
	30. 农民专业合作社示范章程（试行）	农业专业合作社制度
	31. 农民专业合作社登记管理条例	
	32. 农民专业合作社示范章程	
	33. 关于促进家庭农场发展的指导意见	

(1) 国家宏观政策。

国家制度政策对景观格局变化产生强制性影响（张敏等，2016）。此处所说的政策是指在当时政治局势下所制定的一系列农业开发措施，通过具体规划影响农业景观的面积和空间布局的变化，如从宏观上调控各类农业景观的数量，从微观上调控各类农业景观的空间配置。一般来说，国家的宏观政策对石柱县农业景观起全局性与战略性指导作用；重庆市政策对石柱县农业景观起宏观和微观指导作用，例如2001—2005年"十五"期间，重庆市政府把加快农业发展和脱贫攻坚作为压倒性全局工作；尤其是2004年中央支持"三农"发展的政策力度空前加大，石柱县紧跟中央和市委政策，把"三农"工作作为重中之重。于是在重庆市整体农业经济政策的指导下，石柱县调整农业结构，2000—2010年，农业产值占比出现缩小趋势，畜牧业产值占比呈增长趋势；2010—2019年，农业产值占比呈下降趋势，畜牧业产值占比呈下降趋势，渔业产值占比出现持续上升（表3-11）。农业结构调整从一定程度上直接影响石柱县农业景观格局演变，种植业规模缩小引起生产型农业景观面积减少，畜牧业、渔业的增加促使拓展型农业景观面积增加。

表 3-11　石柱县 2000—2019 年农业、畜牧业、渔业产值占比变化情况[1]

年份	农业产值占比（%）	畜牧业产值占比（%）	渔业产值占比（%）
2000	61.3	33.4	0.6
2005	53.9	40.8	0.8
2010	57	37	1.0
2015	70.9	18	4.6
2019	75.3	13.1	5.8

（2）地方土地利用规划。

地方土地利用规划政策对农业景观起微观层面的操作性指导，对农业景观的空间布局起到了关键性作用。《石柱县土地利用总体规划（2006—2020年）》明确规定了石柱县"一核、两圈、三带、四片"的城乡空间格局，这一规定要求石柱县不仅要严格遵循耕地和基本农田总量约束性指标不突破的基本原则，而且要按照特色产业、生态保护、人口发展目标对石柱县土地利用和空间布局进行规划，这对石柱县各类农业景观的空间分布产生直接影响。

（3）生态环保政策。

石柱县不仅是我国长江上游的重要生态屏障区，也是国家生态建设的重点区域，国家的各类生态建设政策对石柱县农业景观的布局和转换有深远影响，强力推动了生产型农业景观向生态型农业景观转化。同时，退耕还林、生态移民工程是石柱县生态保护的重要举措，国家生态公园的建设对于石柱

---

[1] 资料来源：2000—2020 年的《石柱统计年鉴》和《石柱土家族自治县 2020 年国民经济和社会发展统计公报》。

县也产生了重要的影响。退耕还林是西部大开发的切入点，也是防治水土流失和土地沙化的重要策略（黄淑玲等，2010），石柱县自 2001 年起按国务院和重庆市政府的要求，完成退耕还林工程，保护三峡工程的长期安全运转，退耕还林和荒山造林的实施使石柱县森林覆盖率增加，生态型农业景观面积快速增长。

7. 意识驱动

意识驱动是指在一定的时空条件下，人们对所处环境要素的自觉，并对这些要素自觉进行理解加工和做出判断，包括生态安全意识的提高和价值观的改变。

（1）生态安全意识的提高。

生态安全意识是人们对生态安全状况的认识、判断、态度及价值导向与行为取向，是人们对生态环境和环境保护的认识水平和认识程度，包括人们对生态环境的认识水平和人们保护生态环境行为的自觉程度（杨朝飞，1994）。人们在生态安全意识的作用下，才会有意识地去关注生态安全和生态平衡，并自觉维护生态系统的良性发展。在农业景观利用中，对生态安全起关键作用的是人，理论上一般认为，人的意识决定人的行为，特别是人的生态安全意识，不同的生态环境意识产生不同的人类行为。生态安全意识的提高主要表现为在农业景观利用过程中对农业景观保护的行为，如人们对农业景观的投入、农药和化肥的施用行为、污水处理情况、森林覆盖率提高、农业技术人员投入、财政投入等。经过改革开放 40 余年以来经济的高速发展，人们对农业景观利用程度扩大，对自然环境与人类关系进行深层思考，生态安全意识也逐渐增强。例如，我国 2000 年颁布《全国生态环境保护纲要》，石柱县在 1999—2002 年实施中德合作生态造林项目，2001—2002 年让 1.93 万农户实施退耕还林，成立了天然林资源保护领导小组。生态安全意识的提高促进了生态安全保护的实施，由此促使生态型农业景观面积增加，生产型农业景观面积减少。由此可见，生态安全意识的提高对地区发展农业景观产生了重要影响。

（2）价值观的改变。

中国农耕文明历史悠久，农业是我国的立国之本。传统农业文化时代，农业有生产食物、为国家贡献赋税、观赏游乐、创造农耕文化等功能，这时的农业景观主要是生产型和生态型的；工业文明时代，农业文明出现衰退和价值流失，农业景观主要是生产型和生活型的。工业文明时代出现的乡村衰退、粮食安全、生态污染现象让人们重新认识到农业的重要性，生态文明成为引导农业发展的主导价值，于是出现了"设施农业""信息农业""都市农业"等新型现代农业类型，关注休闲、康乐为目标的拓展型农业景观逐渐出现（表3-12）。尤其是随着农业多元价值观的形成，农业的生活、生态、休闲娱乐、康养功能得到了更多关注。这一时期生活型、生态型和拓展型的农业景观逐渐增多。总之，因为以土地为核心资源的农业景观能产生经济、生活、社会、休闲、娱乐、文化多元价值，所以农业景观类型也随着价值观念的转变而出现转化。

表3-12 农业价值观的改变

农业时代	农业价值	农业景观类型
传统农业时代	关注农业生产食物、为国家贡献赋税、观赏游乐、创造农耕文化的功能	生产型、生活型
工业文明时代	工业占社会主体，农业地位下降	生产型、生态型
生态文明时代	农业价值开始从生产向服务、社会、生态、休闲价值转变	生产型、生态型、生活型、拓展型

3.3.3 驱动力的特征

由于人类活动和自然环境系统对农业景观格局变化驱动机制的相对复杂性，孤立地分析个别驱动力，很难解释它们与农业景观格局变化之间的关系。因此，本书将其看作一个整体，将农业景观格局演变视为内外生驱动力因素相互作用的产物，即各种驱动力因素共同作用推动农业景观格局变化。

（1）层次性。农业景观格局变化驱动力系统中各种因素相互结合和联系，形成了一个具有一定规则和层次的系统。按照作用力性质，驱动力系统分为内部驱动和外部驱动，内部驱动包括环境驱动、生存驱动、经济驱动、产业驱动；环境驱动作为一个子系统，又可以分为气候、地形、水文等因素，每一个部分又有自己的分支因素；同样，生存驱动分为粮食安全因素和人口因素；经济驱动包括区域经济水平、区域消费水平、城市化和交通条件等因素；外部驱动包括政策驱动、文化驱动、意识驱动，各驱动因素又包括多个分支驱动因素。

（2）整体性。农业景观格局变化驱动力系统是由各种驱动力组成的一个有机整体，每种驱动力对农业景观格局变化产生一定的影响，但这种影响不是孤立发生的，受到其他驱动力的制约与影响。最终推动农业景观格局变化的是这些驱动因素的共同作用。

（3）动态性。农业景观格局变化驱动力系统一方面随时间的推移，自身主动发生变化；另一方面在内部和外部的相互作用下发生变化。驱动力系统是一个动态的开放系统，系统内部各因素及其分支因素相互作用、相互促进，如系统内的各种驱动力及系统整体与系统外的农业景观利用决策者、农业景观利用以及更大范围内的自然和社会系统有着相互联系和相互作用。举例来说，产业结构调整作为一种重要的驱动力，其动态变化促使农业景观利用变化，而农业景观利用变化的结果又通过对社会经济的影响，反馈于产业结构；同时，产业结构在人口、经济、资源、环境等诸多方面也同样发挥着重要的作用，它们的相互作用与制约又作用于产业结构变化。此外，各驱动力因受外界物质、信息、能量的影响，不断获得外部动力，从而不断变化。农业景观格局变化实际上是在内外生驱动力作用下的一种信息流动和反馈过程，只有驱动力系统保持开放的状态，农业景观格局变化才能获得新的动力源。

3.3.4 石柱县农业景观格局变化驱动力分析框架

通过定性描述农业景观格局变化的内生和外生两大驱动因素，综合石柱县的自然特征以及人类活动对石柱县农业景观格局变化影响的主要方式，考虑到石柱县农业景观格局变化驱动因素的复杂多样，本节提出石柱县农业景观格局变化驱动力的分析框架（图3-2）。

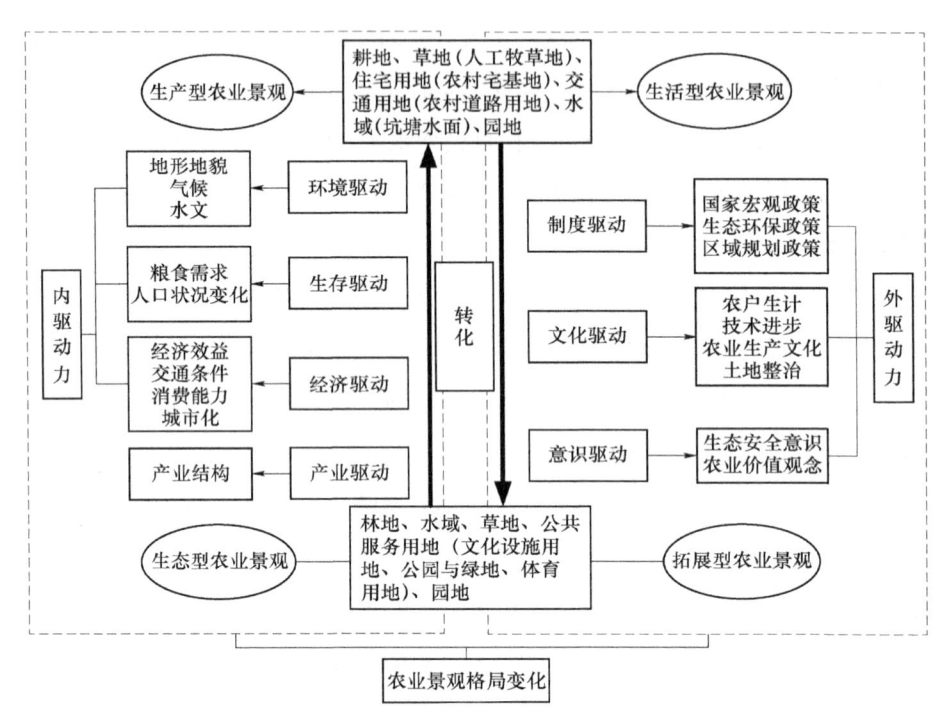

图 3-2　石柱县农业景观格局变化驱动力的分析框架

由图3-2可知，经济驱动、产业驱动、文化驱动、制度驱动、意识驱动、生存驱动、环境驱动等因素均不停地相互作用，每一因素不是孤立和单一的。农业景观格局演变，往往是多因素综合作用的产物。虽然农业景观格局变化是受到多种驱动因素的影响，但在某些时期，不同地区各种驱动因素的影响程度却可能存在差异。

3.4　农业景观脆弱性的理论分析

农业景观脆弱性反映农业景观适应外界条件的能力，对其的评价本质上是衡量区域生态系统稳定性的表达(刘玒玒等,2014;朱琪等,2019),是一项涉及多主体、多环节、多目标的系统性评价体系,需要考虑实现生态整体性、人类福祉、环境可持续性的最优配置。因此,农业景观脆弱性评价具有跨学科、多维度的特征。农业景观的脆弱性不仅体现在具象的物质空间载体上,还体现在农业景观所依存的生态环境、农业景观本身的结构等层面以及所表达出来的产业结构单一、文化缺失等问题上(冷红等,2018)。

本节试图构建农业景观脆弱性评价机制,并通过理论初判提出农业景观脆弱性评价的理论框架。而农业景观是人地相互作用十分强烈的人地系统,其生态系统提供了最基本的食物和能源等生计必需品,同时人类生活条件的改善受制于景观服务供给的能力(赵文武和房学宁,2014),所以农业景观脆弱性对人类生产生活具有非常重要的意义。

本节借鉴相对成熟的人地耦合系统评价框架,将暴露-敏感-适应(VDS)和社会-经济-环境(SEE)模型相结合,构建基于SEE-VDS的县域农业景观脆弱性评价理论框架(图3-3)。

农业景观脆弱性基于暴露度、敏感性、适应能力三个维度进行评价。其中暴露度反映农业景观系统受到外界干扰的程度,暴露度是与脆弱性紧密相关的指标,并能直观展示农业景观的脆弱性,反映农业景观系统受外界胁迫的程度。农业景观的敏感性是指农业景观在外力干扰下被改变或影响的程度,本书用敏感性来反映农业景观系统容易受到外界扰动影响的程度。敏感性由农业景观本身的特征所决定,较稳定的农业景观系统一般敏感性低。农业景观敏感性与社会经济敏感性关联度很高。农业景观的适应能力是指农业景观系统对压力的应对和调节能力(Engle,2011),强调农业景观遭受打击后的恢复能力,因而适应能力的指标选择偏重于描述农业景观未来的可持续发展。

在县域尺度分析农业景观格局变化规律,主要关注县域农业景观格局演变、自然环境和社会经济的脆弱性特征以及区域自然条件与人类社会变化的相互关系。因此,将景观格局研究与景观脆弱性评价相结合,建立农业景观脆弱性评价模型,为区域农业景观保护和管理提供有益的借鉴。

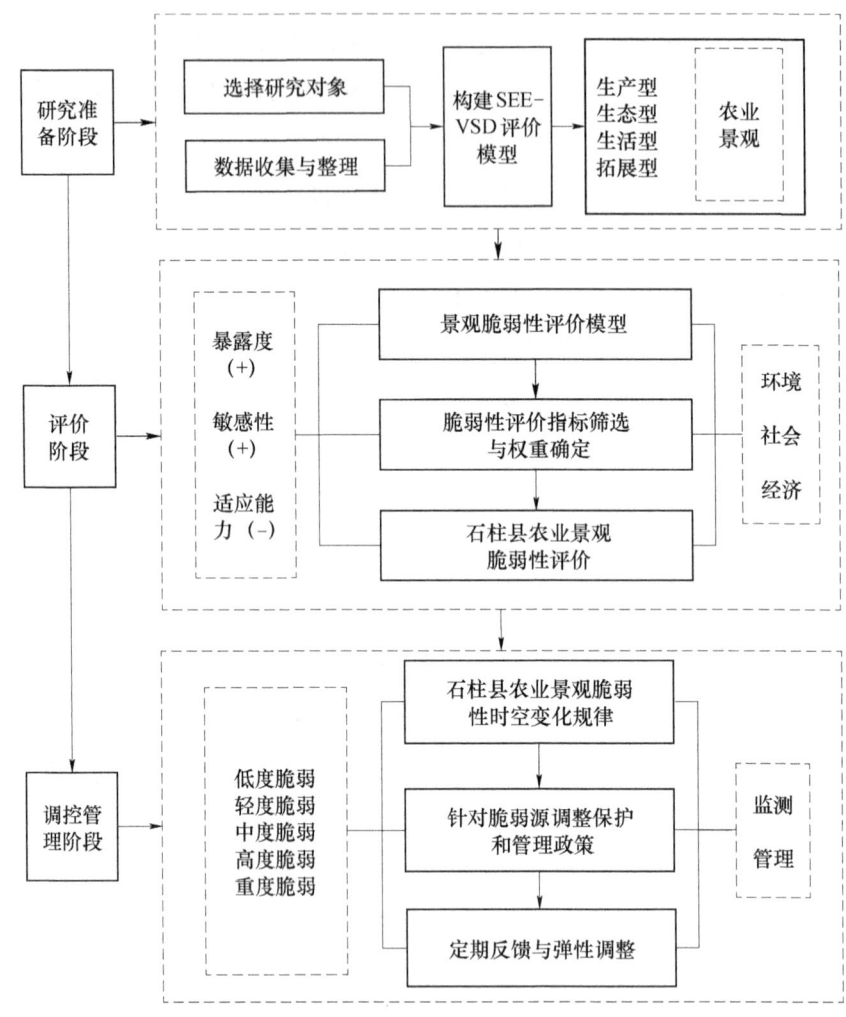

图 3-3 石柱县农业景观脆弱性评价理论框架

3.5 景观格局与景观脆弱性的关系

农业景观由不同类型景观组成，农业景观整体脆弱性是由组成景观的各要素所决定的。景观格局是景观在时空上的一种外在表现，而景观脆弱性是景观格局对环境、社会经济的响应。景观格局在一定程度上影响景观脆弱性；同时景观的脆弱变化也会对景观分布产生影响，因此景观格局与景观脆弱性是一个问题的两个方面，是过程与响应的关系，不同的景观格局具有不同的脆弱性（图3-4）。

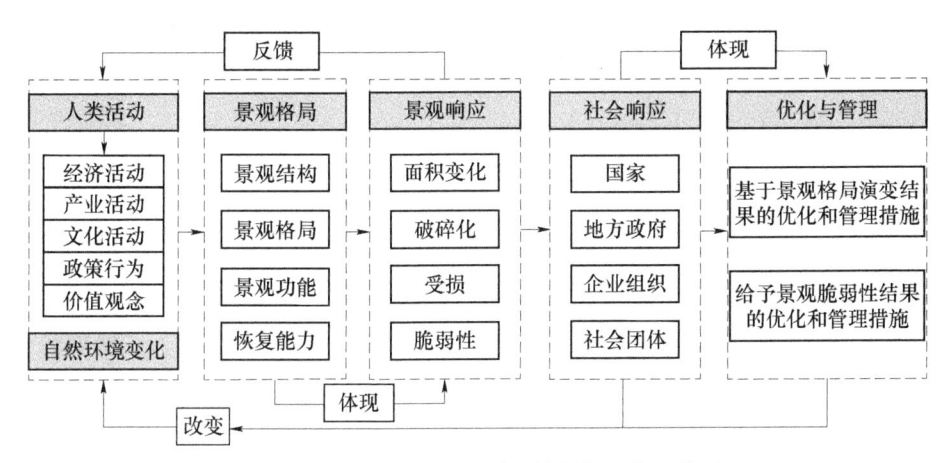

图3-4 景观格局与景观脆弱性的相互作用关系

（1）景观时空演变与景观脆弱性是过程与结果的表征。景观格局是人类活动作用的结果，是自然要素和人文要素在地域上的浓缩与表征；对景观生态系统的抗干扰能力、恢复能力和稳定性起着至关重要的作用（Turner et al.，1993）。景观格局影响和制约景观脆弱性，而景观脆弱性能体现景观格局时空演变过程的结果，但不能反映全部，所以景观格局是景观脆弱性的基础，景观脆弱性是景观格局演变过程中产生的，景观格局是过程表征，景观脆弱性是结果表征。

（2）景观格局与景观脆弱性紧密相关。景观是具有潜在脆弱性和自我恢复能力的复杂系统，其脆弱性包含暴露度、敏感性、适应能力，从这一角度来看，脆弱性是景观本身的内在特征。景观格局在受到人类活动和自然环境影响发生演变时表现出来的敏感性，致使景观系统缺乏适应性和功能不稳定，便产生了景观脆弱性（孙才志等，2014），所以景观脆弱性是景观格局对自然环境和人类活动的一种响应。封建民等（2020）认为土地利用类型的空间分布、利用程度、变化速度、转化类型等与景观脆弱性密切相关，土地利用变化的结果使区域景观格局更为脆弱；任志远和张晗（2016）认为耕地、林地的比例越高、脆弱性越低，建设用地则显著提高景观格局的脆弱性；所以景观格局演变和景观脆弱性表现出较强的相关性。

（3）学界常用景观格局指标来表征景观脆弱性，所以景观格局与景观脆弱性存在内在关联。综合学界现有对景观格局时空演变和景观脆弱性的研究成果，可知景观格局与景观脆弱性是一个问题的两个方面，景观之间的类型变化和格局变化，不仅导致景观面积变化，破碎化程度加剧，形状日趋复杂，由此也引起景观脆弱性强弱变化，进而产生社会响应，社会响应又会产生对景观格局优化和脆弱性的应对管理行为，进而改变人类活动。可见，景观格局与景观脆弱性是相互作用的关系。学界还常用分离度、破碎度、分形维数、景观类型敏感度等景观格局指标（邱彭华等，2007；宁静等，2009；Zhang et al.，2021）来表征景观敏感性。此外，学者们也常基于景观结构的景观破碎度指数、景观优势度指数、景观分离度指数、景观干扰度指数和景观脆弱度指数来进行景观风险评价（谢花林，2011）。刘学录等（2012）认为景观类型脆弱度指数与破碎度指数之间显著正相关，分形维数倒数、分离度指数和沙化敏感性指数与景观类型脆弱度指数呈弱度正相关。邱彭华等（2007）用景观格局指数来表征生态脆弱性，挖掘景观信息与脆弱性之间的内在关系。

（4）景观格局研究是景观脆弱性研究的基础，景观脆弱性研究是景观格局研究的逻辑延续。景观格局是景观脆弱性最直接的外在途径，外界对景观产生影响首先作用于景观格局，通过作用于景观格局，进而影响生态过程和景观功能，从而导致景观脆弱性的产生。

总之，景观格局演变和景观脆弱性是农业景观的两个方面，景观格局演变研究是景观脆弱性研究的基础，景观脆弱性研究是景观格局演变研究的逻辑延续。

3.6 本章小结

本章基于"核心概念解析—时空演变理论解构—景观脆弱性理论分析—驱动机制分析—景观格局与景观脆弱性的关系分析"的逻辑思路，构建了农业景观时空演变的理论框架。

第一，提出了农业景观分析的理论基础，以景观生态学理论、人地关系理论、可持续发展理论为基础，阐释了农业景观时空演变的理论分析模型。第二，解析了农业景观的相关核心概念，对农业景观、景观农业、景观脆弱性、农业景观格局等概念进行诠释。最后，阐释了农业景观时空演变特征的理论分析模型和驱动力模型，构建了"环境-生存-产业-经济-文化-制度-意识"为驱动因素的农业景观演变的驱动力模式，对农业景观脆弱性进行理论分析。

第4章
石柱县农业景观时空演变分析

景观变化是地理学和生态学最为关注的研究课题之一（王锐等，2002；Forman，1995；傅伯杰，1995），是全球环境变化的重要构成和驱动因素，是景观的"时间过程—空间格局—时空动态"演化过程（龚文峰等，2013）。作为地处三峡库区的重要县域，石柱县的生态地理位置极为重要。本章重点分析石柱县农业景观格局演变特征，为维持区域农业景观生态系统稳定和农业可持续管理提供参考。

4.1 农业景观时空演变的研究方法

农业景观是以农业活动为核心，由耕地、林地、草地、园地、水域、农村居民点等景观要素组成的景观生态系统，是一个集社会、经济、环境和生态于一体的复合生态系统，受自然、社会经济、政策和文化等因素共同作用。农业景观变化与景观可持续发展存在着必然联系，农业景观结构特征变化可以揭示农业生态环境存在的问题，同时也是开展农业景观保护和管理的基础。景观指数能高度浓缩反映景观格局信息（黄孟勤等，2021），所以景观格局变化常采用景观指数法来对景观特征进行定量研究（张金屯等，2000；Rao and Pant，2001）。本书采用景观指数、地形位指数、分布指数、景观信息图谱、景观转移矩阵来表征和描述景观格局的时空变化，旨在揭示不同等级地形梯度下农业景观格局结构演变的趋势及地形因素对景观格局的影响。

4.1.1 农业景观指数

景观指数将景观格局量化，客观直接地描述不同尺度上的景观特点，进而建立景观格局与生态过程的联系（陈文波等，2002），能较好地表达景观格局的时空变化（张秋菊等，2003）。景观指数方法在进行景观格局分析时应用十分广泛。景观指数可以分为斑块水平指数（面积、形状、边界特征）、斑块类型水平指数（平均面积、平均形状指数）和景观水平指数（多样性指数、均匀度指数等）。景观指数类型虽多，但是很多指数之间关联性较强（O'Neill et al.，1999）。本书在借鉴前人学术成果中使用频率较高的景观指数（李阳兵等，2021；王亚娟等，2013；许华等，2008；赵华甫和张凤荣，2008；李忠峰等，2004；傅伯杰，1995）的同时，综合考虑研究目标以及景观指数的含义，最终选取面积指数（斑块类型面积、最大斑块面积指数、景观百分比、平均斑块面积）、形状指数（景观形状指数、边缘密度、斑块密度、斑块数量）、聚合度指数（结合度指数、分离度指数、聚集度指数）和多样性指数（香农多样性指数、香农均匀度指数），对石柱县农业景观的时空演变特征进行测算（表4-1），以阐明石柱县农业景观格局演变规律，为石柱县农业景观脆弱性评价提供理论支撑。

表 4-1 农业景观指数及含义

类型	指标	缩写	公式及含义
面积指数	斑块类型面积	CA	$$CA = \sum_{i=1}^{n} a_{ij}$$ 式中：斑块类型面积（CA）为某种斑块的总面积；i 为斑块数目；j 为斑块类型。斑块类型面积可以在一定程度上揭示景观破碎化程度，影响到斑块能量分配和物种多样性
	平均斑块面积	MPS	$$MPS = \frac{CA}{n}$$ 式中：CA 为斑块面积，n 为斑块数目。平均斑块面积是某种斑块类型的平均面积，可以在一定程度上揭示景观破碎化程度
	最大斑块面积指数	LPI	$$LPI = \frac{\max(a_{ij})}{A} \times 100$$ 式中：a_{ij} 为斑块类型 j 的面积；A 为研究区农业景观的总面积。LPI 能反映农业景观的集中度和景观的优势度，LPI 与其他景观指数没有关联，具有较强的独立性，显示最大斑块对整个景观的影响程度
	景观百分比	PLAND	$$PLAND = \frac{\sum_{i=1}^{n} a_{ij}}{A}$$ 式中：i 为斑块数目；j 为斑块类型；a_{ij} 为斑块类型 j 的面积；A 为研究区景观的总面积。景观百分比表明景观的各种斑块类型所占比例，它是景观生物多样性的重要指标
形状指数	景观形状指数	LSI	$$LSI = \frac{P}{2\sqrt{\pi \cdot A}}$$ 式中：P 为研究区斑块类型的周长；A 为农业景观的总面积。景观形状指数可以反映斑块聚集或离散的程度，LSI 值越大，斑块形状越离散和不规则；LSI 值越小，斑块的形状越规则、简单
	边缘密度	ED	$$ED = \frac{E}{A}$$ 式中：E 为斑块边界长度；A 为研究区景观的总面积。边缘密度表征在平均单位面积上的斑块周长，其值反映了斑块类型或整体斑块形状的复杂程度，边缘密度越大，其形状越复杂，反之越简单

第 4 章 石柱县农业景观时空演变分析

续表

类型	指标	缩写	公式及含义
形状指数	斑块密度	PD	$PD = \dfrac{N}{A} \times 10000 \times 100$ 斑块密度反映单位面积上的斑块数量,体现斑块的破碎程度,PD 值越大,其破碎程度越高,空间异质性程度也越大
形状指数	斑块数量	NP	$NP = N$ 斑块数量是其他指标的测算基础,斑数不包括景观内部背景和边界的斑块。NP 常用来描述整个景观的异质性,其值大小与景观的破碎度呈正相关,一般来说,NP 越大,破碎度越高;NP 越小,破碎度越低
聚集度指数	结合度指数	COHESION	$COHESION = \dfrac{1 - \dfrac{\sum\limits_{i=1}^{n} p_{ij}}{\sum\limits_{j=1}^{n} \sqrt{a_{ij}}}}{1 - \dfrac{1}{\sqrt{A}}}$ 式中:a_{ij} 为斑块类型 j 的面积;p_{ij} 为斑块类型 j 的周长,A 为研究区农业景观总面积。结合度指数用以描述相关斑块类型的物理连接性,用于表达破碎化程度。$0 < COHESION < 100$,斑块越聚集,COHESION 越大,即斑块的物理连接性越强,斑块之间的联系越紧密
聚集度指数	分离度指数	DIVISION	$DIVISION = 1 - \sum\limits_{i=1}^{m}\sum\limits_{j=1}^{n}\left(\dfrac{a_{ij}}{A}\right)^2$ 式中:a_j 为斑块类型 j 的面积;A 为研究区景观的总面积。分离度指数取值范围为 0~1,越趋近零则表明斑块越小,分布也越分散。分离度指数主要用来表达景观内斑块组成的破碎程度,景观越复杂,分离度指数越大
聚集度指数	聚合度指数	AI	$AI = \left[\sum\limits_{i=1}^{m}\left(\dfrac{g_{ii}}{\max g_{ii}}\right)P_i\right] \times 100$ 聚集度指数描述不同景观要素的集聚程度,反映景观要素不同的分散程度,景观的集聚程度随 AI 值的增大而增加

续表

类型	指标	缩写	公式及含义
多样性指数	香农均匀度指数	SHEI	$SHEI = \dfrac{-\sum_{i=1}^{m}(p_i \times \ln p_i)}{\ln m}$ 式中：p_i 为斑块类型 i 的面积比重，m 为斑块类型数目。香农均匀度指数取值范围：$0 \leqslant SHEI \leqslant 1$。当 $SHEI=0$ 时，景观为一种斑块组成，多样性为零；当 $SHEI=1$ 时，各斑块类型均匀分布，具有最大多样性
	香农多样性指数	SHDI	$SHDI = -\sum_{i=1}^{m}(p_i \times \ln p_i)$ 式中：p_i 为斑块类型 i 的面积比重，m 为斑块类型数目。香农多样性指数的范围大于或等于零，$SHDI$ 值越大，表现为斑块类型越丰富，破碎化程度越高

4.1.2 景观转移矩阵

景观转移矩阵是刻画景观类型结构由一种状态转移到另一种状态的定量表达，能反映一定时期内景观类型转移的数量大小和方向。景观转移矩阵的数学表达式为：

$$S_{ij} = \begin{pmatrix} S_{11} & S_{12} & \cdots & S_{1j} & \cdots & S_{1n} \\ S_{21} & S_{22} & \cdots & S_{2j} & \cdots & S_{2n} \\ \cdots & \cdots & \cdots & \cdots & & \cdots \\ S_{i1} & S_{i2} & \cdots & S_{1j} & \cdots & S_{in} \\ \cdots & \cdots & \cdots & \cdots & & \cdots \\ S_{n1} & S_{n2} & \cdots & S_{nj} & \cdots & S_{nn} \end{pmatrix} \quad (4-1)$$

式中：S 为农业景观类型面积；n 为农业景观类型总数；i 为研究期初的农业景观类型；j 为研究期末的农业景观类型。

4.1.3 景观利用图谱分析法

景观利用图谱分析法是指通过对地图、图像、图表的综合分析，反映事物与现象空间结构特征与时序变化规律的一种信息处理与显示手段（廖克等，2001）。

图谱的计算公式如下：

$$Y = G_1 \times 10^{n-1} + G_2 \times 10^{n-2} + \cdots + G_n \times 10^{n-n} \quad (4-2)$$

式中：Y 没有数学意义，是利用土地利用代码计算合成的 4 位编码的时空复合体数据；n 为参与计算的土地利用时期数目；G_1，G_2，…，G_n 为不同时期的土地利用单元。

在 ArcGIS10.2 软件支持下，将四期农业景观利用图谱单元类型进行重组，获取石柱县的农业景观土地利用变化模式信息图谱，定量、直观分析农业景观土地利用格局的时空变化历程。在 ArcGIS10.2 支持下，将四期景观类型图转换为栅格格式，再运用"地图代数"运算得出图谱。图谱计算公式为 $G=G_1+G_2+G_3+G_4$，式中：G 为图谱，是四期景观类型图复合而成，没有数学意义；G_1、G_2、G_3、G_4 分别为 2005 年、2010 年、2015 年、2020 年的景观类型代码。如 G 为 "1234"，其 2005—2010—2015—2020 年农业景观变化图谱为 "生产—生活—生态—拓展"。

4.1.4 地形位指数和分布指数

（1）地形位指将高程与坡度组合来定量表征农业景观空间格局与地形梯度的关系（王平等，2021），揭示农业景观格局地形位梯度上的空间分布特征，其公式如下：

$$T = \left(\frac{E}{\overline{E}} + 1\right)\left(\frac{S}{\overline{S}} + 1\right) \quad (4-3)$$

式中：T 为地形位；E 为空间任一点的高程值；$\overline{E}$ 为该点所在区域内的平均高程值；S 与 $\overline{S}$ 分别为空间任一点所在区域的坡度值和该点所在区域的平均

坡度值。高程低、坡度小的区域地形位指数小，而高程高、坡度大的区域地形位指数大，其他组合情况（如高程低、坡度大地区，高程高、坡度小地区以及高程和坡度均属于中等水平地区）的地形位则居于中间值区间（喻红等，2001）。

（2）分布指数。分布指数反映景观组分在地形位梯度上的分布变化情况，其公式如下：

$$P = (S_{ie}/S_i)/(S_e/S) \qquad (4\text{-}4)$$

式中：P 为分布指数，是无量纲指数；i 为第 i 种景观类型或图谱类型；S_{ie} 为 e 地形位下第 i 种景观组分的面积；S_i 为整个工作区内第 i 种景观组分的总面积；S_e 表示整个区域内第 e 种地形位的总面积；S 为整个区域的面积。当 $P=1$ 时，表示每一类型在该级地形位上的比重与研究区内该类型的比重相等；当 $P>1$ 时，表明某景观类型在该地形上的比重大于研究区内该类型的比重。因此当 $P>1$ 时，该类型呈现优势分布；P 值越大，适宜程度和分布优势度越高。反之若 $P<1$ 则呈劣势分布，分布指数越小，优势度越低。在人为干扰作用下，不同时期的 P 值变化体现了景观类型结构在相应地形位上发生的调整。

4.2 石柱县农业景观的整体变化特征

4.2.1 石柱县农业景观类型动态变化

景观面积变化是进行景观动态变化研究的基础。利用 ArcGIS 10.2 以石柱县 2005 年、2010 年、2015 年和 2020 年土地利用数据为基础进行统计分析，并结合石柱县 2005 年、2010 年、2015 年和 2020 年社会经济统计资料进行对比分析，得到石柱县农业景观面积变化过程，计算结果如表 4-2 所示。

1. 面积变化

根据表 4-2 中显示，石柱县的农业景观以生态型和生产型为主。2005—

2020年，农业景观总面积不断减少，由2005年的300822.56hm²减少到2020年的298977.45hm²，减少了1845.11hm²。但不同类型农业景观面积变化趋势不同，其中生产型农业景观面积减少了5224.47hm²；生态型农业景观面积由2005年的214708.93hm²下降到2015年的213604.05hm²，2020年又增加到214893.60hm²，增加了184.67hm²，总体呈略微增长趋势；拓展型农业景观和生活型农业景观呈平稳上升趋势，分别增加了360.15hm²和2834.52hm²。

表4-2 石柱县2005—2020年农业景观面积变化

景观类型	2005年 面积/hm²	比例（%）	2010年 面积/hm²	比例（%）	2015年 面积/hm²	比例（%）	2020年 面积/hm²	比例（%）
生产型农业景观	76815.19	25.54	73691.80	24.56	73539.74	24.56	71590.72	23.95
生活型农业景观	7552.71	2.51	10143.67	3.38	10075.47	3.37	10387.23	3.47
生态型农业景观	214708.93	71.37	214178.30	71.39	213604.05	71.36	214893.60	71.88
拓展型农业景观	1745.75	0.58	2012.02	0.67	2100.06	0.70	2105.90	0.70
合计	300822.58	100	300025.79	100	299319.32	100	298977.45	100

注：因百分比取值四舍五入、统计数据来源不同等原因，百分比合计计算值可能有少量误差，约为100%。（下同）

2. 面积结构变化

根据景观面积比例可以得知：第一，2005年生态型和生产型农业景观面积排在第一位和第二位，分别占总面积的71.37%和25.54%；生活型和拓展型农业景观面积较少，分别占2.51%和0.58%。第二，2010年石柱县占主导的景观类型依然是生态型和生产型农业景观，占比分别为71.39%和24.56%，较之2005年生产型农业景观面积有所下降，生态型农业景观略有增加；生活型和拓展型农业景观较2005年有所提高，其面积比为3.38%和0.67%，依然是面积较少的景观类型。第三，2015年石柱县生态型和生产型农业景观分别占71.36%和24.56%；生活型和拓展型农业景观分别占3.37%和0.70%。第四，2020年石柱县生态型和生产型农业景观分别占71.88%和23.95%；生活型和拓展型农业景观分别占3.47%和0.70%。

3. 总体变化特征

2005年、2010年、2015年和2020年，石柱县农业景观类型以生态型和生产型为主，农业景观面积排序是：生态型农业景观，生产型农业景观，生活型农业景观，拓展型农业景观。由于石柱县地处渝东南山地区域，又是长江上游生态屏障建设的重点区域，林地面积广，故本地农业景观主要是以林地为核心的生态型农业景观，为石柱县范围内的绝对主导景观；其次是以耕地为核心的生产型景观。2005年、2010年、2015年和2020年，生态型农业景观面积占比分别为71.37%、71.39%、71.36%和71.88%，呈略微上升趋势，上升了0.51%。生产型农业景观面积占比分别为25.54%、24.56%、24.56%和23.95%，呈下降趋势，下降了1.59%。生态型和生产型农业景观面积占比总和均在95%左右，是石柱县主要的农业景观类型。而生活型、拓展型农业景观面积占比都相对较少，总共不到6%，但生活型、拓展型农业景观面积占比呈增加趋势，分别增加了0.96%和0.12%。

综上所述，石柱县农业景观面积在2005—2010年、2010—2015年、2015—2020年三个时段变化特征为：一是农业景观用地面积总体呈减少趋势。由于石柱县城镇化的加速发展，以及城镇建设用地的拓展，石柱县农业景观用地面积减少。其中，生产型农业景观呈现持续减少态势，生活型、拓展型农业景观呈持续增长趋势，生态型农业景观呈"V"形变化趋势。二是以生态型和生产型农业景观为主要类型，占绝对优势。石柱县形成了以生态型、生产型为主的农业景观，农业景观结构基本稳定，其中生态型、生活型、拓展型农业景观呈增长趋势，生产型农业景观呈下降趋势。生态型农业景观占绝对主导地位更多地反映了石柱县的山地地形地貌；生产型农业景观的占比则反映了第一产业在石柱县经济中的重要性。这也说明了因生态屏障区建设，石柱县的生态地位日趋强化，生态型农业景观势必成为该县的主要目标。同时，应产业结构调整与发展的要求，石柱县2001年提出种植业结构调整发展思路，2014年大力提倡发展家庭农场，2015年推进现代农业发展，成立黄连产业发展领导小组等，促进了石柱县休闲农业的发展，从而促进了拓展型农业景观的持续上升。

4.2.2 石柱县农业景观的空间变化特征

依据重庆市的国土空间规划和石柱县"十四五"发展规划，考虑行政区划的完整性、自然条件、资源禀赋和社会经济条件等因素，将石柱县划分为西南部城镇区、南部生态区、北部农业区和东部旅游区（表4-3），分析石柱县农业景观类型的空间结构特征。从表4-4、表4-5、表4-6、表4-7可以总结出2005年、2010年、2015年、2020年四个时间段四个区域农业景观变化。

表4-3　石柱县土地利用的功能分区[1]

区域名称	包括乡镇
西南部城镇区	南宾街道（含万安街道）、下路街道、三河镇
南部生态区	中益乡、沙子镇、金铃乡、金竹乡、新乐乡、洗新乡、六塘乡、三星乡、龙潭乡、黄鹤镇、马武镇
北部农业区	西沱镇、大歇镇、龙沙镇、桥头镇、三益乡、悦崃镇、鱼池镇、万朝镇、沿溪镇、王场镇、黎场乡、王家乡、石家乡、临溪镇、河嘴乡
东部旅游区	黄水镇、枫木镇和冷水镇

1. 西南部城镇区农业景观的变化

西南部城镇区包括南宾街道、下路街道和三河镇等乡镇，属于低山地域（表4-4）。该区2005—2020年农业景观面积持续下降，减少部分转化为建设用地景观。其中，生产型农业景观和拓展型农业景观均呈下降趋势，分别减少了1738.73hm^{2}和594.91hm^2；生活型农业景观和生态型农业景观均呈增长趋势，生活型农业景观略有增加；生态型农业景观面积由18778.61hm^{2}变为19273.32hm^2，增加494.71hm^2。由此可见，西南部城镇区出现"二增二减"

---

[1] 2015年以前，石柱县下辖32个乡镇；2015年石柱县撤销南宾镇，设立南宾街道和万安街道。为了研究的前后统一和可对比性，本书依然将石柱县按下辖32个乡镇进行研究，将万安街道的相关数据并入南宾街道，便于对比数据，以保证研究的科学性和严谨性。

趋势，即生产型和拓展型农业景观锐减，生活型农业景观略有增长，生态型农业景观呈上升趋势。生产型和拓展型农业景观面积减少，主要转化为生态型农业景观和其他类型景观，其中其他景观类型主要为城镇的建设用地，说明随着石柱县城镇化进程的推进，西南部城镇区的生产型农业景观被生活型农业景观和其他景观占用。此外，生态型农业景观出现增加趋势，也说明退耕还林政策让生态型农业景观面积得以拓展。

表4-4 石柱县西南部城镇区农业景观面积变化

2005年				
乡镇名称	A 生产型农业景观/hm²	B 生活型农业景观/hm²	C 生态型农业景观/hm²	D 拓展型农业景观/hm²	小计/hm²
南宾街道	6799.90	652.77	8787.80	504.88	16745.35
下路街道	5892.56	629.88	4087.15	260.04	10869.63
三河镇	3779.69	362.15	5903.66	155.19	10200.69
总计	16472.2	1644.8	18778.61	920.11	37815.72
百分比	43.56	4.35	49.66	2.43	100
2010年				
乡镇名称	A 生产型农业景观/hm²	B 生活型农业景观/hm²	C 生态型农业景观/hm²	D 拓展型农业景观/hm²	小计/hm²
南宾街道	6284.2	45.03	8864.98	221.3	16315.51
三河镇	3978.19	593.98	5566.95	56.3	10195.42
下路街道	5124.6	824.59	4777.47	63.22	10789.88
总计	15386.99	1463.6	19209.4	340.82	36400.81
百分比	42.27	4.02	52.77	0.94	100
2015年				
乡镇名称	A 生产型农业景观/hm²	B 生活型农业景观/hm²	C 生态型农业景观/hm²	D 拓展型农业景观/hm²	小计/hm²
南宾街道	6183.54	919.53	8836.9	206.75	16146.72
三河镇	3953.2	627.6	5555.67	57.38	10193.85
下路街道	4974.8	800.26	4708.15	63.12	10546.33
总计	15111.54	2347.39	19100.72	327.25	36886.9
百分比	40.97	6.36	51.78	0.89	100

续表

2020年				
乡镇名称	A 生产型农业景观/hm²	B 生活型农业景观/hm²	C 生态型农业景观/hm²	D 拓展型农业景观/hm²	小计/hm²
南宾街道	6051.7	921.23	8864.03	204.15	16041.11
三河镇	3830.94	661.46	5642.8	56.98	10192.18
下路街道	4850.78	812.66	4766.49	64.07	10494.00
总计	14733.47	2395.35	19273.32	325.20	36727.34
百分比	40.12	6.52	52.48	0.88	100

2. 东部旅游区农业景观的变化

东部旅游区主要包括黄水镇、枫木镇和冷水镇等，该区的生产型农业景观由 5101.95hm² 提升到 6854.48hm²，增加了 1752.53hm²；生活型农业景观由 556.16hm² 提升到 961.22hm²，增加了 405.06hm²；生态型农业景观由 36453.88hm² 下降为 33853.51hm²，减少了 2600.37hm²（表4-5）；拓展型农业景观由 118.00hm² 变为 369.27hm²，上升了 251.27hm²。总之，这一区域在研究期内出现"一减三增"态势，具体为生产型农业景观呈上升—下降趋势，整体呈上升趋势；生活型、拓展型农业景观均呈持续上升趋势；生态型农业景观呈下降趋势。该区在研究期内可能因为休闲与康养旅游产业的发展导致了拓展型农业景观占用生态型农业景观，同时因为旅游产业的发展，生活型农业景观也有一定的增加。

表 4-5 石柱县东部旅游区农业景观面积变化

2005年				
乡镇名称	A 生产型农业景观/hm²	B 生活型农业景观/hm²	C 生态型农业景观/hm²	D 拓展型农业景观/hm²	小计/hm²
黄水镇	1613.65	257.97	19374.68	95.57	21341.87
枫木镇	2136.06	168.29	11328.29	6.85	13639.49
冷水镇	1352.24	129.90	5750.91	15.58	7248.63
总计	5101.95	556.16	36453.88	118.00	42229.99
百分比	12.08	1.32	86.32	0.28	100

续表

2010 年				
乡镇名称	A 生产型农业景观/hm²	B 生活型农业景观/hm²	C 生态型农业景观/hm²	D 拓展型农业景观/hm²	小计/hm²
黄水镇	2456.02	349.18	18200.68	284.54	21290.42
枫木镇	3023.95	277.22	10331.77	4.35	13637.29
冷水镇	1484.04	261.48	5457.17	26.73	7229.42
总计	6964.01	887.88	33989.62	315.62	42157.13
百分比	16.52	2.11	80.62	0.75	100

2015 年				
乡镇名称	A 生产型农业景观/hm²	B 生活型农业景观/hm²	C 生态型农业景观/hm²	D 拓展型农业景观/hm²	小计/hm²
黄水镇	2451.86	336.07	18105.37	296.38	21189.68
枫木镇	3018.96	298.57	10279.97	39.30	13636.80
冷水镇	1488.71	271.93	5443.87	26.73	7231.24
总计	6959.53	906.57	33829.21	362.41	42057.72
百分比	16.55	2.16	80.43	0.86	100

2020 年				
乡镇名称	A 生产型农业景观/hm²	B 生活型农业景观/hm²	C 生态型农业景观/hm²	D 拓展型农业景观/hm²	小计/hm²
黄水镇	2404.12	367.40	18110.05	299.59	21181.16
枫木镇	2983.12	313.22	10298.12	39.10	13633.56
冷水镇	1467.24	280.60	5445.34	30.58	7223.76
总计	6854.48	961.22	33853.51	369.27	42038.48
百分比	16.31	2.29	80.53	0.87	100

3. 南部生态区农业景观的变化

南部生态区的农业景观呈"一增两减一稳"特征，其中，生产型农业景观呈现上升—上升—下降的变化趋势（表4-6），总体平稳；生活型农业景观由1837.70hm²上升为2439.15hm²，增加601.45hm²，整体呈上升趋势；生态型农业景观由 91602.96hm² 下降为 90998.53hm²，下降 604.43hm²，整体呈下降—上升—下降的趋势；拓展型农业景观呈先下降后上升趋势，整体呈下降状态。

表 4-6 石柱县南部生态区农业景观面积变化

	2005 年				
乡镇名称	A 生产型农业景观/hm²	B 生活型农业景观/hm²	C 生态型农业景观/hm²	D 拓展型农业景观/hm²	小计/hm²
中益乡	2139.7	140.12	13766.68	7.40	16053.90
沙子镇	2633.71	354.50	14816.38	15.76	17820.35
金铃乡	676.40	67.57	5352.63	0.52	6097.12
金竹乡	374.68	33.90	3555.19	0.00	3963.77
新乐乡	1281.64	102.00	4133.01	36.93	5553.58
洗新乡	1439.46	105.29	7393.32	1.97	8940.04
六塘乡	2184.42	256.97	14423.24	193.15	17057.78
三星乡	2957.97	291.15	6108.13	93.55	9450.80
龙潭乡	1304.32	161.73	12236.99	1.37	13704.41
马武镇	2281.57	224.36	6770.57	0.00	9276.50
黄鹤镇	761.65	100.11	3046.82	0.00	3908.58
总计	18035.53	1837.70	91602.96	350.65	111826.84
百分比	16.13	1.65	81.91	0.31	100
	2010 年				
乡镇名称	A 生产型农业景观/hm²	B 生活型农业景观/hm²	C 生态型农业景观/hm²	D 拓展型农业景观/hm²	小计/hm²
中益乡	2165.5	170.83	13691.97	24.39	16052.77
沙子镇	2570.12	480.57	14696.73	43.36	17790.78
金铃乡	993.96	100.05	4990.98	14.06	6099.05
金竹乡	501.89	51.80	3410.08	0.00	3963.77
新乐乡	1196.28	123.50	4231.98	1.82	5553.58
洗新乡	1447.57	152.00	7333.65	6.67	8939.89

续表

2010 年

乡镇名称	A 生产型农业景观/hm²	B 生活型农业景观/hm²	C 生态型农业景观/hm²	D 拓展型农业景观/hm²	小计/hm²
六塘乡	2428.95	316.89	14184.09	123.75	17053.68
三星乡	2816.38	385.42	6216.19	32.81	9450.80
龙潭乡	1706.58	219.08	11772.03	0.64	13698.33
马武镇	2130.63	270.08	6864.44	2.01	9267.16
黄鹤镇	703.96	142.10	3053.80	2.74	3902.60
总计	18661.82	2412.32	90445.94	252.25	111772.30
百分比	16.69	2.16	80.92	0.23	100

2015 年

乡镇名称	A 生产型农业景观/hm²	B 生活型农业景观/hm²	C 生态型农业景观/hm²	D 拓展型农业景观/hm²	小计/hm²
中益乡	2187.33	150.28	13685.57	24.38	16047.53
沙子镇	2572.95	482.38	14661.42	41.10	17757.85
金铃乡	1009.44	85.27	4985.63	14.07	6094.41
金竹乡	505.26	48.65	3409.86	0.00	3963.77
新乐乡	1204.73	116.04	4228.48	1.81	5551.06
洗新乡	1452.07	148.61	7332.35	6.56	8939.59
六塘乡	2432.95	313.81	14182.07	123.75	17052.58
三星乡	2854.89	349.60	6214.59	31.72	9450.80
龙潭乡	1716.87	209.40	11771.41	0.64	13698.32
马武镇	2139.30	261.62	6863.75	2.01	9266.68
黄鹤镇	708.02	138.57	3053.27	2.74	3902.60
总计	18783.78	2304.23	90388.40	248.78	111725.22
百分比	16.81	2.06	80.90	0.23	100

续表

乡镇名称	2020 年				
	A 生产型农业景观/hm²	B 生活型农业景观/hm²	C 生态型农业景观/hm²	D 拓展型农业景观/hm²	小计/hm²
中益乡	1962.26	166.15	13895.03	24.08	16047.52
沙子镇	2424.67	497.67	14791.95	43.30	17757.59
金铃乡	971.43	90.10	5018.81	14.07	6094.41
金竹乡	501.30	50.37	3412.07	0.00	3963.74
新乐乡	1162.52	120.67	4266.01	1.82	5551.02
洗新乡	1437.01	155.53	7340.51	6.55	8939.6
六塘乡	2354.83	347.56	14225.37	123.68	17051.44
三星乡	2798.74	347.93	6272.30	31.71	9450.68
龙潭乡	1685.86	226.08	11785.29	0.64	13697.87
马武镇	2072.84	296.74	6892.74	2.01	9264.33
黄鹤镇	660.87	140.35	3098.45	2.75	3902.42
总计	18032.33	2439.15	90998.53	250.61	111720.62
百分比	16.15	2.18	81.45	0.22	100

4. 北部农业区农业景观的变化

北部农业区主要以生产型和生态型农业景观为主（表4-7），这两种类型的农业景观在四个时期分别占总面积比例的34.15%和62.29%、30.04%和64.83%、30.08%和64.69%、29.47%和65.23%。其中，生产型农业景观呈持续下降趋势，下降了5235.07hm²；生态型农业景观呈上升趋势，上升了2894.76hm²；此外，生活型农业景观和拓展型农业景观面积在四个时期的占比分别为3.23%、4.12%、4.16%、4.23%和0.30%、1.01%、1.01%、1.07%，分别增加1077.46hm²和803.85hm²，呈上升趋势。由此可见，该区域农业景观呈现"三增一减"趋势，即生活型、拓展型和生态型农业景观均呈增加趋势，生产型农业景观呈减少趋势。

表4-7 石柱县北部农业区农业景观面积变化

2005年

乡镇名称	A 生产型农业景观/hm²	B 生活型农业观/hm²	C 生态型农业景观/hm²	D 拓展型农业景观/hm²	小计/hm²
西沱镇	2826.44	237.82	2854.33	33.42	5952.01
三益乡	939.21	99.88	1835.92	11.60	2886.61
桥头镇	2786.09	235.22	3600.59	46.31	6668.21
龙沙镇	1948.79	241.64	5410.62	1.12	7602..21
大歇镇	3772.23	347.42	8669.80	51.00	12840.45
黎场乡	2008.57	202.44	1373.83	11.14	3595.98
王场镇	2558.53	274.42	2889.16	34.42	5756.53
王家乡	1538.77	144.72	3043.10	11.03	4737.62
临溪镇	3948.53	339.92	10577.34	15.54	14881.33
石家乡	1949.84	147.12	4110.20	37.93	6245.09
鱼池镇	2532.67	257.13	7163.85	4.47	9958.12
沿溪镇	3220.71	309.86	1925.80	63.17	5519.54
万朝镇	2400.47	281.11	5034.85	11.19	7727.62
悦崃镇	2948.56	267.83	5383.34	14.38	8614.11
河嘴乡	1826.10	127.52	4000.75	10.25	5964.62
总计	37205.51	3514.05	67873.48	356.97	108950
百分比	34.15	3.23	62.29	0.33	100.00

2010年

乡镇名称	A 生产型农业景观/hm²	B 生活型农业观/hm²	C 生态型农业景观/hm²	D 拓展型农业景观/hm²	小计/hm²
西沱镇	2126.44	260.45	3413.71	117.86	5918.46
三益乡	895.97	124.37	1857.94	8.43	2886.71
桥头镇	2390.06	291.34	3648.91	340.93	6671.24
龙沙镇	1787.91	311.74	5473.57	23.67	7596.89
大歇镇	3665.43	490.22	8550.03	117.69	12823.37
黎场乡	1581.10	157.31	1770.26	83.00	3591.67

续表

2010年					
乡镇名称	A 生产型农业景观/hm²	B 生活型农业观/hm²	C 生态型农业景观/hm²	D 拓展型农业景观/hm²	小计/hm²
王场镇	2082.39	274.08	3284.59	83.01	5724.0707
王家乡	1226.15	174.03	3263.29	72.41	4735.88
临溪镇	3523.48	518.66	10772.42	75.23	14889.79
石家乡	1989.55	225.36	4001.26	30.16	6246.33
鱼池镇	2402.25	320.87	7151.81	.46.37	9921..3
沿溪镇	2487.88	316.51	2715.94	17.98	5538.31
万朝镇	1987.74	386.31	5244.28	67.29	7685.62
悦崃镇	2822.60	340.69	5421.78	14.79	8599.86
河嘴乡	1709.95	287.93	3963.55	4.51	5965.94
总计	32678.90	4479.87	70533.34	1103.33	108795.4
百分比	30.04	4.12	64.83	1.01	100.00

2015年					
乡镇名称	A 生产型农业景观/hm²	B 生活型农业观/hm²	C 生态型农业景观/hm²	D 拓展型农业景观/hm²	小计/hm²
西沱镇	2102.61	274.39	3365.76	57.53	5800.29
三益乡	899.77	120.64	1857.87	8.43	2886.71
桥头镇	2394.55	288.79	3646.88	340.93	6671.15
龙沙镇	1796.06	304.01	5473.14	23.67	7596.88
大歇镇	3679.76	487.15	8524.94	116.39	12808.24
黎场乡	1582.82	155.86	1769.80	83.00	3591.48
王场镇	2053.33	317.84	3269.65	83.01	5723.83
王家乡	1230.21	170.40	3262.86	72.41	4735.88
临溪镇	3548.31	504.49	10735.43	101.55	14889.78
石家乡	1995.87	224.16	3995.33	30.16	6245.52
鱼池镇	2399.86	325.16	7144.94	46.81	9916.77
沿溪镇	2465.34	347.48	2707.16	17.63	5537.61

续表

2015 年					
乡镇名称	A 生产型农业景观/hm²	B 生活型农业观/hm²	C 生态型农业景观/hm²	D 拓展型农业景观/hm²	小计/hm²
万朝镇	2003.20	381.73	5234.20	66.53	7685.66
悦崃镇	2821.18	344.45	5413.32	14.79	8593.74
河嘴乡	1711.99	270.73	3884.44	98.78	5965.94
总计	32684.86	4517.28	70285.72	1161.62	108649.5
百分比	30.08	4.16	64.69	1.01	100.00

2020 年					
乡镇名称	A 生产型农业景观/hm²	B 生活型农业观/hm²	C 生态型农业景观/hm²	D 拓展型农业景观/hm²	小计/hm²
西沱镇	1922.91	266.25	3406.45	57.44	5653.05
三益乡	867.46	124.40	1886.42	8.43	2886.71
桥头镇	2372.96	285.57	3668.29	340.81	6667.63
龙沙镇	1768.35	303.06	5501.13	23.67	7596.21
大歇镇	3517.87	502.99	8669.88	116.25	12806.99
黎场乡	1566.70	159.29	1782.04	83.00	3591.03
王场镇	2031.82	324.27	3282.98	82.48	5721.55
王家乡	1216.13	170.10	3276.86	72.39	4735.48
临溪镇	3496.77	503.71	10787.84	101.40	14889.72
石家乡	1981.43	230.75	4003.06	30.13	6245.37
鱼池镇	2376.86	330.06	7161.79	47.34	9916.05
沿溪镇	2445.15	356.07	2718.81	17.30	5537.33
万朝镇	1983.44	393.30	5241.59	66.50	7684.83
悦崃镇	2790.32	354.42	5433.59	14.79	8593.12
河嘴乡	1632.27	287.27	3947.51	98.89	5965.94
总计	31970.44	4591.51	70768.24	1160.82	108491.01
百分比	29.47	4.23	65.23	1.07	100.00

4.2.3 石柱县农业景观空间转移特征

农业景观类型转化是指由一种农业景观类型转变为另一种农业景观类型的过程，而农业景观转移矩阵表征农业景观结构变化及不同类型农业景观之间转移的数量特征。本节通过对2005年、2010年、2015年、2020年农业景观类型图进行叠加分析，分别获取2005—2010年、2010—2015年、2015—2020年农业景观类型转移矩阵，进而剖析不同时段农业景观转移数量及结构变化特征，其结果如表4-8、表4-9和表4-10所示。

1. 2005—2010年农业景观转移特征分析

从景观类型流出看，2005—2010年石柱县生产型农业景观流出面积为17959.27hm², 主要转化为生活型和生态型农业景观，其转化面积分别为2570.47hm²和14525.16hm²，所占流出面积比重分别为14.31%和80.88%，少部分转化为拓展型农业景观，为863.64hm²，占比为4.80%（表4-8），说明石柱县生产型农业景观面积减小主要是生态屏障区退耕还林政策的推行、城镇化建设以及农村生活型农业景观的建设而导致的；生活型农业景观流出面积为569.95hm²，主要转化为生态型和生产型农业景观，分别占75.89%和20.64%，少部分转化为拓展型农业景观；生态型农业景观流出面积为16282.06hm²，转化为生产型、拓展型和生活型农业景观，分别为14884.62hm²、722.89hm²和674.55hm²，占比分别为91.42%、4.14%和4.44%，所以生态型农业景观主要流向生产型农业景观，少量流向拓展型和生活型农业景观；拓展型农业景观流出面积为1344.78hm²，转化为生态型和生产型农业景观，流出面积分别为998.9hm²和310.27hm²，占比分别为75.56%和23.47%，所以拓展型农业景观主要流向生态型农业景观和生产型农业景观，仅有少部分流向生活型农业景观。

表 4-8 研究区农业景观类型转移矩阵（2005—2010 年）（单位：hm²）

项 目	生产型农业景观	生活型农业景观	生态型农业景观	拓展型农业景观	流出面积
生产型农业景观	58357.64	2570.47	14525.16	863.64	17959.27
生活型农业景观	117.61	6826.84	432.52	19.82	569.95
生态型农业景观	14884.62	674.55	198164.90	722.89	16282.06
拓展型农业景观	310.27	12.84	998.79	400.95	1321.90
流入面积	15312.50	3257.86	15956.86	1606.35	36133.18

从景观类型流入分析得知，生产型农业景观流入面积为 15312.5hm²，其中生态型农业景观流入面积达 14884.62hm²，比重为 97.21%，其余少量来源于生活型、拓展型农业景观；生活型农业景观流入面积为 3257.86hm²，主要由生态型农业景观转入，所占流入面积比重为 78.90%，另有 20.71%由生产型农业景观转入，仅有少部分是由拓展型农业景观类型转入；生态型农业景观流入面积为 15956.47hm²，主要来自生产型、拓展型和生活型农业景观，分别为 14525.16hm²、998.79hm² 和 432.52hm²，分别占比 91.03%、6.26%和 2.71%，由此可见，流入的生态型农业景观主要来源于生产型农业景观；拓展型农业景观流入面积为 1606.35hm²，主要来源于生态型和生产型农业景观。

综合分析 2005—2010 年石柱县农业景观各类型之间的转化发现，生态型、生产型农业景观之间的转化是该时期石柱县农业景观变化的主要组成部分。

2. 2010—2015 年农业景观转移特征分析

从表 4-9 分析可以得知，2010—2015 年农业景观各类型均有变化。从景观类型流出看，生产型农业景观变化幅度小，流出面积为 374.59hm²，主要流向为生活型、拓展型农业景观，分别占 94.37%、5.63%；其中生产型农业景观转化为生态型农业景观面积为零，这在一定程度上说明石柱县生产型农业景观减小的面积主要转化为生活型农业景观，表明研究区 2010—2015 年生产型农业景观主要转化为生活型农业景观（建设用地）。生活型农业景观流出面积为 486.71hm²，流向生产型、拓展型农业景观的面积分别为 483.92hm²、2.53hm²，占比分别为 99.43%、0.52%；仅有 0.26hm² 流向生态型农业景观，占 0.05%。可见，该时期生活型农业景观绝大部分流向生产型农业景观，少部分流向拓展型和生态型农业景观。生态型农业景观流出面积为 363.18hm²，流向生活型、拓展型和生产型农业景观的面积分别为 130.20hm²、160.85hm² 和 72.13hm²，占比分别为 35.85%、44.29% 和 19.86%，可见这一时期生态型农业景观主要流向生活型和拓展型农业景观。拓展型农业景观向其他农业景观类型转移比例较少，流出面积为 78.37hm²，其中 63.05hm² 和 12.41hm² 的面积流向生产型和生态型农业景观，分别占 80.45% 和 15.84%，仅有 3.71% 的面积流向生活型农业景观。从景观类型流入分析得知：生产型农业景观流入面积为 619.10hm²，其中生态型和拓展型农业景观分别流入 72.13hm² 和 63.05hm²，占流入面积的 11.65% 和 10.18%，生活型农业景观流入 483.92hm²，占比 78.17%，由此可见，石柱县生产型农业景观主要从生活型农业景观流入。生活型农业景观流入面积为 486.61hm²，流出面积为 486.71hm²，基本没有变化。生态型农业景观流入面积为 12.67hm²，主要来自拓展型农业景观转化的 12.41hm²，占总流入面积的 97.94%。拓展型农业景观流入面积为 184.47hm²，主要来源于生态型和生产型农业景观，分别为 160.85hm² 和 21.09hm²，分别占比 87.20% 和 11.43%。

表 4-9　研究区农业景观类型转移矩阵（2010—2015 年）（单位：hm²）

项　目	生产型农业景观	生活型农业景观	生态型农业景观	拓展型农业景观	流出面积
生产型农业景观	72915.30	353.50	0	21.09	374.59
生活型农业景观	483.92	9588.79	0.26	2.53	486.71
生态型农业景观	72.13	130.20	213591.39	160.85	363.18
拓展型农业景观	63.05	2.91	12.41	1915.60	78.37
流入面积	619.10	486.61	12.67	184.47	1302.85

3. 2015—2020 年农业景观类型流向分析

由表 4-10 分析可以得知，2015—2020 年农业景观各类型变化显著。生产型农业景观流出面积达 1842.51hm²，主要流向生态型和生活型农业景观，流出面积分别为 1547.49hm² 和 287.83hm²，仅有少部分（7.19hm²）流向拓展型农业景观；生活型农业景观流出面积为 87.13hm²，主要流向生产型农业景观和生态型农业景观，分别占比 93.37% 和 6.46%，仅有 0.15hm² 流向拓展型农业景观。生态型农业景观流出面积为 187.57hm²，主要流向生活型农业景观和生产型农业景观，流出面积分别为 150.58 和 30.42hm²，占比分别为 80.28% 和 16.22%，少部分流向拓展型农业景观；拓展型农业景观流出面积为 4.44hm²，主要流向生活型农业景观，流出面积为 3.32hm²，仅有 0.76hm² 和 0.36hm² 流向生产型和拓展型农业景观。

表 4-10　研究区农业景观类型转移矩阵（2015—2020 年）（单位：hm²）

项　目	生产型农业景观	生活型农业景观	生态型农业景观	拓展型农业景观	流出面积
生产型农业景观	71478.17	287.83	1547.49	7.19	1842.51
生活型农业景观	81.35	9945.35	5.63	0.15	87.13
生态型农业景观	30.42	150.58	213339.71	6.57	187.57
拓展型农业景观	0.76	3.32	0.36	2091.98	4.44
流入面积	112.53	441.73	1553.48	13.91	2121.65

从景观类型流入分析得知，生产型农业景观流入面积为 112.53hm²，其中 81.35hm² 的面积来源于生活型农业景观，30.42hm² 的面积来源于生态型农业景观，占比分别为 72.29% 和 27.03%，少部分来源于拓展型农业景观。生活型农业景观流入面积为 441.73hm²，分别有 287.83hm² 的生产型农业景观和 150.58hm² 的生态型农业景观转化为生活型农业景观，少部分来源于拓展型农业景观。生态型农业景观流入面积达 1553.48hm²，主要来自生产型农业景观，

转入面积达 1547.49hm^2，少量由生活型和拓展型农业景观转入。拓展型农业景观流入面积为 13.91hm^2，主要来自生产型、生态型农业景观，少部分来源于生活型农业景观。

从农业景观各类型流出和流入面积看，流出面积最大的是生产型农业景观，主要流向生态型农业景观，占总流出面积的 86.84%，流入面积最大的是生态型农业景观，达 1553.64hm^2，占总流入面积的 73.22%。由此可见，这一时期生产型农业景观面积呈下降趋势，生态型、生活型、拓展型农业景观面积整体上都呈增加态势，但生态型农业景观是这一时期的绝对优势景观，这是贯彻执行"生态文明建设"和长江上游生态屏障区建设的成果。

4. 三个时期农业景观类型转移对比分析

分析 2005—2010 年、2010—2015 年和 2015—2020 年三个时期农业景观类型转移矩阵可以得知，研究区农业景观各类型面积 15 年间的转移流向有一定的方向性。从农业景观的流出类型看，按照流出面积大小排序依次为生产型农业景观（91279.95hm^2），生态型农业景观（17056.56hm^2），拓展型农业景观（1422.77hm^2），生活型农业景观（1211.93hm^2）；从农业景观流入类型看，按照流入面积大小依次为生态型农业景观（17522.62hm^2），生产型农业景观（16049.5hm^2），生活型农业景观（4186.15hm^2），拓展型农业景观（1342.04hm^2），表明研究时段石柱县农业景观结构发生了较大变化，生产型农业景观大规模缩减，生活型农业景观大规模增长，拓展型农业景观也呈增加趋势，生态型农业景观得到了一定范围的扩展。其中，生产型农业景观的流出以 2005—2010 年最为显著，流出面积达 17959.27hm^2，占三期流出面积的 89.01%；2015—2020 年生产型农业景观流出面积居次位，占三期流出面积的 9.13%，主要转化为生态型和生活型农业景观。生态型农业景观流出以 2005—2010 年最为显著，主要转化为生产型农业景观，说明这一时期生产型和生态型农业景观互相转化。

4.3 石柱县农业景观格局的演变过程

景观格局指自然或人为形成的大小不一、形状各异、排列不同的景观镶嵌体在空间上的布局（孙才志等，2014），体现景观在空间上的异质性（黄俊芳等，2004）。农业景观格局变化特征能反映区域景观的可持续发展状况，因此本书在农业景观用地变化研究基础上，利用景观指数定量分析石柱县农业景观的动态变化。

4.3.1 农业景观总体动态演变分析

运用 Fragstats 4.1 软件分别计算 2005 年、2010 年、2015 年、2020 年石柱县的农业景观指数，计算结果如表 4-11 和图 4-1 所示。

表 4-11 2005—2020 年石柱县农业景指数变化

景观指数	2005 年	2010 年	2015 年	2020 年
斑块类型面积（CA）	300822.56hm²	300025.79hm²	299319.32hm²	298977.45hm²
斑块数量（NP）	94342 个	123679 个	125783 个	130980 个
斑块密度（PD）	31.36 个/100hm²	41.22 个/100hm²	42.02 个/100hm²	43.81 个/100hm²
景观形状指数（LSI）	149.82	199.12	200.57	202.95
平均斑块面积（MPS）	3.19hm²	2.43hm²	2.38hm²	2.28hm²
最大斑块面积指数（LPI）	67.89%	67.98%	66.66%	67.28%
边缘密度（ED）	109.27m/hm²	145.41m/hm²	146.66m/hm²	148.47m/hm²
蔓延度指数（$CONTAG$）	70.83%	68.39%	68.29%	68.32%
聚合度指数（AI）	94.62%	92.83%	92.79%	92.70%
结合度指数（$COHESION$）	99.96	99.95	99.95	99.95

第 4 章　石柱县农业景观时空演变分析

续表

景观指数	2005 年	2010 年	2015 年	2020 年
分离度指数（DIVISION）	0.54	0.54	0.56	0.55
香农多样性指数（SHDI）	0.71	0.73	0.73	0.73
香农均匀度指数（SHEI）	0.51	0.53	0.53	0.53

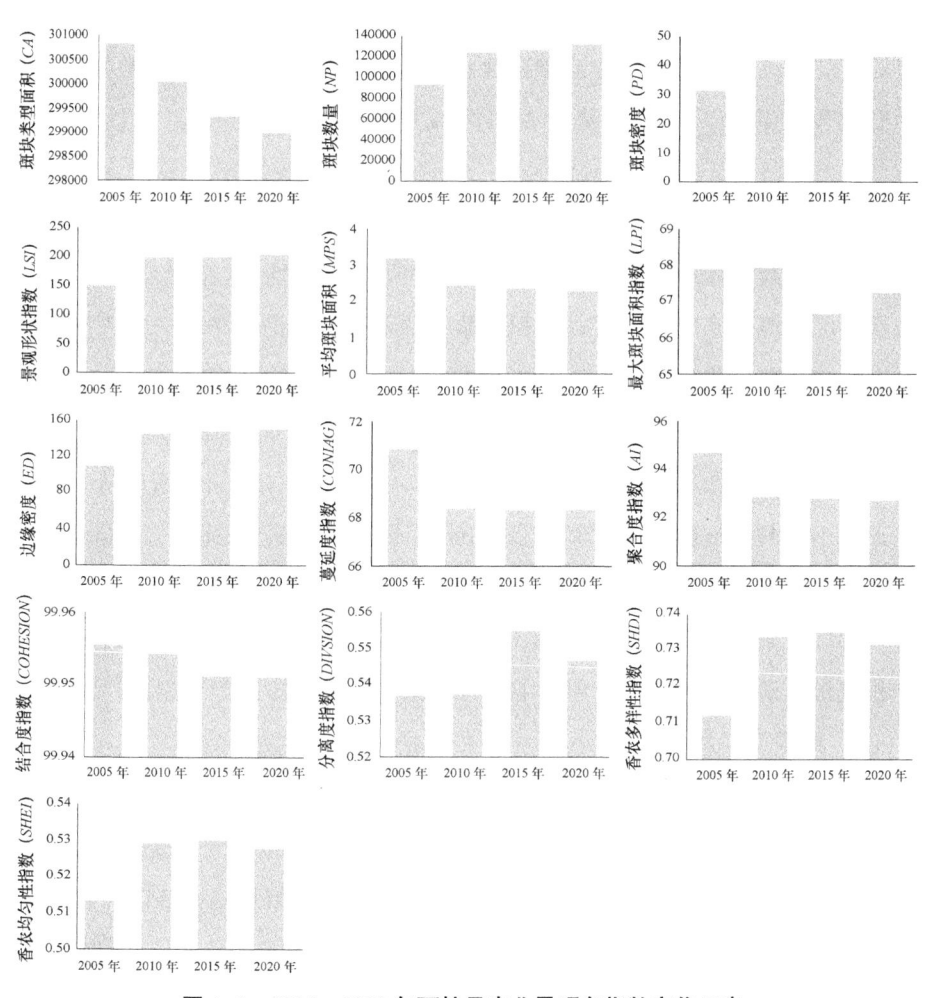

图 4-1　2005—2020 年石柱县农业景观各指数变化示意

1. 面积指数分析

面积指数是景观分析中最基础的景观指数。本书选取的反映石柱县农业景观面积变化的指数分别是斑块类型面积、最大斑块面积指数、平均斑块面积，斑块类型面积、最大斑块面积指数、平均斑块面积在 2005—2020 年呈减少趋势，最大斑块面积指数呈"N"形变化趋势。其中斑块类型面积从 2005 年的 300822.81hm² 下降到 2020 年的 298976.81hm²，降低了 1846hm²。最大斑块面积指数由 67.89% 下降为 67.28%，下降了 0.61%。平均斑块面积由 3.19hm² 降为 2.28hm²，下降了 0.91hm²。这些指数的变化说明 2005—2020 年农业景观用地面积减少，景观破碎化程度增加。最大斑块面积指数呈"N"形变化发展趋势，说明优势景观在区域景观中的占比下降，对景观控制减弱。

2. 形状指数分析

形状指数能体现和阐释构成景观斑块的形状复杂性，包括景观形状指数、边缘密度和斑块密度等，同时面积指数中的最大斑块面积指数一定程度上也可以反映景观形状变化。从表 4-11 和图 4-1 中可以得知，景观形状指数、边缘密度、斑块密度在 2005—2020 年呈现上升趋势。2005—2020 年，石柱县农业景观形状指数从 149.82 增加到 202.95，增加了 53.13；边缘密度从 109.27 增加到 148.47m/hm²，增加了 39.20m/hm²；斑块密度从 31.36 个/100hm² 增加到 43.81 个/100hm²。以上数据表明石柱县农业景观的空间形状越来越趋向于不规则和复杂化，其中 2005—2010 年景观形状指数、边缘密度和斑块密度增加程度最显著，说明这一阶段农业景观受人类活动的影响最突出。

3. 聚集度指数分析

本书选取斑块数量、结合度指数、分离度指数、聚合度指数来表征景观的聚集程度。2005—2020 年，石柱县农业景观斑块数量和分离度指数呈上升趋势，结合度指数、聚合度指数等下降，其中斑块数量由 94342 个上升到 130980 个，增加 36638 个；分离度指数由 0.54 上升到 0.55，而结合度指数由 99.96 下降为 99.95，聚合度指数由 94.62% 下降为 92.70%。这些指数的变化表明，2005—2020 年石柱县农业景观破碎度增加，聚合度降低，景观内部连通性下降，景观的破碎化可能导致农业景观的稳定性下降，以及对外部的抗干扰能力降低。

4. 多样性指数分析

多样性指数反映的是景观类型空间分布的多样性及各类型之间以及斑块与斑块之间的空间关系和功能联系（傅伯杰，陈利顶，1996）。蔓延度指数、香农多样性指数、香农均匀度指数主要表征景观的优势度。香农多样性指数、香农均匀度指数还可表征农业景观的分布状况和复杂程度。石柱县农业景观的多样性指数呈现先增加后降低的趋势，蔓延度指数出现持续降低，在 2005—2010 年这一时间段降低最为显著，也进一步说明生产型农业景观被分割破碎，生产型、生态型农业景观为主导的景观类型优势逐渐降低。

4.3.2 各类农业景观动态演变分析

基于石柱县土地利用图，运用 Fragstats 软件计算得出石柱县农业景观各类型景观指数，为了更加清晰和简明表示石柱县农业景观各类型的变化特征，本节在计算结果的基础上进行了景观指数的分类，分为面积、形状、聚集程度三类指数（表 4-12～表 4-14）。

表 4-12 2005—2020 年石柱县各类农业景观面积指数变化

年份	斑块类型面积 CA/hm^2			
	生产型农业景观	生活型农业景观	生态型农业景观	拓展型农业景观
2005 年	76804.13	7561.46	214711.10	1746.10
2010 年	73686.20	10148.62	214178.30	2012.35
2015 年	73532.49	10081.46	213604.40	2100.33
2020 年	71585.27	10392.19	214893.20	2106.11

续表

年份	景观百分比 PLAND（%）			
	生产型农业景观	生活型农业景观	生态型农业景观	拓展型农业景观
2005 年	25.53	2.51	71.37	0.58
2010 年	24.56	3.38	71.39	0.67
2015 年	24.57	3.37	71.36	0.70
2020 年	23.94	3.48	71.88	0.70
年份	最大斑块面积指数 LPI（%）			
	生产型农业景观	生活型农业景观	生态型农业景观	拓展型农业景观
2005 年	3.51	0.02	67.89	0.05
2010 年	1.57	0.11	67.67	0.10
2015 年	0.93	0.12	66.20	0.10
2020 年	0.88	0.12	66.74	0.10
年份	平均斑块面积 MPS/hm^2			
	生产型农业景观	生活型农业景观	生态型农业景观	拓展型农业景观
2005 年	4.22	0.11	32.73	3.56
2010 年	2.42	0.13	13.26	1.65
2015 年	2.31	0.13	13.03	1.70
2020 年	2.12	0.13	12.98	1.66

1. 生产型农业景观变化分析

（1）面积指数。2005—2020 年，生产型农业景观的斑块类型面积、最大斑块面积指数、平均斑块面积和景观百分比呈现持续减少趋势，其中，斑块类型面积由 76804.13hm^2 下降到 71585.27hm^2，降低 5218.86hm^2，景观百分比由 25.53% 下降到 23.94%，降低 1.59%；最大斑块面积指数由 3.51% 下降为 0.88%，下降了 2.63%。以上数据表明，2005—2020 年石柱县生产型农业景观面积减少。这符合前文阐述的该时期大量的生产型农业景观转为生活型和生态型农业景观的转移特征。平均斑块面积、最大斑块面积指数等均下降，表明了研究区生产型农业景观面积逐渐缩小，对研究区的景观格局控制作用减弱。

（2）形状指数。生产型农业景观的景观形状指数、边缘密度、斑块密度、斑块数量均呈明显上升趋势，其增加程度在2005—2010年最为显著。其中景观形状指数 LSI 增加了39.89%；边缘密度上升了35.91%，表明生产型农业景观形状呈现不规则复杂状态，景观不完整，连通性变差。

表4-13 2005—2020年石柱县各类农业景观形状指数变化

年份	景观形状指数 LSI			
	生产型农业景观	生活型农业景观	生态型农业景观	拓展型农业景观
2005年	242.38	142.76	316.86	38.63
2010年	331.15	195.10	333.47	45.49
2015年	333.81	195.15	336.54	47.36
2020年	339.07	195.48	346.88	47.89

年份	边缘密度 ED/（m/hm^2）			
	生产型农业景观	生活型农业景观	生态型农业景观	拓展型农业景观
2005年	89.32	87.96	36.66	2.15
2010年	119.87	120.38	44.79	2.72
2015年	120.98	120.54	45.18	2.90
2020年	121.39	121.25	47.31	2.94

年份	斑块密度 PD/（个/100hm^2）			
	生产型农业景观	生活型农业景观	生态型农业景观	拓展型农业景观
2005年	6.05	2.18	22.96	0.16
2010年	10.15	5.39	25.29	0.41
2015年	10.62	5.48	25.51	0.41
2020年	11.27	5.54	26.58	0.42

年份	斑块数量 NP/个			
	生产型农业景观	生活型农业景观	生态型农业景观	拓展型农业景观
2005年	18211	6560	69080	491
2010年	30439	16157	75863	1220
2015年	31794	16397	76357	1235
2020年	33692	16552	79466	1270

（3）聚集度指数。2005—2020年，生产型农业景观聚集度指数中分离度指数上升，结合度指数下降，其中，分离度指数总体上呈上升趋势，由0.9983增加到0.9997；结合度指数则由99.5201下降到99.0693，这一趋势在2005—2010年最为显著。从这些指数变化可以得知，2005—2020年石柱县生产型农业景观破碎度增加，聚合度降低。

2. 生活型农业景观变化分析

（1）面积指数。2005—2020年，生活型农业景观面积指数的斑块类型面积、最大斑块面积指数和景观百分比增加，其中斑块类型面积由7561.46hm²增加到10392.19hm²，这一增加趋势在2005—2010年这段时间十分显著，斑块类型面积由7561.46hm²上升到10148.62hm²，增加37.44%，2010—2020年仅上升243.57hm²，增加2.4%，由此可见2005—2010年是石柱县生活型农业景观面积增加最为明显的时期；最大斑块面积指数由0.02%增加到0.12%，平均斑块面积由0.11hm²增加到0.13hm²，说明在2005—2020年石柱县生活型农业景观面积增加迅速，对研究区景观格局的控制作用增强。

表4-14 2005—2020年石柱县各类农业景观聚集度指数

年份	结合度指数 COHESION			
	生产型农业景观	生活型农业景观	生态型农业景观	拓展型农业景观
2005年	99.5201	99.9913	90.3465	97.4673
2010年	99.2362	99.9905	93.2144	96.7172
2015年	99.1288	99.9893	94.4432	97.1162
2020年	99.0693	99.9896	94.5807	97.1057

年份	分离度指数 DIVISION			
	生产型农业景观	生活型农业景观	生态型农业景观	拓展型农业景观
2005年	0.9983	0.5390	1	1
2010年	0.9995	0.5378	1	1
2015年	0.9996	0.5555	1	1
2020年	0.9997	0.5473	1	1

续表

年份	聚集度指数 AI（%）			
	生产型农业景观	生活型农业景观	生态型农业景观	拓展型农业景观
2005 年	91.2867	96.9399	63.6161	90.9706
2010 年	87.8310	95.8050	66.9615	90.0506
2015 年	87.7209	95.7980	66.5336	89.8583
2020 年	87.3576	95.8035	66.0348	89.7596

（2）形状指数。2005—2020 年，生活型农业景观的形状指数中，景观形状指数、边缘密度、斑块密度呈增长趋势，其中景观形状指数值从 142.76 上升到 195.48，增加了 36.93%；边缘密度由 87.96m/hm² 上升到 121.25m/hm²，增加了 37.85%；斑块密度从 2.18 个/100hm² 上升到 5.54 个/100hm²，增加 154.13%。景观形状指数、边缘密度增加说明生活型农业景观形状越来越复杂。

（3）聚集度指数。生活型农业景观的结合度指数、分离度指数、聚集度指数均表现出下降—下降—上升的趋势，说明生活型农业景观间的连通性减弱。

3. 生态型农业景观变化分析

（1）面积指数。2005—2020 年，生态型农业景观面积指数中斑块类型面积增加、最大斑块面积指数下降、景观百分比增加。其中，斑块面积由 214711.10hm² 增加到 214893.20hm²；景观百分比由 71.37%增加到 71.88%，增加了 0.51%；最大斑块面积指数由 67.89%下降至 66.74%，下降了 1.15%。这些指数变化说明研究期内石柱县生态型农业景观面积变化相对稳定，景观百分比略有增加，且其所占比例在三个时期均为最高，在 71%以上，说明生态型农业景观一直是石柱县的优势景观类型。

（2）形状指数。形状指数中景观形状指数和边缘密度上升。其中，景观形状指数从 316.86 增加到 346.88，增加 30.02；边缘密度由 36.66m/hm² 增加到 47.31m/hm²，增加了 29.05%。生态型农业景观形状指数和边缘密度的增加说明景观形状趋于复杂、不规则，景观保存不完整，连通性变差。

（3）聚集度指数。景观集聚程度中斑块数量增加，而分离度指数、聚集度指数均呈下降趋势。其中，斑块数量上升为16552个，增加了152.32%，表明石柱县生态型农业景观的破碎化程度越来越高；分离度指数总体上呈稳定状态，而聚集度指数由96.6161下降到96.0348，说明聚集程度减少。这些指数变化说明石柱县2005—2020年生态型农业景观破碎化程度加剧。

4. 拓展型农业景观变化分析

（1）面积指数。2005—2020年，拓展型农业景观面积指数中斑块类型面积、最大斑块面积指数和景观百分比增加。其中，斑块类型面积由1746.10hm^{2}增加到2106.11hm^2；最大斑块面积指数由0.05%上升至0.10%。斑块类型面积、最大斑块面积指数、景观百分比均呈现增加趋势，说明在这一时期拓展型农业景观面积增加，这一增加趋势在2005—2010年最为显著，因为拓展型农业景观主要包括果园、茶园、风景名胜及特殊用地、水库水域等景观类型，表明石柱县这些类型农业景观用地面积增加，可能原因是随着2005年后石柱县经济的发展，休闲观光农业、特色农业产业得到大力发展。

（2）形状指数。2005—2020年，拓展型农业景观形状指数、边缘密度和斑块密度均呈上升态势。其中，景观形状指数从38.63增加到47.89，增加了9.26；边缘密度由2.15m/hm^{2}增加到2.94m/hm^2；斑块密度由0.16个/100hm^{2}上升到0.42个/100hm^2。形状指数和边缘密度、斑块密度的增加均表明拓展型农业景观形状趋于复杂，分布较为零散。

（3）聚集度指数。拓展型农业景观聚集程度指数中，结合度指数先降后升，分离度指数趋于1，聚集度指数呈下降趋势。这些指数的变化表明2005—2020年石柱县拓展型农业景观分布一直非常零散和不规则。

综上所述，2005—2020年石柱县的农业景观变化呈现如下特征。

其一，各类景观中，从面积指数来看，生态型农业景观的斑块类型面积、平均斑块面积最大，生产型农业景观居次；从斑块密度来看，生态型农业景观值最大，说明其破碎化程度最大，其受到人类活动干扰程度最高。从景观百分比来看，生态型农业景观值最高，生产型农业景观其次，可见研究区内生态型农业景观、生产型农业景观占优势。生产型农业景观波动较明显，生态型农业景观波动一般。综合比较，研究区的农业景观格局出现了明显变化，表现出显著的破碎化趋势。生活型农业景观面积占比在四种景观类型中仅大于拓展型农业景观，但平均斑块面积最小，最大斑块面积指数也较小，说明生活型农业景观比较分散。拓展型农业景观在四种景观类型中所占面积比例最小，斑块密度和最大斑块面积指数最小，说明其空间分布也相对分散。

其二，2005—2020 年，石柱县农业景观类型中，生产型农业景观面积下降，生活型、拓展型和生态型农业景观面积增加。各类农业景观形状趋于复杂，生产型和生活型农业景观趋于破碎化，而生态型和拓展型农业景观的分离度指数趋于 1，说明景观分布零散和破碎。从时间角度来看，2005—2010 年生产型和生态型农业景观的景观形状指数和破碎化变化程度最大。

4.4 石柱县农业景观格局的地形梯度分异特征

地形是自然环境中能直接影响地表景观物质和能量流动与转化的重要因素（龚文峰等，2013），地形特征在一定程度上决定地表景观利用的方式和方向（崔步礼等，2011）。梯度是指沿着某个主导驱动因素，景观特征在地形梯度上有规律地逐渐变化的空间特征（李明珍等，2020），可以揭示不同的农业景观类型所表现出的空间差异规律。本书采用 ArcGIS 10.2 和 Fragstasts 4.2 软件，量化分析农业景观格局随地形梯度的变化。

4.4.1 景观类型变化图谱

按照第 3 章理论阐释的研究方法，对研究区的农业景观类型进行组合运算,一共获得122种图谱,将图谱变化模式概括为6种类型(李京京等,2016)。(1)前期变化型。在2005—2010年发生变化,但在2010—2020年未发生变化。(2)稳定型。在2005年、2010年、2015年、2020年均未发生变化。(3)持续变化型。2005—2020年四期景观类型均不相同;至少发生2种类型的变化,2005年和2020年景观类型不同。(4)中间过渡型。2010—2015年发生变化。(5)后期变化型。2005—2015年未发生变化,但在2015—2020年发生变化。(6)反复变化型。2005—2020年至少有2种转化,且2005年和2020年类型相同。石柱县6种变化类型的具体情况如表4-15所示。

表4-15 研究区农业景观格局变化图谱分析

图谱变化类型	占总面积比例（%）	主要变化图谱演变型	面积/hm²
稳定型	87.25	生态—生态—生态—生态（3333）	197577.70
		生产—生产—生产—生产（1111）	56373.00
前期变化型	11.76	生产—生态—生态—生态（1333）	14295.29
		生态—生产—生产—生产（3111）	14191.70
持续变化型	0.03	生产—生态—生态—生活（1332）	26.95
		生态—生产—生产—生活（3112）	25.05
后期变化型	0.45	生产—生产—生产—生态（1113）	873.45
		生产—生产—生产—生活（1112）	209.80
中间过渡型	0.28	生产—生产—生活—生活（1122）	309.14
		生活—生活—生产—生产（2211）	283.48
反复变化型	0.22	生态—生产—生产—生态（3113）	571.38
		生态—拓展—生产—生态（3413）	55.49
总计	100	—	—

(1) 稳定型图谱。2005—2020年，农业景观变化模式以"稳定型"为主，面积为260738.88hm²，占总面积的87.25%。其中，以"生态—生态—生态—生态（3333）"和"生产—生产—生产—生产（1111）"图谱为主。3333图谱型占稳定型类型面积的75.78%，说明石柱县生态型农业景观面积相对稳定。生产型农业景观面积达56373.00 hm²，居其二，再次表明石柱县2005—2020年以生态型和生产型农业景观为主。

(2) 前期变化型图谱。2005—2020年，农业景观前期变化型面积为35132.06hm²，占总面积的11.76%，图谱类型以"生产—生态—生态—生态（1333）"和"生态—生产—生产—生产（3111）"为主，表明这时段存在生产型和生态型农业景观互转现象。

(3) 持续变化型图谱。该类型面积最小，为97.16hm²，仅占总面积的0.03%。其中，以"生产—生态—生态—生活（1332）"和"生态—生产—生产—生活（3112）"图谱为主，说明这一时期退耕还林政策推动了生产型农业景观向生态型农业景观转化，这些变化模式直接体现了随着人口压力不断增加，在经济利益的驱动下，人们加大了对生态型农业景观、生产型农业景观的改造、利用，导致部分地区生态环境出现退化。

(4) 中间过渡型图谱。该类型面积为842.01hm²，所占面积比例较少，仅为0.28%，但"生产—生产—生活—生活（1122）"图谱的面积最大，为309.14hm²，占该变化类型的36.71%，再次表明生产型农业景观向生活型农业景观转化的趋势。

(5) 后期变化型图谱。该类型面积为1353.21hm²，占总面积的0.45%。其中，以"生产—生产—生产—生态（1113）""生产—生产—生产—生活（1112）"图谱为主，面积达到873.45hm²和209.80hm²。在生产型农业景观资源不断减少的趋势下，石柱县农村剩余劳动力向城镇不断转移，推动了生产型农业景观向生态型、生活型、拓展型农业景观的转化。生产型农业景观向生活型农业景观或拓展型农业景观转化，促进了对生产型农业景观的开发利用，在工业园区和科技园区尤为突出，"生产—生活"的转化直接说明了粮食安全和城镇建设用地之间的矛盾。

（6）反复变化型。反复变化型农业景观面积为 667.41hm²，占总面积的 0.22%。其中，以"生态—生产—生产—生态（3113）"为主要变化类型，"生态—拓展—生产—生态（3413）"紧跟其后。由此可见生产型和生态型农业景观之间反复转化是该图谱的主要变化类型。这是人口压力下生产型农业景观（耕地）开发、退耕还林政策导向以及石柱县康养经济发展战略共同作用的产物。

总之，研究区的农业景观利用类型以生态型、生产型农业景观为主。一方面由于经济发展，生态型农业景观被开发为生活型农业景观或生产型农业景观，生态型农业景观遭受一定的破坏，但随着退耕还林政策和生态文明建设的实施，部分生产型农业景观转化为生态型农业景观。此外，随着城镇化的推进，生产型农业景观也在向生活型农业景观、生态型农业景观和拓展型农业景观转化。

4.4.2 农业景观变化图谱与地形梯度

基于 ArcGIS 10.2 软件的自然断点分类方法，参照以往研究成果（孙丕苓，2014），本书对地形位指数进行重分类，分成 10 级，其中 1~3 级为低地形梯度等级，4~6 级为中低地形梯度等级，7~9 级为中高地形梯度等级，10 级为高地形梯度等级。将地形梯度分级图与农业景观类型变化图谱叠加，进而计算农业景观类型图谱的地形梯度分布，有助于理解农业景观格局随地形分布格局的变化，进而探寻农业景观类型图谱与地形位梯度间的关系。

1. 不同等级地形位指数的分布

由表 4-16 可以得知，研究区内地形梯度以中低、中高等级为主，面积占比 81.70%；低等级次之，占比 13.78%，高等级面积最小，占比 4.52%。等级分布上主要分布在 4~8 级地形梯度上，面积占比分别为 12.58%、14.62%、15.94%、15.43%和 13.64%。

表 4-16 地形位分级区间和面积统计

地形梯度（级）		分级区间	面积/hm²	面积占比（%）
低	1	<0.494	4395.61	1.47
	2	0.495~0.747	12753.74	4.27
	3	0.748~0.943	24021.88	8.04
中低	4	0.944~1.112	37590.89	12.58
	5	1.113~1.261	43681.50	14.62
	6	1.262~1.411	47645.18	15.94
中高	7	1.412~1.561	46097.63	15.43
	8	1.562~1.719	40759.23	13.64
	9	1.720~1.888	28360.38	9.49
高	10	1.889~2.500	13517.92	4.52

2. 农业景观变化图谱在地形梯度上的特征

从各级地形位图谱类型分布指数图（图 4-2）可知，前期变化型、中间过渡型的变化趋势相似，地形位指数等级 1~2 级是优势分布区，分布指数均大于 1，前期变化型在 2 级时分布指数最大，中间过渡型的分布指数在 1 级时为最大，之后随级别的增加而减小，但中间过渡型在 9~10 级又呈现一个

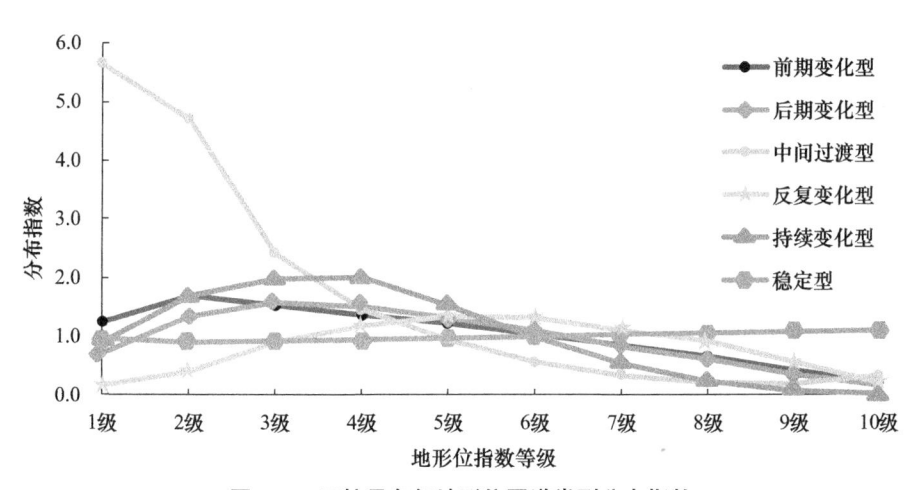

图 4-2 石柱县各级地形位图谱类型分布指数

略微增长的趋势。持续变化型、后期变化型的分布趋势相似，地形位指数在1~3级时出现持续增长，之后随着级别的增加而减少。反复变化型的分布指数在1~6级一直呈现增长趋势，在6级时最大，之后呈现减少趋势，且在3~7级都大于1，在一定程度上说其分布具有明显的区域特征。稳定型的分布指数相对稳定，在1~5级时呈现上升趋势，在5级时接近于1，总体上呈下降趋势。

在定量分析农业景观图谱类型与地形梯度之间相互关系的基础上，进而计算最大图谱演变类型的地形位分布指数，以及探索不同地貌部位的自然因素和人类活动对农业景观类型的影响程度，有助于深入理解农业景观格局变化的时空演变规律。分析表4-17可以得出以下结论。

（1）前期变化型："生产—生态—生态—生态（1333）"在1~4级地形位的分布指数较大，分布优势度大于1，在2级地形位的分布优势度最大，为2.16。在退耕还林政策的驱动下，对长江上游生态屏障区的耕地进行退耕，以减少对石柱县长江上游生态系统的干扰，有利于保护区域生态系统的安全。5~10级地形位最大图谱变化的类型是"生态—生产—生产—生产（3111）"，随着地形梯度上升该图谱的分布指数下降，在10级下降为最低，为0.26，说明该图谱变化随地形位的增加，生产型农业景观呈劣势分布。

（2）后期变化型："生产—生产—生产—生态（1113）"变化模型的优势分布区为3~6级，1~2级和7~10级为劣势分布区，说明中低和中高地区是生产型农业景观向生态型农业景观转化的主要区域。

（3）中间过渡型："生产—生产—生活—生活（1122）"变化模型的优势分布区为1~2级，5级为劣势分布区；"生活—生活—生产—生产（2211）"变化模型的优势分布区为3~4级，6~7级为劣势分布区；"生态—生态—拓展—拓展（3344）"变化模型分布在8~10级，分布指数随着地形梯度升级而上升，8~9级为劣势分布区，10级为优势分布区，说明生产型农业景观和生活型农业景观相互转化，生产型农业景观转化为生活型农业景观主要发生在人类活动频繁的低海拔区域（1~2级），生活型农业景观向生产型农业景观转化主要发生在中低和中高级梯度地区（3~4级，6~7级），而随着人们生活发展和社会经济发展，高级地形梯度的生态型农业景观向拓展型农业景观转化。

（4）反复变化型："生态—生产—生产—生态（3113）"变化模型的优势分布区是4~8级，分布指数都在1以上，1~3级和9~10级是该变化模型的劣势分布区。

（5）持续变化型："生产—生态—生态—生活（1332）"的优势分布区在1~4级，说明在中低地势区也存在以耕地或坑塘水域为主的生产型农业景观与以林地或草地为核心的生态型农业景观之间的相互转化。"生态—生产—生产—生活（3112）"的优势分布区在5~6级，分布指数随地形梯度上升而下降，7~9级为"生态—生产—生产—生活（3112）"劣势分布区。10级最大变化图谱为"生态—生活—生活—生产（3221）"，但为劣势分布区。

（6）稳定型："生产—生产—生产—生产（1111）"变化模型主要分布在1~3级，分布优势明显。"生态—生态—生态—生态（3333）"图谱的优势分布区为6~10级，分布优势向中高地形集中，4~5级为"生态—生态—生态—生态（3333）"的劣势分布区。

表4-17 石柱县地形位梯度最大图谱变化类及分布指数

地形位指数等级	前期变化型		后期变化型		中间过渡型		反复变化型		持续变化型		稳定型	
	最大图谱变化类型	分布指数	最大图谱变化类型	分布指数	最大图谱变化类型	分布指数	最大图谱变化类型	分布指数	最大图谱变化类型	分布指数	最大图谱变化类型	分布指数
1	1333	1.92	1113	0.41	1122	12.34	3113	0.09	1332	1.36	1111	2.59
2	1333	2.16	1113	0.83	1122	7.01	3113	0.31	1332	2.92	1111	2.77
3	1333	1.80	1113	1.26	2211	2.26	3113	0.73	1332	2.59	1111	2.39
4	1333	1.42	1113	1.32	2211	1.97	3113	1.05	1332	1.84	3333	0.67
5	3111	1.28	1113	1.28	1122	0.57	3113	1.28	3112	1.58	3333	0.89
6	3111	1.23	1113	1.21	2211	0.84	3113	1.29	3112	1.08	3333	1.06

续表

地形位指数等级	前期变化型 最大图谱变化类型	分布指数	后期变化型 最大图谱变化类型	分布指数	中间过渡型 最大图谱变化类型	分布指数	反复变化型 最大图谱变化类型	分布指数	持续变化型 最大图谱变化类型	分布指数	稳定型 最大图谱变化类型	分布指数
7	3111	0.86	1113	0.99	2211	0.43	3113	1.22	3112	0.78	3333	1.20
8	3111	0.86	1113	0.75	3344	0.60	3113	1.04	3112	0.36	3333	1.30
9	3111	0.58	1113	0.46	3344	0.95	3113	0.65	3112	0.13	3333	1.39
10	3111	0.26	1113	0.21	3344	2.03	3113	0.23	3221	0.08	3333	1.46

注："最大图谱变化类型"中的1为生产型，2为生活型，3为生态型，4为拓展型。

3. 不同农业景观类型在地形梯度上的分布

由图4-3可知，除生态型农业景观外，其他三种农业景观类型在四个时期地形梯度的优势分布区段基本一致。其中，生产型农业景观在四个时期变化幅度不大，总体曲线在2005年变化速度稍微快一些，其优势分布区域为1~5级，分布指数为1.0~1.6，表明生产型农业景观的分布指数随地形位指数等级的升高而降低，这种变化说明随着社会经济发展和人口增长，原有的生产型农业景观被其他景观占用，因而导致生产型农业景观分布向高程和坡度较高的地形位移动。生态型农业景观分布指数随地形位指数等级升高而增加，生态型农业景观的分布逐渐向高地形位拓展，分布指数在四个时期仅有小幅变化，曲线形态相近，优势分布区域为5~10级。生活型农业景观在研究期内，分布指数的变化幅度和发展趋势基本相同，优势分布区保持在1~5级，分布指数为1.0~1.6；生活型农业景观主要分布在低、中低等级地形梯度上，说明生活型农业景观受地形位条件影响。拓展型农业景观的分布指数在2005年变化较快，这一时期优势分布区段为1~5级，2010年、2015年、2020年变化趋势基本一致，变化趋势较慢，分布指数在5~10级有所增加，优势分布区也同时向较高地形位拓展。

(a) 生产型农业景观

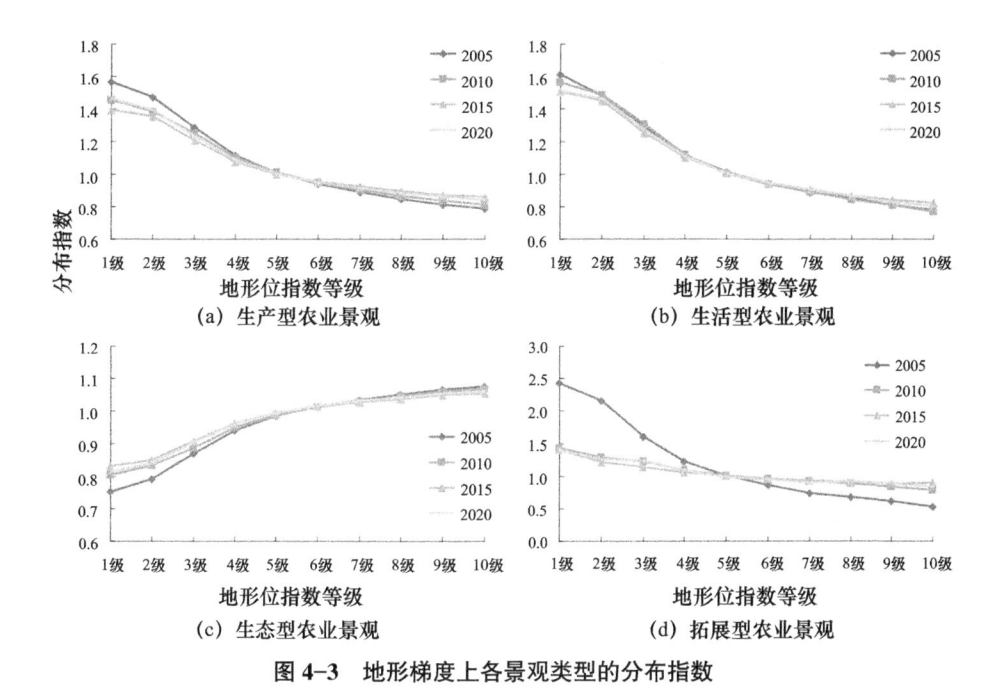

(b) 生活型农业景观

(c) 生态型农业景观

(d) 拓展型农业景观

图 4-3 地形梯度上各景观类型的分布指数

4.4.3 景观格局随地形位梯度的变化

由图 4-4 可知，斑块数量、斑块密度、景观形状指数均随地形位梯度增加呈现总体先上升后下降的趋势，说明研究区农业景观破碎化程度随着地形位梯度的增加呈下降趋势；而斑块数量和斑块密度值在 1~7 级地形位不同时期差值较为明显，说明石柱县景观格局破碎化程度逐年上升，破碎化现象主要发生在中低等级地形位梯度区间。边缘密度随地形位梯度增加呈下降趋势，2010—2020 年边缘密度在地形位梯度上的变化趋势一致，与 2005 年在 1~6 级地形位差值较为明显。边缘密度的峰值出现在 1 级地形位上，然后随地形位梯度增加呈下降趋势，说明研究区农业景观随着地形位梯度的上升形状越来越规则。而景观形状指数在 2 级地形位梯度上出现峰值，最大斑块面积指数呈总体先下降后上升趋势，2~3 级地形位梯度区间降至最低，然后随着地形位梯度的增加而增加，10 级增加到最大值。且在 2010 年、2015 年、2020

年三个时期变化趋势相一致，差异较少，2005年与这三个时期有差异较大。蔓延度指数随地形位梯度增加而上升，1~6级变化相对平缓。聚合度指数、结合度指数的变化图谱相似，总体变化趋势呈现先下降后上升的趋势，说明石柱县农业景观随着地形位梯度增加，聚集程度越高。分离度指数则在2005年呈现略微上升然后下降趋势，在2010年、2015年、2020年变化图谱则呈现持续下降趋势，在1~6级变化相对平缓，起伏不大。

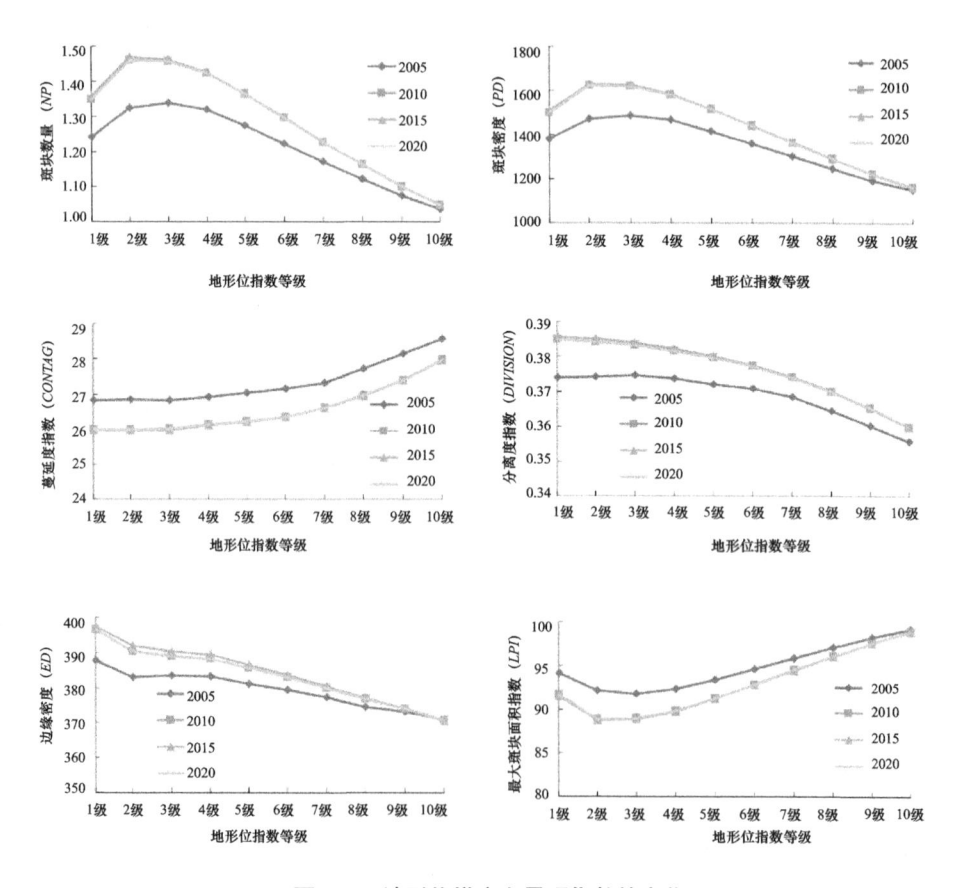

图4-4 地形位梯度上景观指数的变化

图 4-4　地形位梯度上景观指数的变化（续）

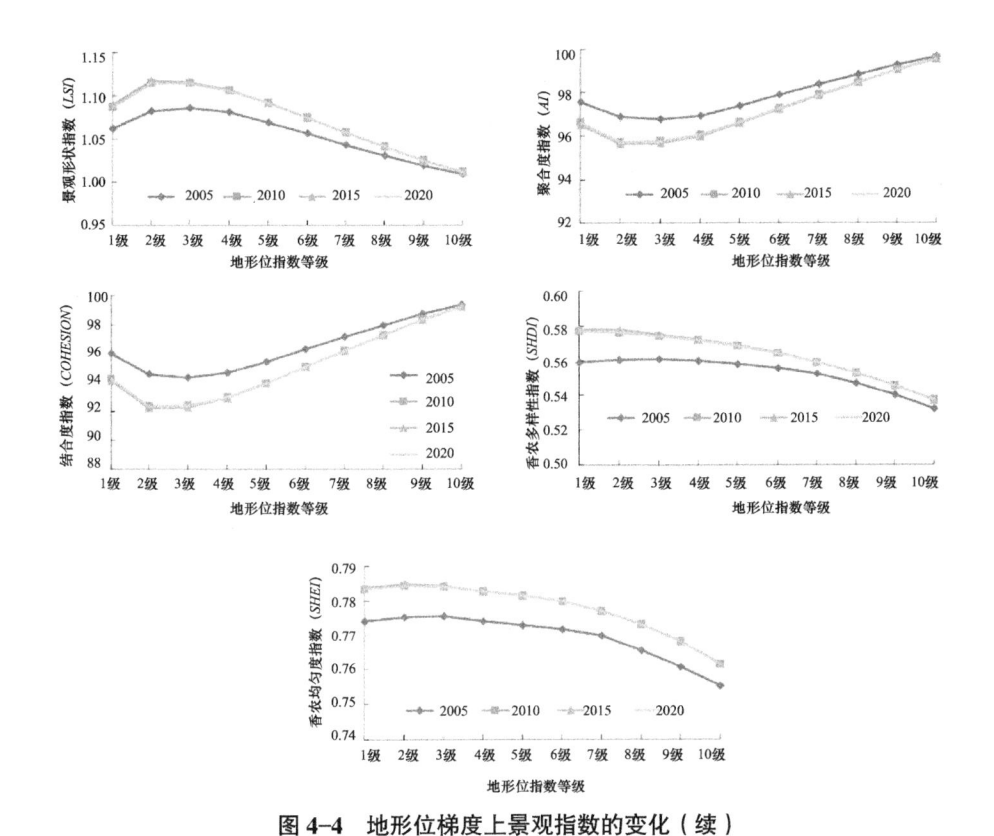

对四个时期进行比较可以得知，2005 年研究区农业景观的破碎程度要低于 2010 年、2015 年、2020 年三个时期，随着地形位梯度的增加，四个时期的农业景观破碎化程度呈下降趋势。

香农多样性指数、香农均匀度指数随着地形位梯度增加呈先略微上升然后总体下降趋势，数值在 2005 年最低，其他三个时期保持基本稳定，说明研究区景观异质性后三个时期与 2005 年有很大的差异，景观类型表现更多的多样化，地形位梯度越高的区域则表现出更为显著的单一性。

4.5 本章小结

本章分别从景观结构、景观转移矩阵、景观格局指数变化等角度对石柱县农业景观格局演变进行分析。

（1）研究区内主要以生态型和生产型农业景观为主；2005—2020年生活型和拓展型农业景观呈持续增加趋势，生产型农业景观呈持续下降趋势，生态型农业景观呈"V"形波动变化趋势。2005—2020年，各类农业景观类型的转移较复杂，景观格局指数变化反映出石柱县农业景观破碎化趋势显著，由于土地利用强度和方式的改变，农业景观斑块数量总体呈下降趋势，平均斑块面积持续下降，斑块数量持续上升，农业景观破碎化程度逐步加大，可见人类活动和国家政策对农业景观的影响较明显。

（2）研究期内研究区的各类农业景观在不同空间表现出不同的变化趋势。西南部城镇区农业景观呈"两增两减"态势，生产型和拓展型农业景观锐减，生活型和生态型农业景观增加。东部旅游区农业景观呈"一减三增"态势，生态型农业景观呈下降趋势，生产型、生活型和拓展型农业景观呈上升趋势。南部生态区农业景观呈"一增两减一稳"态势，生产型、生活型农业景观呈上升趋势，生态型农业景观呈下降趋势，拓展型农业景观基本稳定。北部农业区农业景观呈"三增一减"态势，以生产型和生态型农业景观为主，生产型呈下降趋势，生态型、生活型和拓展型农业景观呈上升趋势。

（3）研究区内农业景观主要分布在4~8级地形位梯度上，以稳定型和前期变化型为主，主要变化类型为中低地形位梯度下生产型农业景观与其他类型的转化。前期变化型、中间过渡型的变化趋势相似，地形位指数1~2级是优势分布区；持续变化型、后期变化型的分布趋势相似，地形位指数在1~3级时为优势分布区；反复变化型在1~6级为优势分布区；稳定型在1~5级为优势分布区。

（4）从景观变化信息图谱的地形位梯度可知各地形位梯度区农业景观利用结构变化趋势及方向。石柱县生产型农业景观分布在 1~5 级地形位区域，生活型农业景观分布在低、中低等级地形位上；该区域为人类活动的聚集区域，生态型农业景观主要分布在 5~10 级地形位区域；拓展型农业景观的优势分布区域在 1~5 级地形位区域，随着时间推移，优势分布区逐渐向较高地形位拓展。农业景观的保护与管理及优化调控工作，应考虑农业景观在地形梯度上所表现出来的特征。

（5）石柱县农业景观随地形位指数的增加，景观整体破碎度下降，斑块间连接度和聚集度逐渐提升，景观形状趋于单一化，在高地势区单一景观较为显著。

第5章
石柱县农业景观脆弱性时空变化

农业景观是人类经济活动的重要平台,不仅具有社会、经济、文化、美学、生态等多重价值,也是人类与地方和自然关系发展的重要载体(王崑等,2017;鲍梓婷和周剑云,2015),是实现农业发展多种目标的重要媒介。任何一个景观都不是绝对稳定的存在,都存在一定的脆弱性与不稳定性,由于景观组成要素的不同,不同的景观系统会表现出不同的脆弱性。景观脆弱性是农业景观格局演变对环境、社会、经济的一种响应,所以对农业景观脆弱性问题的研究也是景观格局演变研究的逻辑延续。基于第 3 章理论基础和第 4 章农业景观时空演变分析,本章将对石柱县农业景观脆弱性进行评价,分析石柱县农业景观脆弱性的时空变化,并探讨农业景观脆弱性的空间特征和类型特征,为景观格局的优化和保护奠定基础。

5.1 石柱县农业景观脆弱性评价方法

脆弱性最初意在描述景观生态稳定性降低的脆弱表现,并成为景观要素在外界扰动和压力下所表现的敏感性和缺乏适应能力的相对度量（赵文武和房学宁，2014），系统受到外界环境干扰及适应力欠缺所导致的结构和功能受损的状态（何清清等，2019）。农业景观脆弱性是农业景观在自然环境和人类活动双重干扰下导致景观系统的结构和功能易受到损害的一种状态。因受外力导致容易破碎，或者自身不稳定而造成农业景观的不稳定以及易损性的性质即为"农业景观脆弱性"。石柱县地处西南山地，地貌类型复杂，是典型的生态脆弱区域；作为长江经济生态区的重要组成区域，其生态环境的变化对社会经济的可持续发展有着重要影响。本书基于暴露度—敏感性—适应能力的模型构建脆弱性评价指标体系，并对石柱县农业景观的脆弱性进行评价。

5.1.1 定量测度模型

前文阐释了农业景观脆弱性的内涵和分析框架，定量测度农业景观脆弱性是农业景观脆弱性研究的核心和基础。学界对景观脆弱性评价做了大量研究，建立了适应不同区域和不同景观的脆弱性评价指标体系，如邹君等（2018）对传统村落景观脆弱性进行测度，运用了综合理论分析和专家咨询等方法从内部结构和外部扰动两方面构建了定量评价指标体系；于婷婷等（于婷婷等，2019；冷红等，2018）构建了乡村景观脆弱性测度，主要从暴露性、敏感性、适应性三个维度在生态、环境、土地利用、经济和社会环境等脆弱性因素中筛选了评价指标体系；邓亚东等（2020）从本体脆弱性、自然脆弱性、人为脆弱性三个方面构建了旅游洞穴景观脆弱性评价指标体系；也有学者探讨景观格局脆弱性，如孙才志等（2014）研究了下辽河平原景观格局脆弱性，通过景观敏感度指数、景观适应度指数构建景观脆弱度指数，任志远和张晗（2016）、张月等（2016）、孙鸿超和张正祥（2019）运用景观格局脆弱度指数评价银川盆地、艾比湖流域、吉林省松花江流域的景观格局脆弱性，Hossell et al.（1993）探讨了景观的敏感性，Miles et al.（2001）解释了景观的敏感性。本书在参考景观脆弱性的概念和内涵以及借鉴前人研究基础上（何艳冰等，2016），用农业景观脆弱性指数 *AVD*（Agricultural-landscape Vulnerable

Degree）来表征农业景观脆弱性的高低，在对农业景观脆弱性的评价中，暴露度（EI）与农业景观脆弱性呈正比关系，即暴露度越大，农业景观越脆弱；敏感性（SI）反映的是农业景观本身的特性，因此其与农业景观脆弱性具有乘数效应；适应能力（AI）越弱，则农业景观越脆弱。采用函数模型构建了农业景观脆弱性评价模型，农业景观脆弱性被解释为暴露度、敏感性和适应能力的函数，公式如下：

$$AVD = \{EI, SI, AI\} = (EI - AI) \times SI \qquad (5-1)$$

式中：AVD 为农业景观脆弱性（综合）指数；EI 为农业景观暴露度；SI 为敏感性；AI 为农业景观适应能力。暴露度和敏感性与农业景观脆弱性呈正相关，适应能力与农业景观脆弱性呈负相关。其中，AVD 的取值范围为（-1，1），其余各项通过加权求和法求取，公式分别为：

$$EI = \sum_{j=1}^{9} W_{ej} X_{eij} ; \quad SI = \sum_{j=1}^{6} W_{sj} YX_{sij} ; \quad AI = \sum_{j=1}^{6} W_{aj} X_{aj} \qquad (5-2)$$

式中：W_{ej}、W_{sj}、W_{aj}、X_{eij}、X_{aj} 分别为各维度指标的权重和标准化值；n 为各维度指标数量，EI、SI、AI 分别代表暴露度、敏感性和适应能力，取值范围为（0，1）。

5.1.2 评价指标体系

1. 指标筛选原则

农业景观是一个由多种景观要素共同构成的统一整体，并且受到自然条件和人类干扰的双重影响，各因素之间彼此相互作用，共同影响农业景观生态系统的稳定性。为了有效评估其脆弱性，在选取农业景观脆弱性评价指标时，本书主要遵循以下原则。

（1）全面性原则。

全面性原则是指在选择农业景观脆弱性评价指标时，既要考虑影响农业景观脆弱性的各个方面，也要覆盖农业景观的生态、环境、资源、土地利用、社会经济等各个层面，实现评价因素的全面性。

（2）科学性原则。

科学性原则是指在进行农业景观脆弱性评价时，按客观规律选取指标因素，正确处理数据来源的主观与客观、理论与实践之间的关系。同时以先进的科学理论为指导，运用一定的研究方法来观察、认识和实施具体的评价，以保证评价结果的科学可靠。

（3）主导性原则。

主导性原则是指在进行评价指标选取时，考虑对农业景观脆弱性起主要影响的因素，以反映其对农业景观脆弱性的重要影响。

（4）可获得性原则。

在评价景观脆弱性时，尽管有些因素对脆弱性影响较大，但是难以量化和获得，可以忽略或者不予选取。

2. 确定指标体系

指标体系是评价的基础，涉及众多因素，综合已有研究（于婷婷等，2019），建立景观脆弱性评价指标体系通常从暴露度、敏感性、适应能力三个维度出发，在生态、环境、资源、土地利用、社会经济等脆弱性因素中筛选评价指标。国内外学者从景观格局评价、驱动力-压力评价、影响-响应评价进行景观脆弱性评价。乡村景观脆弱性是景观脆弱性在乡村地域范围的自然延伸，应充分考虑不同景观脆弱性评价指标以及城乡人地耦合脆弱性评价的优、劣势（冷红等，2018）。农业景观脆弱性与乡村景观脆弱性处于同一逻辑景观体系，因此，乡村景观脆弱性评价指标是本书进行农业景观脆弱性指标体系构建的理论来源和逻辑依据。为充分反映石柱县农业景观脆弱性的空间分布和时间演变规律，结合研究区的具体实际情况，本书主要从暴露度、敏感性、适应能力三个维度进行评价，以乡镇为评价单元，构建农业景观脆弱性综合评价指标体系（表5-1）。

（1）暴露度。

暴露度反映农业景观系统受到外界干扰的程度。暴露度是与脆弱性紧密相关的指标，并能直观展示农业景观的脆弱性，反映农业景观系统受外界胁迫的程度。暴露度强弱取决于外力胁迫事件本身的特征（如灾害发生的频率与强度）和系统本身特性（如与受灾体的数量与质量有关）（温晓金等，2016），暴露风险主要来源于自然环境和人类活动。

农业景观暴露度指农业景观暴露在自然地理环境中所受到的不利干扰的程度；农业景观暴露度可能与生态自然环境高度相关，同时也可能受到政策导向、发展阶段、城市规划等多种因素影响。石柱县属生态脆弱地区，地势高、坡度大、降水量充沛，灾害性天气时有发生。因此本书在选择农业景观暴露度评价指标时，基于可获得性、科学性、全面性原则，在表征农业景观暴露性上选择地形（高程、坡度）、气候因素（年平均降水量、年平均气温）、到政府驻地的距离、斑块密度、香农多样性、景观破碎度表征。此外，城镇化建设同样可能影响生产型农业景观脆弱性，因此评价石柱县农业景观脆弱性指标时，本书直接以建设用地比重来表征城镇化建设，用来反映石柱县农业景观受到外力干扰的程度。

（2）敏感性。

敏感性最初是用来表达某个或多个因素对经济效果影响的一个词汇，随着研究的不断拓展，敏感性也被用来表达生态系统的不确定性。农业景观的敏感性是指农业景观在外力干扰下被改变或影响的程度，如农业景观面对灾害遭受损失的可能性。本书用敏感性来反映农业景观系统容易受到外界扰动的影响程度。敏感性由农业景观本身的特征所决定，较稳定的农业景观系统一般敏感性低。农业景观敏感性与社会经济敏感性关联性很高。因此本书的敏感性指标主要考虑人口分布及变化指标，如农业人口比重、人口自然增长率、单位耕地农药使用量、单位耕地化肥使用量、第一产业产值占GDP比重、第二产业产值占GDP比重等经济实力指标。

（3）适应能力。

适应能力最先是一个生态学词语，用来表征某种生物在自然选择压力下的生存潜力，后来逐渐演化为个体要素随整体环境变化的性质。本书所述的农业景观适应能力是指农业景观系统对压力的应对和调节能力（Engle，

2011),强调农业景观遭受打击后的恢复能力,因而适应能力的指标选择偏重于描述农业景观未来的可持续发展。例如农业景观适应性与污染治理、植被覆盖率关联度较高,粮食生产、农户生计、节能环保、农村经济能力等在一定程度上影响其适应性。因此在农业景观脆弱性中,适应性反映农业景观系统被动适应、逐渐适应和调整适应外界扰动的能力。本书选择农村经济总收入、农民人均纯收入、森林覆盖率、通汽车村数、自来水受益村数、在校学生人数等指标来表达农业景观的适用性。

3. 指标权重的确定

农业景观是多因素综合作用的复杂生态-文化系统,其脆弱性评价指标之间也存在一定的相关性,所反映的信息有部分重叠,且指标如果选择太多会增加分析问题的复杂程度(李树元,2014)。指标权重对农业景观脆弱性评价至关重要,如何科学、合理地确定指标的权重,将直接影响评价结果的准确性和可靠性。所以,本书在综合前人研究经验(何艳冰等,2016)的基础上,运用层次分析法(AHP)计算指标的权重值,得出农业景观脆弱性评价指标的相对重要性判断矩阵。

(1)数据标准化处理。

不同指标对农业景观脆弱性具有正向和负向作用,当指标值越大,对评价的上一级目标起正向强化作用,定义为"+";当指标值越小,对评价的上一级目标起负向作用,定义为"-"。

正向评价指标公式:
$$X_i^0 = \frac{x_i - X_{i_{\min}}}{X_{i_{\max}} - X_{i_{\min}}} \tag{5-3}$$

负向评价指标公式:
$$X_i^0 = \frac{X_{i_{\max}} - x_i}{X_{i_{\max}} - X_{i_{\min}}} \tag{5-4}$$

式中:X_i^0、$X_{i_{\min}}$、$X_{i_{\max}}$分别为指标 i 的标准化后的农业景观脆弱性评价标准值、农业景观脆弱性评价指标原始最小值和农业景观脆弱性评价指标原始最大值。

(2)评价因素的公因子方差处理。

$$H_j = \sum_{k=1}^{m} \lambda_{jk}^2 \qquad (5-5)$$

式中：H_j 为公因子方差；m 为主成分数量；j 为原指标数量；λ_{jk} 为指标 j 在主成分 k 上的特征值。

（3）权重确定。

本书采用层次分析法进行赋值。层次分析法是指将决策目标分解为目标、准则和方案等层次，在此基础上进行定量与定性相结合分析的决策方法。首先，建立层次结构模型，在本书中分为总目标层、目标层、准则层和指标层。第一个层次为总目标层，在本书中为石柱县农业景观脆弱性综合特征；第二层次为目标层，即暴露度、敏感性、适应能力三个层次；第三个层次为准则层，在本书中是指标的属性；第四层次为指标层，为评价指标体系中所选择的各评价因素，包括年平均降水量等 21 个评价因素。其次，构建判断矩阵，根据同属于一层的指标对上一层的重要性进行两两比较，获得标度系数，构建判断矩阵。再次，计算权重，计算判断矩阵中各标度数值的平均值，然后进行标准化处理，获得指标应对上层目标的贡献率，即权重。获得权重后，仍需对判断矩阵进行一致性检验。经过计算，石柱县农业景观脆弱性指标通过一致性检验的权重计算结果如表 5-1 所示。

表 5-1　石柱县农业景观脆弱性评价指标体系

目标层	准则层	指标层	权重	指标性质
农业景观脆弱性	暴露度	E1 年平均降水量/mm	0.0450	−
		E2 年平均气温/℃	0.0399	−
		E3 高程/m	0.0722	+
		E4 坡度/°	0.1037	+
		E5 斑块密度/（个/km²）	0.1547	+
		E6 香农多样性	0.1111	−
		E7 景观破碎度	0.1707	+
		E8 建设用地比重（%）	0.2202	+
		E9 到政府驻地的距离/km	0.0825	−

续表

目标层	准则层	指标层	权重	指标性质
农业景观脆弱性	敏感性	S1 农业人口比重（%）	0.1041	−
		S2 人口自然增长率（%）	0.0880	−
		S3 单位耕地农药使用量/（kg/hm²）	0.1517	+
		S4 单位耕地化肥使用量/（kg/hm²）	0.1517	+
		S5 第一产业产值占 GDP 比重（%）	0.1999	−
		S6 第二产业产值占 GDP 比重（%）	0.3046	+
	适应能力	A1 森林覆盖率（%）	0.2506	−
		A2 农村经济总收入/万元	0.2506	−
		A3 农民人均纯收入/元	0.2318	−
		A4 在校学生人数/人	0.1147	−
		A5 通汽车村数/个	0.0672	+
		A6 自来水受益村数/个	0.0851	−

注：① 暴露度和敏感性与农业景观的脆弱性呈正相关，指标性质定义为"+"，说明暴露度和敏感性指标值越大，农业景观脆弱程度越高，反之亦然；② 适应能力与农业景观脆弱性呈负相关，指标性质为"−"表明适应能力越强，农业景观脆弱程度越低，反之同理。③ 农业人口比重=农业人口/户籍人口数量。④ 森林覆盖率=林地面积/土地总面积；④ 景观破碎度 $FN=NP/CA$（式中：NP 为斑块数，CA 为斑块类型面积）。

5.1.3 农业景观脆弱性评价

目前关于农业景观脆弱性等级划分尚未形成一致标准，在借鉴乡村脆弱性（杨忍和潘瑜鑫，2021）、城市脆弱性（方创琳和王岩，2015）、生态脆弱性（杨俊等，2018）等研究的基础上，通过计算得到农业景观暴露度 EI、农业景观敏感性 SI 和农业景观适应能力 AI，将结果代入农业景观脆弱性定量测度模型公式 5-1 和公式 5-2 中，计算得出 2005 年、2010 年、2015 年、2020 年石柱县农业景观脆弱性综合指数，将农业景观脆弱性评价结果归一化，根据以 0.02 为等距断裂点将其分为低度脆弱、轻度脆弱、中度脆弱、高度脆弱和重度脆弱 5 个等级（表 5-2）。

表 5-2 石柱县农业景观脆弱性综合测度分级

综合等级	等级	脆弱性指数范围
低度脆弱	1	$x \leq -0.1$
轻度脆弱	2	$-0.1 < x \leq 0.1$
中度脆弱	3	$0.1 < x \leq 0.3$
高度脆弱	4	$0.3 < x \leq 0.5$
重度脆弱	5	$x > 0.5$

通过对各单项指标的加权合计，得出石柱县 2005—2020 年各乡镇的农业景观脆弱性评价结果（表 5-3），研究区四年平均脆弱性等级为低度脆弱占比 15.51%，轻度脆弱占比 65.46%，中度脆弱占比 9.62%，高度脆弱占比 6.85%，重度脆弱占比 2.56%，可知整个研究区农业景观脆弱性水平主要处于轻度脆弱状态。

表 5-3 石柱县 2005—2020 年各个脆弱性等级面积百分比　　（单位：%）

脆弱性等级	2005 年	2010 年	2015 年	2020 年	四年平均
低度脆弱	25.87	0.26	9.69	26.23	15.51
轻度脆弱	58.77	72.74	73.22	57.10	65.46
中度脆弱	6.14	17.34	7.58	7.44	9.62
高度脆弱	9.15	4.05	5.00	9.18	6.85
重度脆弱	0.07	5.61	4.51	0.04	2.56

5.2 石柱县农业景观脆弱性时空变化特征

5.2.1 景观脆弱性时空变化总体特征

研究区农业景观脆弱性等级类型分布相对集中，并随时间呈现"上升—

下降"变化趋势,且呈空间演替变化(图5-1)。从空间上来看,石柱县农业景观脆弱性空间分异明显,呈现由东南部地区向西南部地区逐渐增强然后又向西北下降的趋势。重度、高度脆弱区主要分布在西南城镇区,包括南宾街道、下路街道等乡镇;中度脆弱区与低度、轻度脆弱区呈交错分布的空间布局,主要分布在石柱县的西北、西南和中部地区,包括西沱镇、万朝镇、悦崃镇与三河镇等乡镇。轻度脆弱区面积最广,主要分布在石柱县东部地区、东南地区、东北地区及西南的部分地区,涉及的乡镇与低度脆弱区、中度脆弱区呈交替分布,其中大歇镇、黎场乡、河嘴乡、临溪镇、枫木镇、石家乡、中益乡、沙子镇、三星乡、洗新乡、新乐乡、马武镇一直保持轻度脆弱;低度脆弱区主要分布在西北地区、东南地区、东部地区,包括王场镇、沿溪镇、王家乡、鱼池镇、龙沙镇、三益乡、六塘乡、金竹乡、冷水镇、龙潭乡等乡镇,与2005年相比,2020年脆弱性维持相同的空间格局。石柱县2005年、2010年、2015年和2020年四个时段不同景观脆弱性综合指数可以表明,研究区2005—2020年农业景观脆弱程度呈现出不断变化之势。

1. 农业景观脆弱性不同等级面积变化

2005—2020年,石柱县农业景观脆弱性综合指数空间分布图如图5-1所示。2005—2020年,低度脆弱等级农业景观面积先下降然后上升,呈"V"形变化趋势。其中,2005—2010年低度脆弱等级农业景观面积变化剧烈,呈显著下降趋势;2015年低度脆弱农业景观面积占比为9.69%,2020年低度脆弱农业景观面积占比为26.23%,说明低度脆弱农业景观面积呈"下降—上升—上升"反复变化趋势,总体呈增长趋势。轻度脆弱等级农业景观面积2005—2020年先上升后下降,整体呈略微下降态势。中度脆弱等级农业景观面积先下降后上升,整体呈上升趋势。高度脆弱等级农业景观面积呈先下降、后上升趋势,整体呈较稳定趋势。重度脆弱等级农业景观面积先上升后下降,2005—2015年呈持续剧增,2015年上升为4.51%,2020年又下降。综上可见,石柱县农业景观脆弱性可分为两个阶段,2005—2015年为农业景观脆弱性程度不断加剧阶段;2015年后为农业景观脆弱性程度逐渐降低阶段。

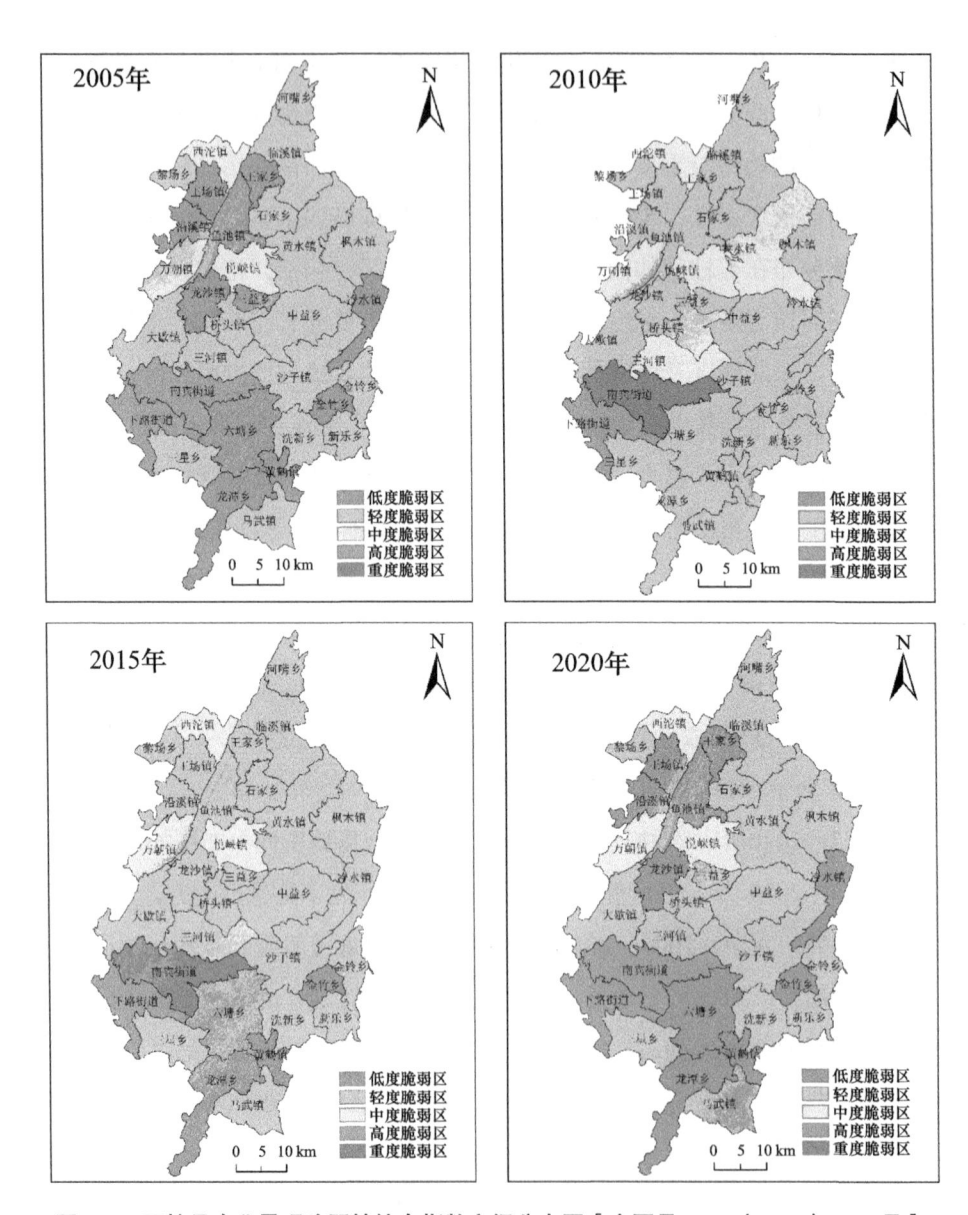

图 5-1 石柱县农业景观脆弱性综合指数空间分布图 [审图号：GS（2019）3333 号]

2. 农业景观脆弱性空间自相关分析

空间自相关分析是地理学的基本方法，主要用来分析观测数据之间的统计分布规律（韦仕川等，2014）以及表征研究对象在空间上是否存在相关性，包括全局空间自相关和局部空间自相关（王法辉，2009）。空间自相关包括离散和聚集两种类型，越离散的地方观测数据的相互依赖性越弱，相关性程度不强，反之相关性程度越强（武红，2015）。本书采用莫兰指数（Moran's I）来度量农业景观脆弱性的空间自相关程度及空间分布特征。

（1）全局空间自相关。莫兰指数的计算公式为

$$I = \frac{n\sum_{i=1}^{n}\sum_{j=1}^{n}w_{ij}(yi-\bar{y})(yj-\bar{y})}{\sum_{i=1}^{n}\sum_{j=1}^{n}w_{ij}\sum_{i=1}^{n}(yi-\bar{y})^2} \tag{5-6}$$

式中：n 为空间单元数据数目；y_i 为空间 i 的属性值；y_j 为空间 j 的属性值；w_{ij} 为空间权重系数矩阵，表征各空间单元邻近关系；I 为全局空间自相关指数，取值范围在 [-1, 1] 区间，当 I>0 时，研究区在空间分布上呈正自相关，呈集聚空间格局，越接近 1 时，其正相关越强，反之，研究区域在空间上存在负自相关，呈离散空间格局，越接近-1，其负相关越强，I 接近 0 时，在空间上呈随机分布。

为了更好地了解石柱县农业景观脆弱性空间分异特征，将 2005—2020 年的 AVD 的 Z 值在 GeoDA 095i 软件中进行空间自相关分析，得出 Moran's I 散点图（图 5-2）。

通过全局空间自相关分析可知，2005—2020 年的莫兰指数均大于 0，Z 得分均大于 1.96，且都存在空间正自相关性（P<0.01），表明该地区的农业景观脆弱性空间表现了显著的空间自相关关系（表 5-4），在空间上存在空间集聚效应，即农业景观脆弱性高的乡镇，其周边邻近的乡镇农业景观脆弱性也高，农业景观脆弱性低的乡镇，周边相邻乡镇的农业景观脆弱性也低。Moran's I 整体上在 2005—2010 年呈现上升趋势，在 2010—2020 年呈现下降趋势，全局来看，Moran's I 在 2005 年最低，为 0.8401；在 2010 年最高，为 0.8527，表明石柱县农业景观脆弱性空间集聚态势越发明显。

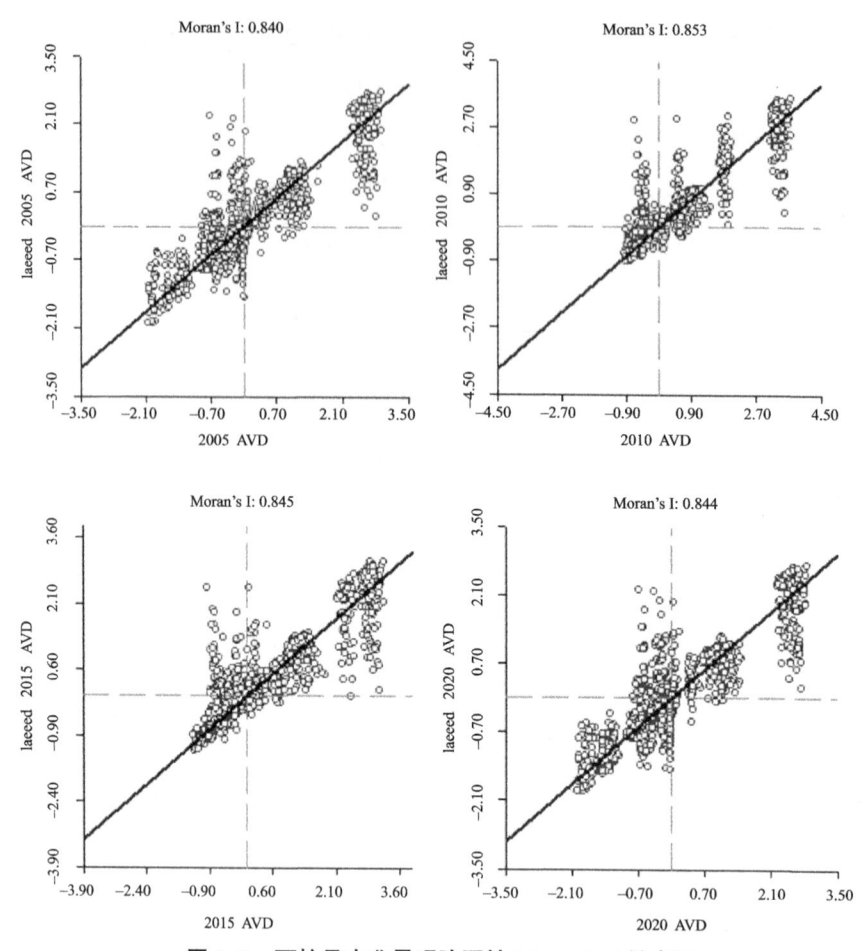

图 5-2　石柱县农业景观脆弱性 Moran's *I* 散点图

注：此图为软件生成图，故变量均自动显示为正体。

表 5-4　2005—2020 年石柱县农业景观脆弱性空间自相关参数

年份	Moran's *I*	Z 得分	期望值	方差	P 值
2005	0.8401	96.5334	−0.0003	0.0087	<0.01
2010	0.8527	87.3300	−0.0003	0.0098	<0.01
2015	0.8447	76.6444	−0.0003	0.0011	<0.01
2020	0.8440	92.7020	−0.0003	0.0091	<0.01

(2) 局部空间自相关。

局部空间自相关主要是用来探测每一个空间单元与邻近单元某一属性的相关程度（武红，2015）。为了揭示石柱县各乡镇农业景观脆弱性空间分布特征，采用 ArcGIS 10.2 空间统计分析工具（聚类和异常值分析，Anselin Local Moran's I）进行局部空间自相关分析，得出如图 5-3 所示结果。根据空间聚集性的四种模式，本书按照高—高自相关模式（H-H）、低—低自相关模式（L-L）、高—低自相关模式（H-L）、低—高自相关模式（L-H）进行分类。由图 5-3 可以得知，石柱县的部分乡镇在空间上呈现集聚性，但有部分表现为非显著型。2005 年，农业景观脆弱性呈高—高自相关模式的地区为西南部城镇区的下路街道和南宾街道，以及北部农业区的悦崃镇和西沱镇；农业景观脆弱性呈低—低自相关模式的为东部旅游区的冷水镇和黄鹤镇，南部生态区的金竹乡、龙潭乡，以及北部农业区的王场镇、龙沙镇、沿溪镇、鱼池镇和王家乡的少部分地区。2010 年，呈高—高自相关模式的主要是西南部城镇区的下路街道和南宾街道，以及北部农业区的万朝镇；农业景观脆弱性呈低—低自相关模式的为东部旅游区的冷水镇，南部生态区的金竹乡、金铃乡、新乐乡、中益乡、三益乡、六塘乡、龙潭乡，北部农业区的沿溪镇、黎场乡、王场镇和王家乡。较前一时期，高—高自相关模式有所转化，低—低自相关模式增加 7 个乡镇；2015 年，高—高自相关模式的区域为西南部城镇区的下路街道和南宾街道，以及北部农业区的万朝镇和西沱镇；低—低自相关模式的区域主要为南部生态区的绝大部分地区，对比 2010 年，高—高自相关模式区域增加了西沱镇，低—低自相关模式区域由东部向南部转移。2020 年，高—高自相关模式的区域为西南部城镇区的下路街道和南宾街道，以及北部农业区的万朝镇；低—低自相关模式的区域主要为南部生态区和东部旅游区，以及北部农业区的沿溪镇、王场镇、黎场乡和王家乡；低—低自相关模式区域略有改变。由此可见，2005—2020 年，高—高自相关模式区域分布在西南部城镇区和北部农业区的西沱镇，表明这些区域内农业景观之间的相关性非常接近且相互作用，并且对人类干扰活动的敏感性十分强。而东部旅游区和

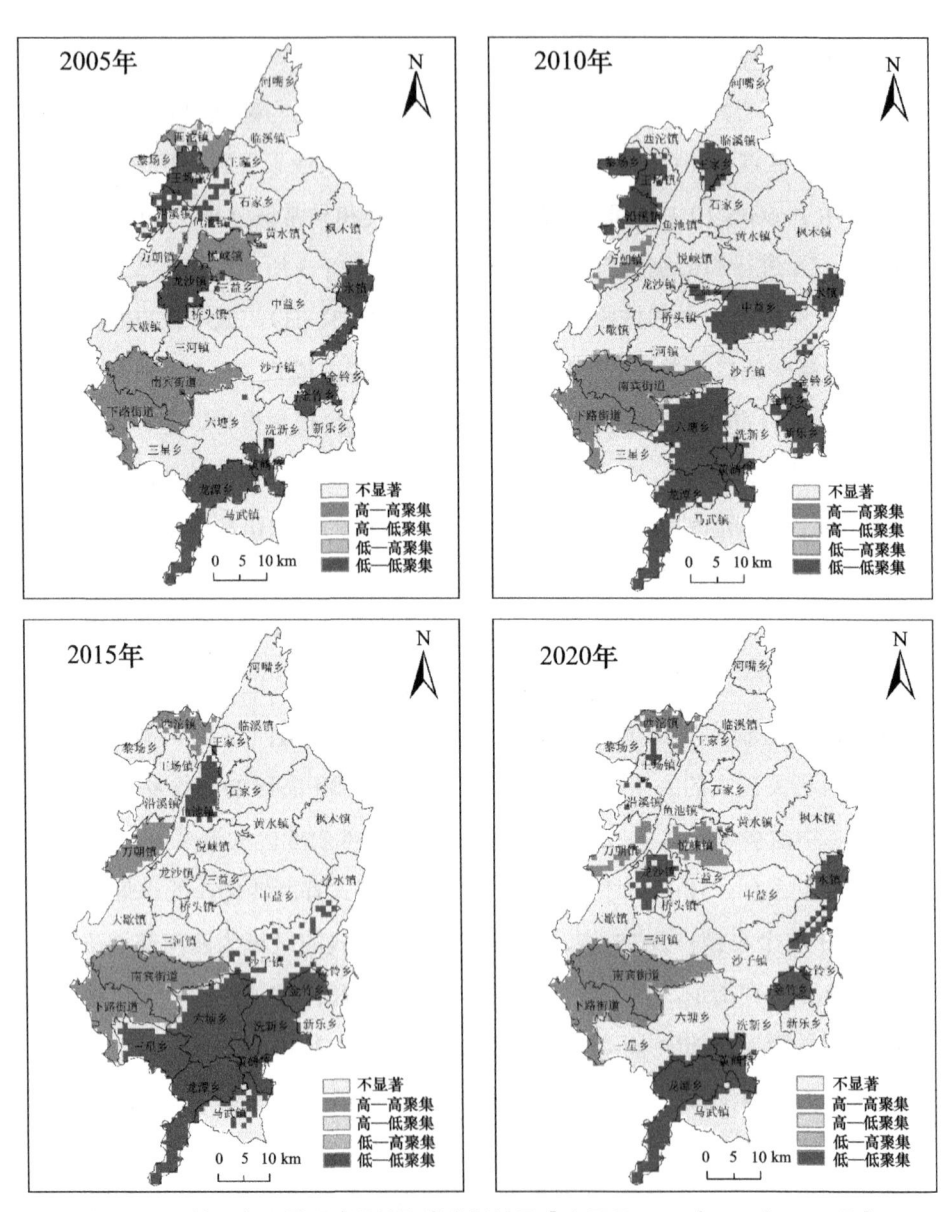

图 5-3 石柱县农业景观脆弱性聚类分析结果 [审图号：CS（2019）3333 号]

南部生态区呈低—低空间自相关模式，人类活动干扰相对较少。高—高自相关模式区域范围呈下降—增加—下降的趋势，表明石柱县农业景观脆弱性缓解后又略有恶化。同时低—低自相关模式区域呈增加—减少—增加的趋势，表明景观脆弱性分布格局变化状态，石柱县脆弱性空间集聚状态逐步稳定。

5.2.2 景观脆弱性不同等级的空间分布特征

通过本章的计算公式分别计算各研究单元的暴露度指数、敏感性指数和适应能力指数，然后将结果代入理论部分构建的农业景观脆弱性公式 5-1、公式 5-2，采用 ArcGIS 的重分类中的自然断点法，将脆弱性等级分为五个等级（表 5-5）：低值区、较低值区、中度值区、较高值区和高值区。

表 5-5　石柱县农业景观脆弱性评价分级范围

分级	低值区	较低值区	中度值区	较高值区	高值区
暴露度指数 EI	<0.2	0.2～0.3	0.3～0.4	0.4～0.5	>0.5
敏感性指数 SI	<0.2	0.2～0.3	0.3～0.4	0.4～0.5	>0.5
适应能力指数 AI	<0.25	0.25～0.35	0.35～0.45	0.45～0.55	>0.55

1. 暴露度空间变化呈现与城市拓展和人类活动干扰强度方向一致

从表 5-5、表 5-6、图 5-4 可以得知，2005—2020 年石柱县农业景观的暴露度水平处于低值区、较低值区和中度值区。暴露度高值区集中分布在下路街道、南宾街道、西沱镇和桥头镇四个乡镇，这四个乡镇其中两个紧邻石柱县核心区域，距离政府驻地最近，受城镇化影响最为强烈，暴露度指数趋高；而西沱镇因为旅游开发，经济相对活跃，城镇化进程也相对较高，所以暴露度指数也相对趋高；暴露度较高值区集中分布在悦崃镇、河嘴乡、石家乡、沿溪镇等地区，其中高度暴露区与较高暴露区存在相互转化现象；中度值区主要分布黄水镇、王家镇、三益乡、金铃乡、三星乡、马武镇、万朝镇、黎场乡、沿溪镇部分地区等地；较低值区主要集中于大歇镇、龙沙镇、三河镇、枫木镇、黎场乡、临溪镇、鱼池镇、沙子镇和新乐乡等乡镇，但 2010 年以后暴露度指数较低值区面积减少，较低值区逐渐向较高值区、中度值区转

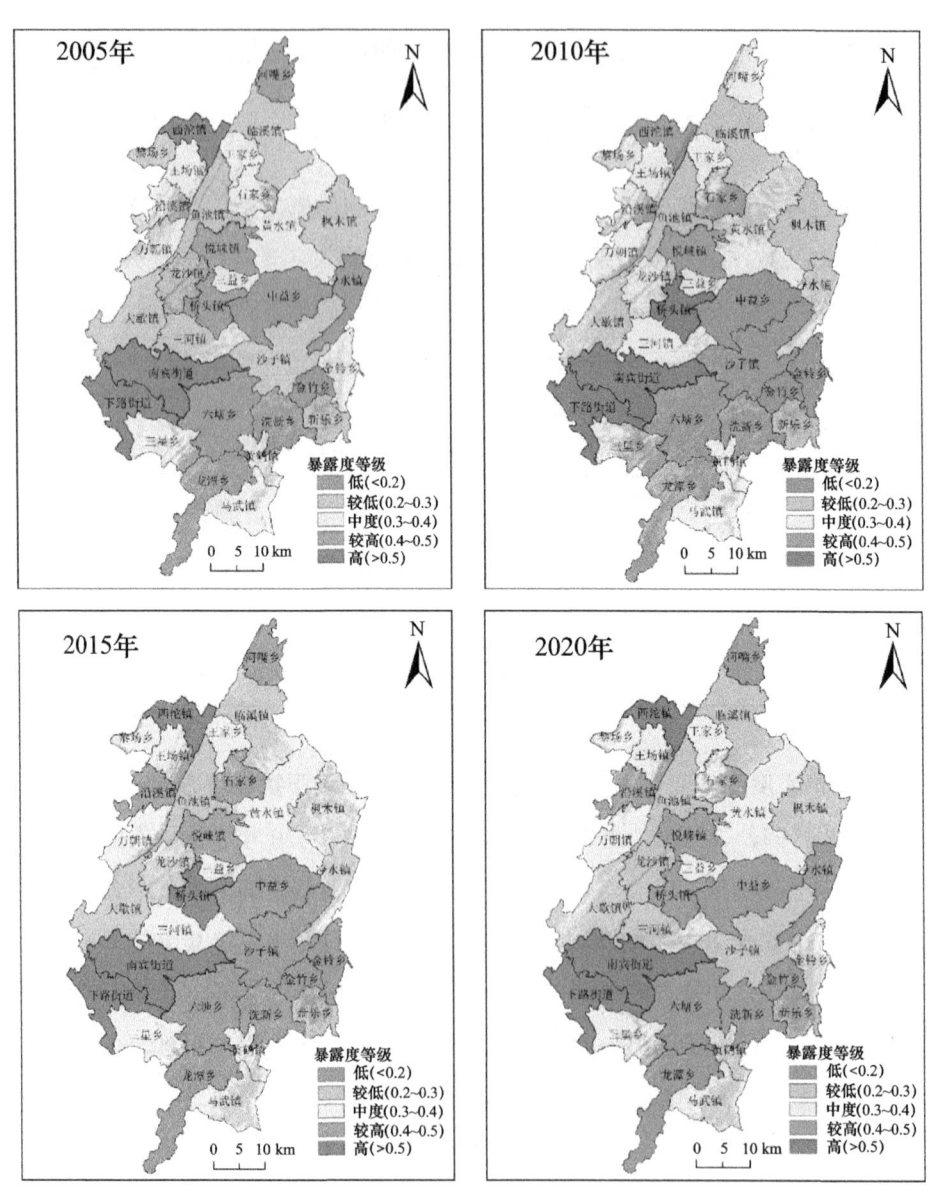

图 5-4 石柱县农业景观暴露度空间分布图 [审图号：GS（2019）3333 号]

化；低值区主要集中于中益乡、冷水镇、六塘乡、龙潭乡、洗新乡、金竹乡等乡镇，低值区相对稳定。总体来说，到政府驻地的距离、经济相对活跃程度以及城镇化率对暴露度等级的空间格局形成具有促进和主导作用，表明石

第5章　石柱县农业景观脆弱性时空变化

柱县暴露度空间变化高值分布呈现由东向南部、西部、西北部逐渐加强，与城市拓展和人类活动干扰强度方向相一致。

从时间角度来看（表5-6），石柱县农业景观暴露度指数呈上升—下降—上升趋势。2005—2020年，暴露度指数主要处于较低值区、中度值区和低值区；较高值区面积和高值区面积相对较少。但2015年、2010年较高值区、高值区相较2005年有所增加。2020年，较高值区、高值区面积又略有下降。总体上来说，暴露度指数处于中度值区、较高值区、高值区的面积有所增加，说明研究期石柱县农业景观的暴露度在增加。

表5-6　石柱县暴露度指数等级面积比例表

级别	2005年/hm²	比例（%）	2010年/hm²	比例（%）	2015年/hm	比例（%）	2020年/hm	比例（%）	年平均
低值	66890.77	22.18	74570.57	24.74	83903.69	27.84	69504.5	23.06	24.46
较低值	99968.78	33.17	84788.60	28.13	65481.64	21.72	93483.64	31.02	28.51
中度值	72486.63	24.05	75926.95	25.19	81450.11	27.02	70776.8	23.48	24.94
较高值	27957.95	9.28	31045.95	10.30	31282.67	10.38	33200.77	11.01	10.24
高值	34112.83	11.32	35084.94	11.64	39298.84	13.04	34451.25	11.43	11.86
总值	301417	100	301417	100	301417	100	301417	100	100

2. 敏感性空间变化呈现高值聚集西南部—北部向北和东逐渐缩减

从表5-7、图5-5可以得知，敏感性指数等级分布相对均匀，高值区、较高值区、中度值区、较低值区和低值区占整个面积的比例分别为14.38%、21.20%、15.81%、23.54%和25.07%，敏感性低值区和较低值区最多；其次为较高值区和中值区，且最少的是高值区。从空间分布来看（图5-5），敏感性程度的空间分异特征明显，高值区、较高值区主要分布在石柱县的西南部城镇区、北部农业区、南部生态区、东部旅游区的部分地区，包括下路街道、南宾街道、三河镇、西沱镇、桥头镇、龙沙镇、万朝镇、悦崃镇、鱼池镇、沿溪镇、王场镇、冷水镇等乡镇，与农业景观脆弱性空间格局具有一致性。这和农业人口比重、第一产业产值占 GDP 比重、第二产业产值占 GDP 比重、人口自然增长率密不可分，同时单位化肥使用量、单位农药使用量对石柱县农业景观的敏感性也产生了重要影响。

表 5-7　2005—2020 年石柱县农业景观敏感性指数面积比

级别	2005 年/hm²	比例（%）	2010 年/m²	比例（%）	2015 年/m²	比例（%）	2020 年/m²	比例（%）
低值	7550.84	25.07	108963.4	36.15	104415.1	34.64	75550.84	25.07
较低值	70949.20	23.54	92463.42	30.68	118935.3	39.46	70949.2	23.54
中度值	47676.19	15.81	23954.83	7.95	7606.797	2.52	47676.19	15.82
较高值	63903.48	21.20	30500.42	10.12	52722.53	17.49	63903.48	21.20
高值	43337.39	14.38	45535.05	15.11	17737.34	5.88	43337.39	14.38
总计	301417	100	301417	100	301417	100	301417	100

从时间上来看，石柱县农业景观敏感性指数随时间的变化呈现降低—上升的趋势特征（表 5-7）。2005 年和 2020 年敏感性指数分布相一致，等级分布相对均匀。2010 年敏感性指数主要集中在低值区、较低值区和高值区，中度值区和较高值区相对占比较小。2015 年敏感性指数主要为低值区、较低值区和较高值区，中度值和高值区面积较小。在整个研究期内，城镇城市建设用地规模扩大，使得农业景观用地规模减小，在生态屏障区建设、生态文明建设政策和退耕还林政策的推动下，石柱县农业景观敏感性等级呈现下降—上升的变化态势。

3. 适应能力的空间变化呈现西高东低、北高南低特征

本书选取森林覆盖率、农村经济总收入、农民人均收入、在校学生人数、通汽车村数、自来水受益村数作为农业景观适应能力的评价指标。适应能力指标与农业景观脆弱性评价呈负相关，但经过指标标准化后，适应能力评价值越低，表明农业景观脆弱性越高。

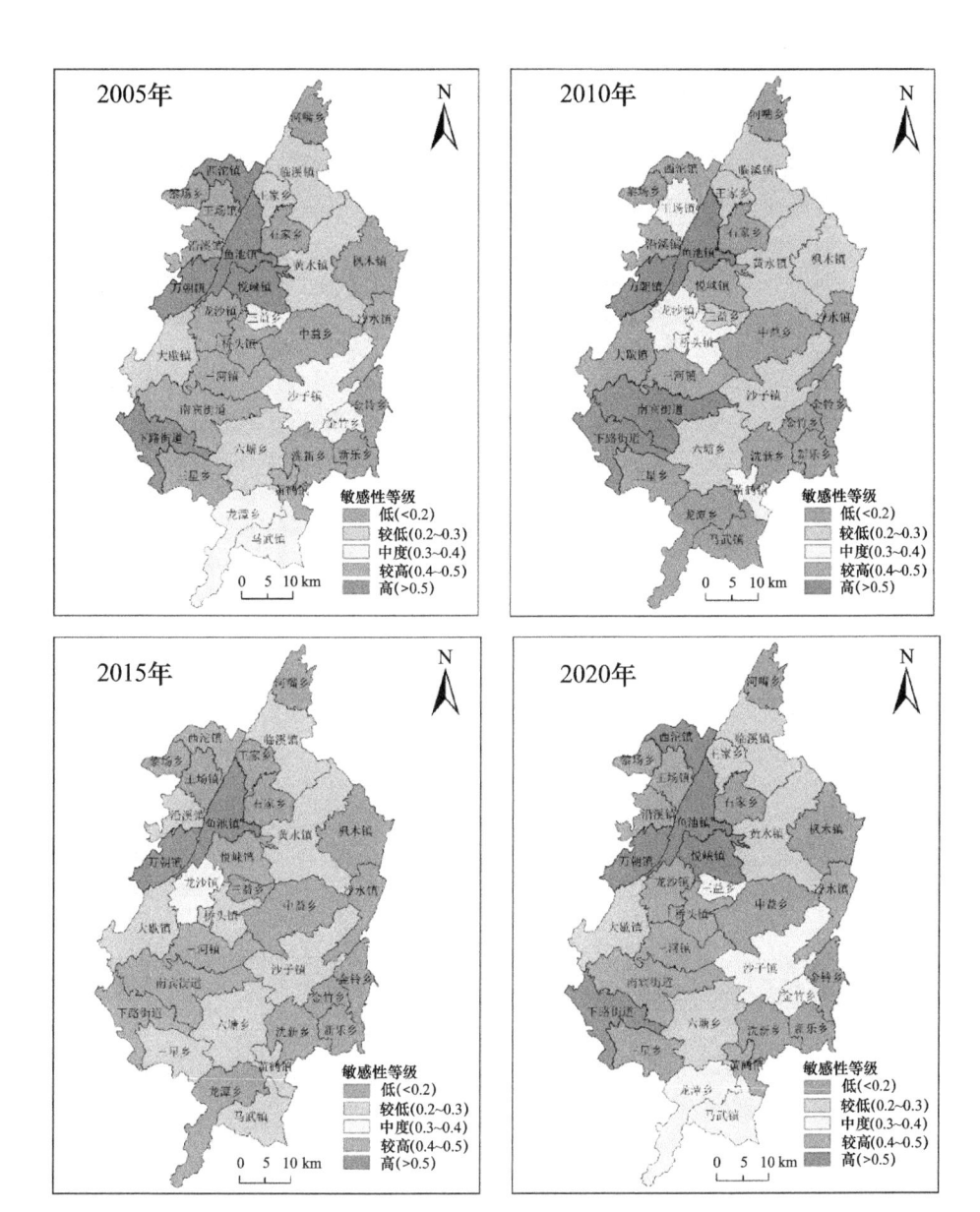

图 5-5 石柱县农业景观敏感性空间分布图［审图号：GS（2019）3333号］

由图 5-6 和表 5-8 可以得知，从空间上来看，适应能力脆弱性呈现西高东低、北高南低、呈马蹄状分布的空间格局特征。指数偏高的地区主要分布在西南部城镇区的南宾街道和东部旅游区的黄水镇，以及西北部的部分地区。

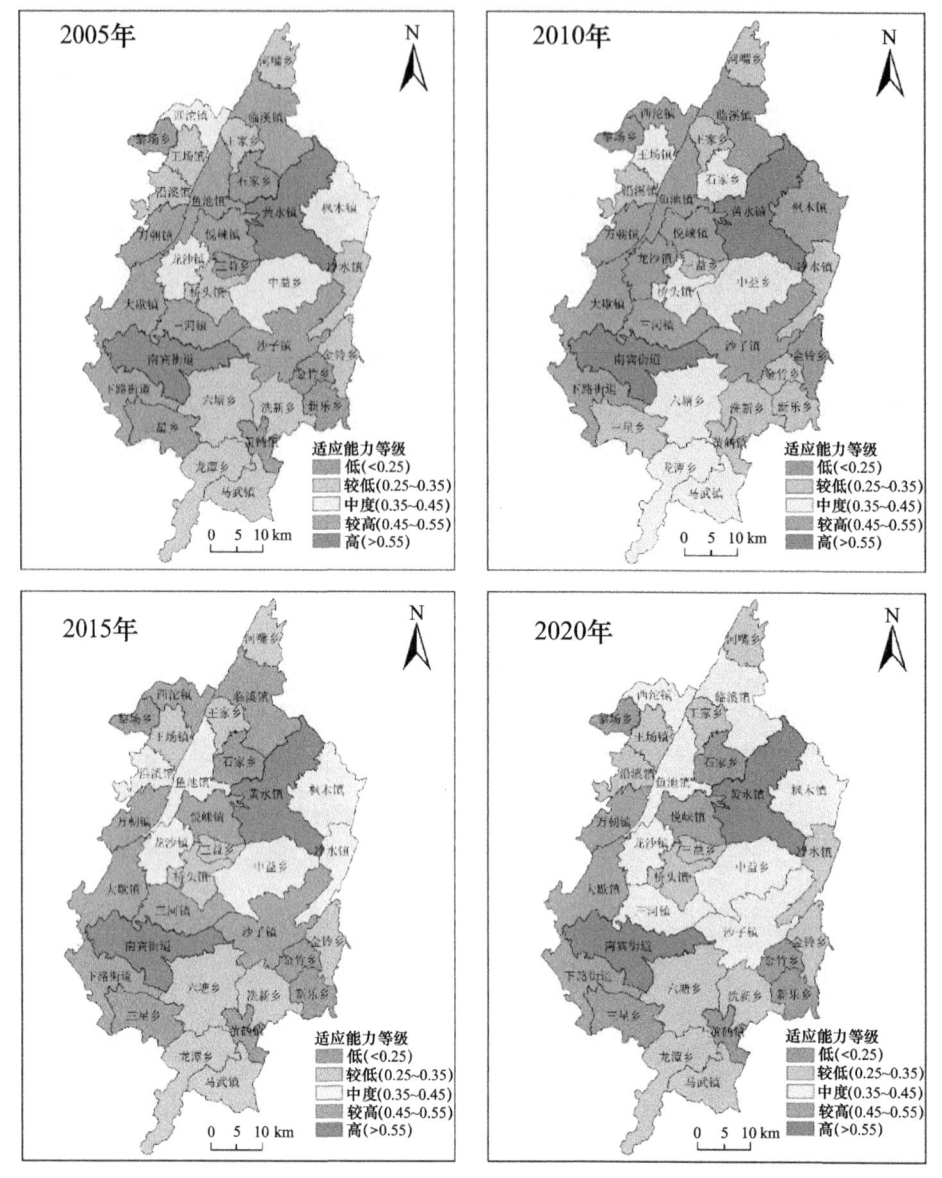

图 5-6 石柱县农业景观适应能力的空间分布图 [审图号：GS（2019）3333 号]

从时间上来看，高值区面积相对稳定，较高值区主要分布在西沱镇、临溪镇、鱼池镇、枫木镇、龙沙镇、三河镇、中益乡、沙子镇、枫木镇九个乡镇，较高值区面积呈先上升后下降趋势；中度值区面积呈逐年增长趋势，空

138

间分布不断变化,由西北部向中部、南部拓展,2020年空间分布又逐渐向东部扩展;较低值区面积呈先降低后又上升、总体上升趋势;低值区呈反复变化趋势。总体上来说,石柱县农业景观适应能力呈先下降后上升趋势,总体下降,说明石柱县农业景观脆弱性增强。

表 5-8 石柱县农业景观适应力指数等级积比例表

等级	2005年/hm²	比例(%)	2010年/m²	比例(%)	2015年/m²	比例(%)	2020年/m²	比例(%)
低值	35609.45	11.81	9695.75	3.22	32721.94	10.86	32721.94	10.86
较低值	91067.19	30.21	58235.83	19.32	81128.53	26.92	93954.7	31.17
中值	43403.81	14.40	74799.17	24.82	60092.22	19.94	96318.92	31.96
较高值	93037.83	30.87	120387.5	39.94	89175.59	29.59	40122.72	13.31
高值	38298.67	12.71	38298.67	12.71	38298.67	12.71	38298.67	12.71
总计	301417	100	301417	100	301417	100	301417	100

总之,石柱县农业景观适应能力中度值区域增加,较高值区面积减少,高值区面积无变化。

4. 农业景观脆弱性综合指数的时空特征

(1)总体特征。

石柱县农业景观脆弱性分级结果如表 5-9 所示。从农业景观生态脆弱性指数来看(表 5-9、表 5-10),首先,石柱县农业景观轻度脆弱区的范围最广,四年平均面积达 197297.20hm²,占石柱县总面积的 65.46%;其次,低度脆弱区达 46758.51hm²,占 15.51%;再次,中度脆弱区面积达 29011.29hm²,占 9.63%,中度脆弱区面积占比从 2005 年的 6.14%增加到 2020 年的 7.44%,呈上升趋势;最后,高度脆弱区和重度脆弱区所占比重最小,其中高度脆弱区面积呈"V"形变化,四年平均为 20637.91hm²,占比 6.85%,重度脆弱区域面积呈倒"V"形变化,四年平均为 7712.15hm²,占比 2.56%。这说明石柱县各脆弱区存在相互转化现象，相应地区虽通过采取措施进行调整，保护农业景观，但是效果出现反复现象。

表 5-9　石柱县农业景观脆弱性分级结果

年份	脆弱性等级	级别	网格数/个	面积/hm²	比例（%）
2005	低度脆弱区	1	4991167	77986.98	25.87346
	轻度脆弱区	2	11336270	177129.20	58.76551
	中度脆弱区	3	1184195	18503.05	6.13869
	较高脆弱区	4	1765534	27586.47	9.15226
	高度脆弱区	5	13519	211.23	0.07008
2010	低度脆弱区	1	49896	779.63	0.25865
	轻度脆弱区	2	14031586	219243.50	72.73762
	中度脆弱区	3	3344549	52258.58	17.33764
	较高脆弱区	4	781833	12216.14	4.05290
	高度脆弱区	5	1082821	16919.08	5.61318
2015	低度脆弱区	1	1869324	29208.19	9.69029
	轻度脆弱区	2	14124526	220695.70	73.21941
	中度脆弱区	3	1461995	22843.67	7.57876
	较高脆弱区	4	965143	15080.36	5.00316
	高度脆弱区	5	869697	13589.02	4.50838
2020	低度脆弱区	1	5059791	79059.23	26.22919
	轻度脆弱区	2	11015691	172120.20	57.10368
	中度脆弱区	3	1436150	22439.84	7.44479
	较高脆弱区	4	1770781	27668.45	9.17946
	高度脆弱区	5	8272	129.25	0.04288

总之，脆弱性等级面积统计（表 5-10）结果显示，石柱县 2005—2020 年的农业景观以轻度脆弱区、低度脆弱区为主，中度脆弱区、高度脆弱区居其次，重度脆弱区面积最小。

表 5-10　2005—2020 年石柱县农业景观脆弱性等级分布面积及比例

等级 年份	低度 面积/hm²	比例（%）	轻度 面积/hm²	比例（%）	中度 面积/hm²	比例（%）	高度 面积/hm²	比例（%）	重度 面积/hm²	比例（%）
2005	77986.90	25.87	177129.20	58.77	18503.05	6.14	27586.57	9.15	211.23	0.07
2010	779.63	0.26	219243.50	72.74	52258.58	17.34	12216.24	4.05	16919.08	5.61
2015	29208.19	9.69	220695.70	73.22	22843.67	7.58	15080.36	5.00	13589.02	4.51
2020	79059.23	26.23	172120.20	57.10	22439.84	7.44	27668.45	9.18	129.25	0.04
总计	187033.95	62.05	789188.60	261.83	116045.14	38.50	82551.62	27.38	30848.58	10.23
平均	46758.51	15.51	197297.20	65.46	29011.29	9.63	20637.91	6.85	7712.15	2.56

（2）各区域农业景观脆弱性等级类型时空变化分析。

2005 年石柱县农业景观脆弱性分布如图 5-2、表 5-11、表 5-12 所示，该年西南部城镇区大部分处于高度脆弱等级，其中 72.59%的面积属于高度脆弱区，26.85%的面积属于轻度脆弱区，0.56%的面积属于重度脆弱区；北部农业区多分布中度脆弱区、轻度脆弱区、低度脆弱区，面积占比分别为 16.93%、53.08%、29.99%；南部生态区多分布低度脆弱区、轻度脆弱区，面积占比分别为 33.94%、66.07%；东部旅游区多分布低度脆弱区、轻度脆弱区，面积占比分别为 17.15%和 82.85%。整体上，该时期石柱县农业景观以轻度脆弱和低度脆弱水平为主。

表 5-11　各区域脆弱性等级分面积表

地区	年份	低度脆弱区面积比例（%）	轻度脆弱区面积比例（%）	中度脆弱区面积比例（%）	高度脆弱区面积比例（%）	重度脆弱区面积比例（%）
西南部城镇区	2005	0	26.85	0	72.59	0.56
	2010	0	0	26.85	28.63	44.52
	2015	0	23.81	3.04	37.39	35.76
	2020	0	26.85	0	72.81	0.34
南部生态区	2005	33.94	66.06	0	0	0
	2010	0.38	99.62	0	0	0

续表

地区	年份	低度脆弱区面积比例（%）	轻度脆弱区面积比例（%）	中度脆弱区面积比例（%）	高度脆弱区面积比例（%）	重度脆弱区面积比例（%）
南部生态区	2015	25.84	74.16	0	0	0
	2020	38.50	61.50	0	0	0
北部农业区	2005	29.99	53.08	16.93	0	0
	2010	0.32	76.56	21.90	1.22	0
	2015	0.28	79.13	19.79	0.80	0
	2020	26.30	53.17	20.53	0	0
东部旅游区	2005	17.15	82.85	0	0	0
	2010	0	57.12	42.88	0	0
	2015	0	99.85	0.15	0	0
	2020	17.15	82.85	0	0	0

表5-12　2005年石柱县农业景观脆弱性评价结果

地区	乡镇	暴露度指数（EI）	敏感性指数（SI）	适应能力指数（AI）	农业景观脆弱性指数（AVD）
西南部城镇区	南宾街道	0.7030	0.4652	0.6746	0.4557
	下路街道	0.7619	0.5559	0.5246	0.4206
	三河镇	0.4295	0.4682	0.4583	-0.0222
南部生态区	中益乡	0.3106	01778	0.3988	-0.0508
	沙子镇	0.3692	0.4245	0.4673	-0.0124
	金铃乡	0.4611	0.0885	0.2691	-0.0076
	金竹乡	0.2324	0.3527	0.1940	-0.3462
	新乐乡	0.3640	0.1115	0.2410	-0.0306
	洗新乡	0.3351	0.0814	0.2687	-0.0060
	六塘乡	0.3213	0.2457	0.3366	-0.1101
	三星乡	0.5373	0.1586	0.2123	-0.0432
	龙潭乡	0.3349	0.3607	0.2649	-0.2333
	黄鹤镇	0.4557	0.4997	0.2164	-0.2898
	马武镇	0.4756	0.3356	0.3462	-0.0707

续表

地区	乡镇	暴露度指数（EI）	敏感性指数（SI）	适应能力指数（AI）	农业景观脆弱性指数（AVD）
北部农业区	西沱镇	0.6900	0.5623	0.3960	−0.1704
	大歇镇	0.4197	0.2695	0.4958	0.0054
	龙沙镇	0.3584	0.4572	0.3941	−0.1518
	桥头镇	0.6172	0.4126	0.2826	−0.0453
	三益乡	0.5078	0.3076	0.2479	−0.1111
	悦崃镇	0.5746	0.7269	0.4678	0.1923
	鱼池镇	0.3725	0.6374	0.4528	−0.1122
	万朝镇	0.4642	0.7495	0.5061	0.1054
	沿溪镇	0.5523	0.4566	0.2688	−0.1214
	王场镇	0.5133	0.4105	0.2640	−0.1406
	黎场乡	0.4333	0.1726	0.1502	−0.0905
	王家乡	0.4668	0.2917	0.2652	−0.1129
	石家乡	0.5402	0.0740	0.2160	0
	临溪镇	0.4001	0.2777	0.4711	−0.0175
	河嘴乡	0.5913	0.1450	0.3460	−0.0009
东部旅游区	黄水镇	0.4757	0.2403	0.5701	0.0603
	枫木镇	0.4233	0.1638	0.4323	−0.0129
	冷水镇	0.3008	0.4199	0.3431	−0.2313

2010年石柱县农业景观脆弱性分布如图5-2所示。根据表5-11、表5-13和图5-2可知，石柱县农业景观脆弱性地区分异趋势明显。西南部城镇区处于重度、高度和中度脆弱区，面积占比分别为44.52%、28.63%和26.85%。相比2005年重度、中度脆弱区面积增加，说明这一时期该区域脆弱性增强，农业景观的稳定性变弱，这与2010年农业景观类型转化更为激烈、同期大面积的生产型农业景观转化为生活型农业景观和建设用地景观有关。北部农业区多分布轻度脆弱区和中度脆弱区，面积占比分别为76.56%和21.90%，仅有1.22%和0.32%属于高度脆弱区和低度脆弱区，可见这一时期出现低度脆弱区

面积减少，轻度、中度、高度脆弱区面积增加的现象。南部生态区主要为轻度脆弱区，面积占比为99.62%，仅有0.38%的面积为低度脆弱区，相比2005年脆弱性增强。东部旅游区多分布中度、轻度脆弱区，面积占比分别为42.88%和57.12%，可见这一时期中度脆弱性等级面积增加，轻度脆弱性区域范围更广，而低度脆弱区减少，所以这一时期该区域脆弱性增强。总体上，2010年石柱县农业景观低度脆弱、高度脆弱等级面积减少，轻度脆弱和中度脆弱等级面积增加，重度脆弱面积也有所增加。

表5-13　2010年石柱县农业景观脆弱性评价结果

地区	乡镇	暴露度指数（EI）	敏感性指数（SI）	适应能力指数（AI）	农业景观脆弱性指数（AVD）
西南部城镇区	南宾街道	0.718	0.6085	0.6558	0.7186
	下路街道	0.7434	0.5155	0.5205	0.4245
	三河镇	0.5193	0.4175	0.5439	0.1805
南部生态经济区	中益乡	0.1793	0.1280	0.3909	−0.0368
	沙子镇	0.3236	0.2190	0.4898	−0.0131
	金铃乡	0.2851	0.0787	0.2448	0.0000
	金竹乡	0.2354	0.1144	0.3113	−0.0313
	新乐乡	0.3633	0.1358	0.2977	−0.0358
	洗新乡	0.3373	0.1040	0.3321	−0.0145
	六塘乡	0.3333	0.2300	0.4343	−0.0381
	三星乡	0.5561	0.1417	0.2939	−0.0124
	龙潭乡	0.3462	0.1968	0.3946	−0.0415
	黄鹤镇	0.4727	0.3223	0.3075	−0.0840
	马武镇	0.4697	0.1914	0.3914	−0.0088
北部农业区	西沱镇	0.6097	0.4742	0.4720	0.2004
	大歇镇	0.4356	0.1464	0.4720	0.0072
	龙沙镇	0.4534	0.3405	0.4562	0.0251
	桥头镇	0.7539	0.3005	0.3517	0.0989

续表

地区	乡镇	暴露度指数（EI）	敏感性指数（SI）	适应能力指数（AI）	农业景观脆弱性指数（AVD）
北部农业区	三益乡	0.5314	0.2963	0.2731	-0.0700
	悦崃镇	0.5876	0.4641	0.4860	0.1932
	鱼池镇	0.3914	0.5305	0.5012	0.0452
	万朝镇	0.5226	0.6949	0.5088	0.2626
	沿溪镇	0.5536	0.4322	0.2855	-0.0815
	王场镇	0.5145	0.3420	0.3503	-0.0287
	黎场乡	0.4488	0.1626	0.1579	-0.0744
	王家乡	0.4772	0.2886	0.2921	-0.0807
	石家乡	0.5646	0.1765	0.3589	0.0034
	临溪镇	0.4120	0.2546	0.5286	0.0416
	河嘴乡	0.5319	0.1766	0.3239	-0.0152
东部旅游区	黄水镇	0.4550	0.2546	0.6120	0.1068
	枫木镇	0.4218	0.2644	0.4659	0.0101
	冷水镇	0.4414	0.1855	0.3419	-0.0325

2015年石柱县农业景观脆弱性分布如图5-2所示。根据表5-11、表5-14和图5-2可知，该时期西南部城镇区主要以重度和高度脆弱区为主，轻度、中度、高度、重度脆弱区面积占比分别为23.81%、3.04%、37.39%、35.76%。这一时期相比2010年，中度、重度脆弱区面积减少，轻度、高度脆弱区面积增加。北部农业区多分布中度、轻度脆弱区，少部分高度脆弱区，面积占比分别为19.79%、79.13%、0.80%，而仅0.28%为低度脆弱区。相比2010年，中度、高度脆弱区面积减少，轻度脆弱区面积增加。南部生态区多分布轻度、低度脆弱区，面积占比分别为74.16%、25.84%。该区在2015年低度脆弱区面积增加，轻度脆弱区面积减少。东部旅游区多为轻度脆弱区，轻度脆弱区面积占比99.85%，0.15%为中度脆弱区。总体来说，这一时期西南部城镇区

农业景观脆弱性依然严重，而北部农业区和东部旅游区农业景观脆弱性降低，生态环境有所改善。

表 5-14　2015 年石柱县农业景观脆弱性评价结果

地区	乡镇	暴露度指数（EI）	敏感性指数（SI）	适应能力指数（AI）	农业景观脆弱性指数（AVD）
西南部城镇区	南宾街道	0.696	0.4136	0.6956	0.5173
	下路街道	0.7437	0.4535	0.5425	0.4214
	三河镇	0.5016	0.4773	0.4599	0.0683
南部生态区	中益乡	0.177	0.1213	0.3517	−0.0477
	沙子镇	0.3157	0.2502	0.4539	−0.0610
	金铃乡	0.2897	0.1000	0.2665	−0.0247
	金竹乡	0.2898	0.1751	0.2170	−0.1242
	新乐乡	0.3573	0.0842	0.2475	−0.0067
	洗新乡	0.3284	0.0774	0.2685	0.0000
	六塘乡	0.3121	0.2130	0.3480	−0.1006
	三星乡	0.5200	0.2037	0.2248	−0.0785
	龙潭乡	0.3205	0.1766	0.2523	−0.1053
	黄鹤镇	0.4569	0.2660	0.2156	−0.1555
	马武镇	0.4508	0.2210	0.3397	−0.0570
北部农业区	西沱镇	0.6701	0.4335	0.4643	0.2285
	大歇镇	0.4033	0.2206	0.4895	0.0017
	龙沙镇	0.4418	0.3092	0.4077	−0.0412
	桥头镇	0.7175	0.2472	0.3350	0.0521
	三益乡	0.5229	0.1820	0.2795	−0.0437
	悦崃镇	0.5882	0.4230	0.4755	0.1592
	鱼池镇	0.3973	0.5272	0.4464	−0.0717
	万朝镇	0.5182	0.6024	0.5336	0.2518
	沿溪镇	0.5808	0.2639	0.3736	0.0142
	王场镇	0.5454	0.1848	0.2835	−0.0368

续表

地区	乡镇	暴露度指数（EI）	敏感性指数（SI）	适应能力指数（AI）	农业景观脆弱性指数（AVD）
北部农业区	黎场乡	0.4610	0.1022	0.1636	−0.0248
	王家乡	0.4927	0.1823	0.2615	−0.0591
	石家乡	0.5705	0.1271	0.2208	−0.0248
	临溪镇	0.4335	0.2377	0.4697	0.0035
	河嘴乡	0.6151	0.1340	0.3339	0.0015
东部旅游区	黄水镇	0.4756	0.2077	0.6120	0.0841
	枫木镇	0.4483	0.1431	0.4374	−0.0035
	冷水镇	0.4435	0.1854	0.3553	−0.0389

2020 年石柱县农业景观脆弱性分布如图 5-2 所示。根据表 5-11、表 5-15 和图 5-2 可以得知，该时期石柱县西南部城镇区以高度、轻度脆弱区为主；其中 26.85%、72.81%、0.34%分别为轻度、高度和重度脆弱区，没有低度和中度脆弱区。北部农业区多以中度、轻度和低度脆弱区交错分布；其中 26.30%、53.17%、20.53%分别为低度、轻度和中度脆弱区。南部生态区以轻度、低度脆弱区为主，其中 38.50%、61.50%分别为低度、轻度脆弱区。东部旅游区主要以低度、轻度脆弱区为主，其中 17.15%、82.85%为低度、轻度脆弱区。总之，相比 2015 年石柱县农业景观轻度脆弱区面积下降，低度脆弱区面积增加，中度脆弱区面积略有增加。

表 5-15　2020 年石柱县农业景观脆弱性评价结果

地区	乡镇	暴露度指数（EI）	敏感性指数（SI）	适应能力指数（AI）	农业景观脆弱性指数（AVD）
西南部城镇区	南宾街道	0.714	0.4652	0.6746	0.4600
	下路街道	0.7748	0.5559	0.5208	0.4194
	三河镇	0.4366	0.4682	0.4230	−0.0558
南部生态区	中益乡	0.313	0.1778	0.3924	−0.0515
	沙子镇	0.4197	0.3692	0.4488	−0.0306

续表

地区	乡镇	暴露度指数（EI）	敏感性指数（SI）	适应能力指数（AI）	农业景观脆弱性指数（AVD）
南部生态区	金铃乡	0.4499	0.0885	0.2842	−0.0075
	金竹乡	0.2209	0.3527	0.2146	−0.3363
	新乐乡	0.3459	0.1115	0.2458	−0.0318
	冼新乡	0.3214	0.0814	0.2679	−0.0062
	六塘乡	0.3163	0.2457	0.3335	−0.1131
	三星乡	0.5385	0.1586	0.2321	−0.0398
	龙潭乡	0.3185	0.3607	0.2537	−0.2533
	黄鹤镇	0.4391	0.4997	0.2216	−0.3045
	马武镇	0.4519	0.3356	0.3289	−0.0991
北部农业区	西沱镇	0.715	0.5623	0.3999	0.1932
	大歇镇	0.4375	0.2695	0.4829	0.0064
	龙沙镇	0.3716	0.4572	0.3919	−0.1422
	桥头镇	0.6251	0.4126	0.3174	−0.0127
	三益乡	0.5164	0.3076	0.2785	−0.0898
	悦崃镇	0.5868	0.7269	0.4549	0.1794
	鱼池镇	0.3898	0.6374	0.4403	−0.1087
	万朝镇	0.4820	0.7495	0.5208	0.1606
	沿溪镇	0.5717	0.4566	0.2671	−0.1140
	王场镇	−0.1164	0.2778	0.5352	0.4105
	黎场乡	0.4593	0.1726	0.1597	−0.0838
	王家乡	0.4883	0.2917	0.2587	−0.1093
	石家乡	0.5566	0.0740	0.2203	0
	临溪镇	0.4201	0.2777	0.4319	−0.0309
	河嘴乡	0.6154	0.1450	0.3340	−0.0008
东部旅游区	黄水镇	0.4863	0.2403	0.5839	0.0713
	枫木镇	0.4316	0.1638	0.4150	−0.0157
	冷水镇	0.2998	0.4199	0.3474	−0.2264

第 5 章　石柱县农业景观脆弱性时空变化

总体而言，研究期内石柱县四大分区脆弱性综合指数变化存在以下趋势：一是重度脆弱区呈现波动变化，二是轻度脆弱区和低度脆弱区相互转化，三是中度脆弱区呈现先增加后下降、最后呈稳定的趋势（表 5-16）。从表 5-17 可以得知，四个年份农业景观脆弱性综合指数平均值在四个分区中，西南部城镇区主要为高度脆弱区，南部生态区、北部农业区、东部旅游区主要为轻度脆弱区。在乡镇尺度上，其脆弱性空间呈先增加后减少趋势，并在 2005 年、2020 年这两个年度保持相对平衡状态。由此可以得出石柱县农业景观的脆弱性在 2005—2015 年出现持续上升趋势，且 2005—2010 年脆弱性变化最为明显，但是 2015—2020 年又出现下降趋势。

表 5-16　石柱县 2005—2020 年农业景观脆弱性平均值

地区	乡镇	暴露度指数（EI）	敏感性指数（SI）	适应能力指数（AI）	农业景观脆弱性指数（AVD）
西南部城镇区	南宾街道	0.11	0.4652	0.6746	0.4600
	下路街道	0.7748	0.5559	0.5208	0.4194
	三河镇	0.4366	0.4682	0.4230	−0.0558
南部生态区	中益乡	0.332	0.1778	0.3924	−0.0515
	沙子镇	0.4197	0.3692	0.4488	−0.0306
	金铃乡	0.4499	0.0885	0.2842	−0.0075
	金竹乡	0.2209	0.3527	0.2146	−0.3363
	新乐乡	0.3459	0.1115	0.2458	−0.0318
	洗新乡	0.3214	0.0814	0.2679	−0.0062
	六塘乡	0.3163	0.2457	0.3335	−0.1131
	三星乡	0.5385	0.1586	0.2321	−0.0398
	龙潭乡	0.3185	0.3607	0.2537	−0.2533
	黄鹤镇	0.4391	0.4997	0.2216	−0.3045
	马武镇	0.4519	0.3356	0.3289	−0.0991
北部农业区	西沱镇	0.7159	0.5623	0.3999	0.1932
	大歇镇	0.4375	0.2695	0.4829	0.0064

续表

地区	乡镇	暴露度指数（EI）	敏感性指数（SI）	适应能力指数（AI）	农业景观脆弱性指数（AVD）
北部农业区	龙沙镇	0.3716	0.4572	0.3919	−0.1422
	桥头镇	0.6251	0.4126	0.3174	−0.0127
	三益乡	0.5164	0.3076	0.2785	−0.0898
	悦崃镇	0.5868	0.7269	0.4549	0.1794
	鱼池镇	0.3898	0.6374	0.4403	−0.1087
	万朝镇	0.4820	0.7495	0.5208	0.1606
	沿溪镇	0.5717	0.4566	0.2671	−0.1140
	王场镇	−0.1164	0.2778	0.5352	0.4105
	黎场乡	0.4593	0.1726	0.1597	−0.0838
	王家乡	0.4883	0.2917	0.2587	−0.1093
	石家乡	0.5566	0.0740	0.2203	0.0000
	临溪镇	0.4201	0.2777	0.4319	−0.0309
	河嘴乡	0.6154	0.1450	0.3340	−0.0008
东部旅游区	黄水镇	0.4863	0.2403	0.5839	0.0713
	枫木镇	0.4316	0.1638	0.4150	−0.0157
	冷水镇	0.2998	0.4199	0.3474	−0.2264

表 5-17 各区农业景观脆弱性的特征

地域	农业景观脆弱性指数（AVD）		暴露度指数（EI）		敏感性指数（SI）		适用能力指数（AI）	
	等级	均值	等级	均值	等级	均值	等级	均值
西南部城镇区	高度	0.3716	高	0.6579	较高	0.4892	高度	0.5780
南部生态区	轻度	0.0163	较低	0.4422	较低	0.2305	较高	0.5014
北部农业区	轻度	−0.0702	较低	0.3566	较低	0.2154	较低	0.3365
东部旅游区	轻度	0.0132	中度	0.5007	中度	0.3646	中度	0.3979

5.3 本章小结

本章在借鉴前人研究的基础上，从农业景观生态脆弱性角度入手，选取相关指标因素，构建农业景观脆弱性综合评价指标体系，对石柱县农业景观脆弱性综合指数、农业景观脆弱性程度及空间分布规律进行了研究与评价。

（1）从整体上看，研究区农业景观脆弱性等级相对聚集，低度脆弱区和轻度脆弱区集中分布在南部生态区和北部农业区，中度脆弱区主要集中于西南部城镇区和东部旅游区；高度脆弱区集中分布在西南部城镇区，少部分分布在北部农业区；重度脆弱区集中分布在西南部城镇区。这说明人类活动、政策制度、城镇化进程对农业景观格局脆弱性有重大影响，因而在2005—2020年由土地利用方式引起西南部地区、西部地区、西北部地区的景观格局脆弱性增加，东部地区、东南部地区的景观格局脆弱性降低。

（2）研究区农业景观脆弱性水平呈现"上升—下降"的变化趋势，等级类型空间演替明显。暴露度高值分布由东部向南部、西部、西北部逐渐加强，与城市拓展和人类活动干扰强度方向相一致；敏感性空间变化高值聚集区由西南部向北部、东部逐渐缩减；适应能力空间变化呈现"西高东低，北高南低"特征。

（3）石柱县农业景观脆弱性呈显著空间自相关和集聚特征。2005年、2010年、2015年、2020年Moran's I 分别为0.8401、0.8440、0.8447和0.8527，景观脆弱性主要是H–H和L–L空间自相关模式，其中H–H空间自相关模式集中分布在西南部城镇区和北部农业区的西沱镇，L–L自相关模式集中分布在东部旅游区和南部生态区。

（4）从时间角度看，石柱县农业景观低度脆弱区呈现先降后升的趋势，总体上呈现下降趋势；轻度脆弱区呈现总体上升态势；中度脆弱区呈现先升后降、总体下降趋势；高度脆弱区呈现上升趋势；重度脆弱区呈现逐年下降趋势。

第6章
石柱县农业景观时空演变的驱动力分析

农业景观格局变化的驱动力分析旨在揭示农业景观面积、农业景观结构和农业景观稳定性改变的原因。本章对农业景观格局演变驱动力进行分析，确定农业景观格局演变的影响因素，将定量分析引起农业景观格局演变的各因素之间的相对重要性。只有深刻认识这些因素与农业景观结构直接的关系，才能把握景观演变规律，从而对石柱县农业景观的保护和健康可持续发展提供建设性建议。

6.1 农业景观时空演变驱动力分析方法

学界对农业景观驱动力研究以定性研究为主，定量研究中则常用主成分分析方法来选择主成分与各变量，以彼此间的相互关系判断产生影响的主要驱动力因素，从而容易获取关键因素和抓住关键分析信息。此外，回归分析方法也是常用的一种方法，这种方法适用于相对稳定的短期分析研究对象与驱动因素的相互关系。这些方法的共同点都是需要提取主要因素来解释景观格局变化，具有易于抓住主要矛盾的特点。影响农业景观及景观格局变化的因素错综复杂，且当变量属于类型变量而不是连续变量时，线性回归就不适用于驱动机制研究（孙才志和闫晓露，2014）。本书尝试运用逻辑回归模型和空间杜宾模型相结合的研究方法，对石柱县农业景观格局演变的驱动力进行分析，为驱动力研究提供新的思路。

6.1.1 GIS-logisic 回归模型

基于以往学界研究成果和结合驱动因素特征，本节首先采用 GIS-logistic 回归模型（即逻辑回归模型）来解释和分析农业景观格局变化影响因素，选取景观组分所处时间段面积的平均值与选取指标所处时间段的平均值进行 GIS-logistic 回归模型构建和分析。

根据 Logistic 模型的构建理论，设定 P 为农业景观格局变化的发生概率，$1-P$ 则为不发生概率，$0 \leq P \leq 1$，其表达式为（王思楠等，2018；孙才志和闫晓露，2014；李洪，2012）：

$$P = \frac{\exp(\alpha + \beta_0 + \beta_1 x_1 + \beta_2 x_2 + \beta_3 x_3 + \ldots + \beta_i x_i)}{1 + \exp(\alpha + \beta_0 + \beta_1 x_1 + \beta_2 x_2 + \ldots + \beta_i x_i)} \qquad (6-1)$$

通过 Logistic 变换来构建线性模型：即

$$Y = \ln\left[\frac{P}{(1-P)}\right] = \alpha + \beta_0 + \beta_1 x_1 + \beta_2 x_2 + \ldots + \beta_i x_i \qquad (6-2)$$

式中：Y 为因变量，表示景观变化概率；x_i 为变化驱动因素，表示某种景观发生的概率；β_0 为常数项，表示自变量取值全是 0 时，比数的自然对数；β_i 为 Logistic 函数回归系数，表示自变量 x_i 对 Y 或 logit（P）的影响大小，β_i 的绝对值越大，表明 x_i 对某种景观发生的概率影响越明显。

本书采用 Wald 统计检验模型的回归系数，Wald x^2 统计量被用来表达解释变量的相对权重，以表达解释变量对事件预测的贡献率。如果 P 值小于给定的显著性水平 a（$a=0.05$），则应拒绝零假设，认为解释变量与概率之间的线性关系显著，应保留在方程中；反之，则会被剔除。对 Logistic 回归方程拟合度的检验选用 Homsmer-Lemeshow（H-L）指标，当 H-L 指标统计显著，表示模型拟合差；反之，当 H-L 指标统计不显著，表示模型拟合好（李洪等，2012）。

（1）因变量。本书以农业景观格局变化作为因变量，GIS-logistic 回归模型中的因变量是取值为 0 和 1 的二分变量，1 是指农业景观格局有变化，0 表示农业景观格局没有变化。本书主要对生产型、生活型、生态型和拓展型四种农业景观类型的变化情况进行分析。

（2）自变量。本书以影响农业景观格局变化的驱动因素为自变量。环境驱动因素方面，根据 2005—2020 年石柱县气象网站和重庆市气象网站获得气象数据，采用克里金插值法，得到重庆石柱县降水量的空间分布高精度模拟；对水文数据，通过 GIS "欧氏直线距离"功能计算区域范围内所有栅格点到河流的距离。生存驱动、文化驱动、经济驱动和制度驱动因素中，从《重庆统计年鉴》《石柱统计年鉴》《石柱土家族自治县国民经济和社会发展统计公报》（2005—2020 年）中获得数据，运用 GIS 的空间连接将数据赋到县域面状数据中。

（3）自变量的无量纲化处理。由于评价因素单位的不一致，需要对选取因素进行无量纲化处理，而均值化方法是一种较好的无量纲化方法，能保留各指标变异程度的信息（叶宗裕，2003）。所以本书采用均值化处理的方法对评价指标进行处理，公式如下：

$$Y_{ij} = \frac{X_{ij}}{X_i} \qquad (6\text{-}3)$$

式中：Y_{ij} 为均值化处理的第 i 个指标第 j 个数据的数值；X_{ij} 为第 i 个指标第 j 个数据的原始值；X_i 为第 i 个指标因素所有原始数据的平均值。

6.1.2　空间杜宾模型

空间杜宾模型（SDM）是在空间滞后模型和空间误差模型的基础上产生的模型，包括解释变量以及被解释变量等空间滞后项。一是考虑到农业景观格局演变是环境与生存、经济、产业、文化、制度等多因素综合作用的产物，也可将其视为多因素的共同体，由于研究区各乡镇间存在频繁的经济互动和人口流动，收入结构、产业选择、人口因素、文化因素等的差异可能会受到空间因素的影响，因而空间计量模型考虑到了各乡镇之间的空间依赖性；二是考虑到包括解释变量的空间滞后效应和来自空间相邻被解释变量的空间溢出效应，以及空间相邻解释变量的空间滞后效应，而空间杜宾模型能更好地控制可能存在的空间溢出行为的变量并提高其结果的稳定性。因此，本书采用空间杜宾模型作为理论模型来研究农业景观格局演变问题。其基本表达式如下：

$$y_{it} = \delta \sum_{j=1}^{N} W_{ij} + \emptyset + \beta X_{it} + c_i + \alpha_t + \varepsilon_{it} \tag{6-4}$$

$$y_{it} = \emptyset + \beta X_{it} + c_i + \alpha_t + u_{it}, \quad u_{it} = \rho \sum_{j=1}^{N} W_{ij} u_{jt} + \varepsilon_{it} \tag{6-5}$$

$$y_{it} = \delta \sum_{j=1}^{N} W_{ij} y_{jt} + \emptyset + \beta X_{it} + \sum_{j=1}^{N} W_{it} X_{ijt} \theta + c_i + \alpha_t + \varepsilon_{it} \tag{6-6}$$

式中：y 为被解释变量，代表农业景观变化；X 为解释变量，代表驱动因素；δ 为空间回归系数；ε 为随机误差变量；θ 为空间滞后项系数；u_{it} 为空间自规划误差项；W_i 为解释变量的空间滞后项；N 为空间单元数；W 为空间权重矩阵；下标 i 和 t 分别为乡镇和时间。

6.2 驱动力体系构建和指标确定

6.2.1 驱动因素选择原则

农村的社会经济条件发生了巨大的变化，如何梳理和认识人类活动和自然系统对农业景观格局演变的影响至关重要。

科学合理地选择石柱县农业景观时空演变的驱动因素，是进行农业景观格局时空演变驱动分析的基础，对于驱动机制的结论至关重要。农业景观格局变化驱动力即导致农业景观变化的各种因素及其作用程度，在选取驱动因素时，本书遵循以下原则。

（1）全面性和系统性原则。农业景观变化驱动因素的选择是多因素相互作用下的一种综合判断，需要将反映和推动农业景观变化的多项因素加以汇集、综合，尽量涵盖引起农业景观变化的各个方面的因素；虽然每一个指标相互独立，但是其内部存在某种必然联系，共同构成一个有机的驱动因素整体。

（2）科学性和适宜性原则。科学性是进行一切研究的基本原则，也是选取评价因素的根本准则。科学性原则要求所选取的指标需要有明确的定义，并能明确地用定量检测或者定性评价来计算。尽管驱动因素错综复杂，但驱动因素的选择也并非多多益善，还应遵守适宜性的原则，宜少不宜多、宜简不宜繁。

（3）典型性原则。典型性原则又可称为代表性原则。驱动因素的选择首先应当考虑其具有代表性。通过文献阅读和专家咨询等方式，确定选择的因素是否对农业景观格局演变具有典型性影响，选择其他研究已经证明或确认的对某种农业景观演变具有影响的因素，或选取对农业景观格局演变具有潜在的影响的因素，尽量避免选择时的主观因素影响所得结果的科学性。构建的指标体系应层次分明且不互相重叠，每个指标应具有代表性，且对农业景观变化具有切实影响和关键性影响。

（4）独立性原则。评价指标的选取还应充分考虑各驱动因素之间的差异性和可比性，有利于在定量分析中更为客观地确定权重。

（5）关联性原则。所谓关联，是指事物与事物之间、内容与内容之间一定的依存关系，以及呈现形式上的紧密相联程度。农业景观驱动因素关联性，就是选取的各驱动因素之间存在关联，使得农业景观驱动因素之间不会断裂，形成一个有机整体。

（6）可行性原则。可行性原则主要考虑易获得性，是指标评价、数据来源的一个客观标准性原则。确定对农业景观时空变化具有典型性影响的因素后，还需确定该因素是否具有相应的可获得性，即数据资料的可操作性以及数量的多寡。可行性原则一般包含两层含义，一是评价指标需选取含义确定的指标；二是可以直接或者间接取得的数据能够支撑所选取的评价指标（李海龙和于立，2011），且要让这些因素能够定量化（可以用模型软件加载出来），也就是因素具有可行性和定量化。尽管有些因素对农业景观格局演变影响很大，但是相关数据资源无法获取或不可定量，则暂时舍去。

6.2.2 驱动因素指标体系构建

农业景观类型变化是一个复杂的、综合的过程，是自然因素和人文因素综合作用的结果。各因素在不同的尺度空间，其作用方式和影响程度存在显著差异。生存驱动、经济驱动、制度驱动、文化驱动、产业驱动因素是直接影响农业景观类型变化的根本因素，其影响是快速的、阶段性的。而环境驱动因素，如气候、地形、水文等因素属于改变农业景观格局的缓慢因素，尤其地形、水文是在长期的自然演化中形成的，在短期内变化不大，所以自然因素对农业景观格局变化的影响是宏观的、连续的。本书选择的研究空间尺度为县域尺度，时间尺度为 15 年，属于较短时间尺度。这是因为 1997 年前的重庆市隶属于四川省，因为行政区划的更改，原有的土地利用数据及社会经济统计数据不可获得，所以只选择了 15 年为研究期。通过总结和归纳提炼，参考相关研究成果（马晓勇等，2018；欧维新等，2004；刘世薇等，2011；王艳芳和沈永明，2012；潘竟虎等，2012；王继夏等，2008；张涛，2018；李云等，2021；Liu et al.，2017），同时考虑石柱县农业景观变化特点及数据可得性，本书在确定石柱县农业景观格局变化的驱动力定量指标体系时，主要从经济驱动、文化驱动、制度驱动、生存驱动、产业驱动等方面考虑（表 6-1）。在第 3 章中已经从理论角度分析了农业景观格局演变的驱动力，结合第 4 章中地形梯度对景观格局变化的影响，本节选择环境因素时考虑地形因素（高程、坡度、坡向）、气候（降水量）和水文（到主要河流的距离）

因素。生存驱动选择粮食安全因素和人口状况因素，其中用人均粮食产量、人均耕地面积、粮食总产量、年末耕地面积来表达粮食安全，用农业人口、人口自然增长率、户籍人口来表达人口状况因素。经济驱动包括居民生活水平、城镇化率、区域交通条件，其中居民生活水平用农民人均纯收入、农村经济总收入、农村人均住房面积来表达；城镇化率用城镇化率指标来表达；区域交通条件用到最近乡镇中心的距离、到生态红线的距离、到公路的距离、到农村居民点的距离来表达。文化驱动难以量化，因此本节选用科技水平和文化教育来表达文化因素，其中科技水平用粮食单产和单位耕地化肥使用量来表达，文化教育用在校学生人数表达。产业驱动主要用农业结构调整来表达，而农业结构调整包括第一产业产值占GDP比重、第二产业产值占GDP比重、第三产业产值占GDP比重、建设用地比重。制度驱动包括林业政策、经济政策、自然保护政策，其中林业政策用森林覆盖率来表征，自然保护政策用到自然保护区的距离来表征，经济政策用专业经济组织增加村来表征。

表6-1 农业景观格局演变驱动因素的选择

一级指标	二级指标	三级指标（变量名，单位）	数据性质
环境驱动	气候	X_1 降水量/mL	空间数据
	地形	X_2 高程/m	空间数据
		X_3 坡度/°	空间数据
		X_4 坡向	空间数据
	水文	X_5 到主要河流的距离/km	空间数据
生存驱动	人口状况	X_6 户籍人口/人	非空间数据
		X_7 农业人口/人	非空间数据
		X_8 人口自然增长率（%）	非空间数据
	粮食安全	X_9 人均耕地面积/(hm²/人)	非空间数据
		X_{10} 粮食总产量/kg	非空间数据
		X_{11} 人均粮食产量/(kg/人)	非空间数据
		X_{12} 年末耕地面积/亩	非空间数据

续表

一级指标	二级指标	三级指标（变量名，单位）	数据性质
经济驱动	居民生活水平	X_{13} 农民人均纯收入/元	非空间数据
		X_{14} 农村经济总收入/万元	非空间数据
		X_{15} 农村人均住房面积/(m^2/人)	非空间数据
	城镇化率	X_{16} 城镇化率（%）	非空间数据
	区域交通条件	X_{17} 到最近乡镇中心的距离/km	空间数据
		X_{18} 到生态红线的距离/km	空间数据
		X_{19} 到公路的距离/km	空间数据
		X_{20} 到农村居民点的距离/km	空间数据
文化驱动	科技水平	X_{21} 粮食单产/（kg/hm^2）	非空间数据
		X_{22} 单位耕地化肥使用量/（kg/hm^2）	非空间数据
	文化教育	X_{23} 在校学生人数/人	非空间数据
产业驱动	农业结构调整	X_{24} 第一产业产值占 GDP 比重（%）	非空间数据
		X_{25} 第二产业产值占 GDP 比重（%）	非空间数据
		X_{26} 第三产业产值占 GDP 比重（%）	非空间数据
		X_{27} 建设用地比重（%）	非空间数据
制度驱动	林业政策	X_{28} 森林覆盖率（%）	非空间数据
	自然保护政策	X_{29} 到自然保护区的距离/km	空间数据
	经济政策	X_{30} 专业经济组织增加村/个	非空间数据

6.3 农业景观时空演变驱动力的定量分析

6.3.1 基于 GIS-logitic 回归模型的驱动力分析

本书利用 GIS 空间的随机抽样选取栅格单元里三个时间段，每个时间段的生产型、生活型、生态型、拓展型农业景观类型各1000个栅格单元，其中包括500个转化栅格，500个未转化栅格。但在三个时间段中，因为拓展型农业景观本身面积较小，图斑数量较少（分别为62个和22个），难以满足样本分析数量要求。本书主要对三个阶段转化为生产型农业景观、转化为生态型农业景观和转化为生活型农业景观进行驱动力分析。

1. 农业景观整体变化驱动分析

在石柱县第一阶段（2005—2010年）、第二阶段（2010—2015年）、第三阶段（2015—2020年）农业景观变化驱动因素研究中，生产型农业景观、生态型农业景观的Hosmer-Lemeshow（H-L）指标，P值经检验均大于显著性水平0.05，表明石柱县这两类农业景观的GIS-logistic回归模型都很好地拟合了数据，具体如表6-2~表6-4所示。

（1）2005—2010年农业景观变化的驱动分析。

在2005—2010年的农业景观变化驱动模型中，H-L指标检验模型的拟合效果较好（显著性水平sig=0.623，大于0.05），模型较为稳定。根据显著性水平和Wald统计量（表6-2），在2005—2010年阶段，农业景观转化的解释变量按照解释权重大小，依次为农业人口＞到农村居民点的距离＞农民人均纯收入＞第一产业产值占GDP比重＞坡度；在四种农业景观转化过程中，农业人口、到农村居民点的距离、农民人均纯收入、第一产业产值占GDP比重等因素对农业景观转化的影响最大，而自然因素中的坡度对农业景观的转化影响较大。从表6-2可知，第一阶段石柱县四类农业景观驱动模型中的主要驱动力为农业人口（生存驱动）＞到农村居民点的距离（经济驱动）＞农民人均纯收入（经济驱动）＞第一产业产值占GDP比重（产业驱动）。

表6-2　2005—2010年农业景观的GIS-logistic回归模型相关系数

| 第一阶段2005—2010年，H-L=6.218，sig=0.623，df=8，卡方临界值=15.507 ||||||
自变量	参数估计值 B	标准误差 SE	统计量 Wald	自由度 df	显著性水平 sig	发生概率 Exp（B）
X_3坡度/°	−0.017	0.007	7.134	1	0.008	0.983

续表

自变量	参数估计值 B	标准误差 SE	统计量 Wald	自由度 df	显著性水平 sig	发生概率 Exp(B)
X_7 农业人口/人	0	0	26.254	1	0	1.000
X_{13} 农民人均纯收入/元	0.001	0	9.067	1	0.003	1.001
X_{20} 到农村居民点的距离/km	−0.002	0	24.153	1	0	0.998
X_{24} 第一产业产值占GDP比重（%）	0.009	0.003	7.499	1	0.006	1.009
常量	−4.344	1.241	12.260	1	0	0.013

坡度的解释变量参数估计值 B 为负，说明农业景观变化概率与坡度的大小呈负相关，坡度越大，农业景观的变化概率越小；到农村居民点距离的解释变量参数估计值 B 为负，说明到农村居民点距离越近，农业景观变化概率越大，人类活动对农业景观变化有重要的影响作用。农业人口、农民人均纯收入、第一产业产值占 GDP 比重解释变量参数估计值 B 为 0 或正，说明农业景观变化概率与农业人口、农民人均纯收入和第一产业产值占 GDP 比重呈正相关。

总之，在 2005—2010 年这一时期，农业人口、农民人均纯收入、第一产业产值占 GDP 比重是农业景观转化的重要解释变量。由于农业人口和农民人均纯收入隶属于生存驱动和经济驱动，第一产业产值占 GDP 比重属于产业驱动，由此可见生存驱动、经济驱动和产业驱动是 2005—2010 年农业景观转化的重要解释变量。

（2）2010—2015 年农业景观变化的驱动分析。

在 2010—2015 年农业景观驱动模型中，H-L 指标检验模型的拟合效果较好（sig=0.161＞0.05），模型稳定，结果可靠（表 6-3）。

表 6-3　2010—2015 年农业景观的 GIS-logistic 回归模型相关系数

第二阶段 2010—2015 年，$H-L$=11.791，sig=0.161，df=8，卡方临界值=15.507

自变量	参数估计值 B	标准误差 SE	统计量 Wald	自由度 df	显著性水平 sig	发生概率 Exp(B)
X_2 高程/m	−0.002	0	59.119	1	0	0.998
X_3 坡度/°	0.068	0	47.928	1	0	0.934
X_{13} 农民人均纯收入/元	0.001	0	24.356	1	0	1.001
X_{19} 到公路的距离/km	0	0	4.583	1	0.032	1.000
X_{20} 到农村居民点的距离/km	−0.003	0.001	32.919	1	0	0.997
X_{24} 第一产业产值占 GDP 比重（%）	0.023	0.005	22.194	1	0	1.023
X_{26} 第三产业产值占 GDP 比重（%）	−0.049	0.024	4.378	1	0.036	0.952
X_{27} 建设用地比重（%）	0.210	0.059	12.824	1	0	1.234
X_{28} 森林覆盖率（%）	0.034	0.011	9.370	1	0.002	1.034
常量	−7.357	1.329	30.632	1	0	0.001

根据显著水平和 Wald 统计量，在 2010—2015 年阶段，农业景观转化的解释变量按照解释权重大小，依次为高程＞坡度＞到农村居民点的距离＞农民人均纯收入＞第一产业产值占 GDP 比重＞建设用地比重＞森林覆盖率＞到公路的距离；在农业景观转化过程中，环境驱动中地形因素中的高程和坡度对农业景观的转化影响最大；人文因素中的经济驱动、产业驱动对农业景观转化的影响较大。由表 6-3 可知，四类农业景观的主要驱动力为高程（环境驱动）＞坡度（环境驱动）＞到农村居民点的距离（经济驱动）＞农民人均纯收入（经济驱动）＞第一产业产值占 GDP 比重（产业驱动）＞建设用地比重（产业驱动）＞森林覆盖率（制度驱动）＞到公路的距离（经济驱动），可见与 2005—2010 年主要驱动力稍有差异，环境驱动、经济驱动、产业驱动、制度驱动共同作用促使农业景观转变，环境驱动因素大于人文因素的作用。

(3) 2015—2020年农业景观变化的驱动分析。

在2015—2020年农业景观驱动模型中，$H-L$指标（sig=0.218＞0.05）模型拟合效果好（表6-4），模型的结果可靠。

表6-4　2015—2020年农业景观的GIS-logistic回归模型相关系数

第三阶段2015—2020年，$H-L$=10.714，sig=0.218，df=8，卡方临界值=15.507

自变量	参数估计值 B	标准误差 SE	统计量 Wald	自由度 df	显著性水平 sig	发生概率 Exp(B)
X_3坡度/°	−0.021	0.007	9.649	1	0.002	0.979
X_6户籍人口/人	0	0	14.566	1	0	1.000
X_7农业人口/人	0	0	10.861	1	0.001	1.000
X_{11}人均粮食产量/（kg/人）	−0.001	0.001	5.340	1	0.021	0.999
X_{12}年末耕地面积/亩	0	0	9.079	1	0.003	1.000
X_{14}农村经济总收入/万元	0	0	7.334	1	0	1.000
X_{19}到公路的距离/km	0	0	8.642	1	0.036	1.000
X_{20}到农村居民点的距离/km	−0.003	0	50.521	1	0	0.997
X_{23}在校学生人数/人	0	0	16.932	1	0	1.000
X_{28}森林覆盖率（%）	0.039	0.007	31.016	1	0	1.040
常量	−1.854	0.634	8.563	1	0.003	0.157

根据显著水平和Wald统计量，在2015—2020年阶段，农业景观转化的解释变量按照解释权重大小，依次为到农村居民点的距离（经济驱动）＞森林覆盖率（制度驱动）＞在校学生人数（文化驱动）＞户籍人口（生存驱动）＞农业人口（生存驱动）＞坡度（环境驱动）＞年末耕地面积（生存驱动）＞到公路的距离（经济驱动）＞农村经济总收入（经济驱动）＞人均粮食产量（生存驱动）；在农业景观转化过程中，自然因素中的坡度对农业景观的转化影响较大；人文因素中的经济驱动、生存驱动、制度驱动、产业驱动

对农业景观转化具有重要影响力。这一时期相比前两个阶段，文化驱动成为农业景观变化的重要推动因素。

根据显著性水平和 Wald 统计量，在 2015—2020 年，坡度、到农村居民点的距离、人均粮食产量解释变量参数估计值 B 为负，说明这些因素与农业景观变化呈负相关，到农村居民点的距离越近，农业景观变化概率越大；人均粮食产量越大，农业景观变化概率越小；坡度越大，农业景观变化概率越小。户籍人口、农业人口、年末耕地面积、农村经济总收入、到公路的距离、在校学生人数、森林覆盖率解释变量参数估计值 B 为正，说明这些解释变量与农业景观变化概率正相关，农业景观的变化概率随着这些因素的增加而增加。

2. 各类型农业景观变化的驱动力分析

（1）转化为生产型农业景观的驱动分析。

在生产型农业景观驱动模型中，$H-L$ 指标和显著性水平（a=0.05）值在三个阶段分别为 14.316、6.062、10.714 和 0.074、0.640、0，说明模型拟合好，结果可靠。

根据显著性水平和 Wald 统计量，在 2005—2010 年阶段，促进农业景观转化为生产型农业景观的解释变量中，坡度、农村经济总收入、高程、年末耕地面积、第二产业产值占 GDP 比重、人均耕地面积、到农村居民点的距离不仅排序靠前且达到了显著性水平，依次为：坡度＞农村经济总收入＞高程＞年末耕地面积＞第二产业产值占 GDP 比重＞人均耕地面积＞到农村居民点的距离＞在校学生人数＞农村人均住房面积＞坡向＞人口自然增长率＞到主要河流的距离＞降水量；2010—2015 年阶段，转变为生产型农业景观的重要解释变量按照解释权重大小，依次为：到农村居民点的距离＞城镇化率＞人口自然增长率＞户籍人口＞到主要河流的距离＞粮食总产量；2015—2020 年阶段，转变为生产型农业景观的重要解释变量按照解释权重大小，依次为到农村居民点的距离＞户籍人口＞专业经济组织增加村＞农业人口＞粮食总产量＞第三产业产值占 GDP 比重＞人口自然增长率＞森林覆盖率＞粮食单产＞

农民人均纯收入>农村人均住房面积>年末耕地面积>单位耕地化肥使用量。在第一个阶段环境因素是生产型农业景观变化的重要驱动要素，但是人文因素中的生存驱动、经济驱动、文化驱动和产业驱动也是不可或缺的驱动因素；第二个阶段主要是生存驱动、经济驱动和产业驱动促使生产型农业景观变化；第三个阶段生产型农业景观主要受生存驱动、经济驱动、科技驱动、制度驱动共同作用。由此可知（表6-5），三个阶段驱动因素各有不同，生存驱动和经济驱动（到农村居民点的距离）是三个阶段生产型农业景观变化的核心影响因素，产业驱动、文化驱动、制度驱动、环境驱动对生产型农业景观格局变化也起驱动作用，但不是每个阶段都起作用。

表6-5 生产型农业景观的 GIS-logistic 回归模型相关系数

2005—2010 年，$H-L$=14.316，sig=0.074，df=8，卡方临界值=15.507

自变量	参数估计值 B	标准误差 SE	统计量 Wald	自由度 df	显著性水平 sig	发生概率 Exp（B）
X_1 降水量/mL	0.10	0.005	4.541	1	0.033	0.980
X_2 高程/m	0.002	0	38.128	1	0	1.002
X_3 坡度/°	0.069	0.009	61.396	1	0	1.071
X_4 坡向	−0.002	0.001	8.378	1	0.004	0.998
X_5 到主要河流的距离/km	0	0	5.112	1	0.024	1.000
X_8 人口自然增长率(%)	0.066	0.027	5.886	1	0.015	1.068
X_9 人均耕地面积/(hm²/人)	1.439	0.345	17.431	1	0	4.217
X_{12} 年末耕地面积/亩	0	0	22.807	1	0	1.000
X_{14} 农村经济总收入/万元	0	0	41.841	1	0	1.000
X_{15} 农村人均住房面积/(m²/人)	0.052	0.017	9.114	1	0.003	1.054
X_{20} 到农村居民点的距离/kg	0.005	0.001	14.029	1	0	1.005
X_{23} 在校学生人数/人	0	0	11.053	1	0.001	1.000

续表

2005—2010 年，H-L=14.316，sig=0.074，df=8，卡方临界值=15.507

自变量	参数估计值 B	标准误差 SE	统计量 Wald	自由度 df	显著性水平 sig	发生概率 Exp（B）
X_{25} 第二产业产值占 GDP 比重（%）	−0.024	0.006	17.705	1	0	0.976
常量	3.922	5.641	0.483	1	0.487	50.511

2010—2015 年，H-L=6.062，sig=0.640，df=8，卡方临界值=15.507

自变量	参数估计值 B	标准误差 SE	统计量 Wald	自由度 df	显著性水平 sig	发生概率 Exp（B）
X_5 到主要河流的距离/km	0.001	0	7.320	1	0.007	1.001
X_6 户籍人口/人	0.001	0	15.152	1	0	1.001
X_8 人口自然增长率(%)	0	0	18.933	1	0	1.000
X_{10} 粮食总产量/kg	−0.070	0.029	5.981	1	0.014	0.932
X_{16} 城镇化率（%）	0.044	0.007	36.864	1	0	1.045
X_{19} 到农村居民点的距离/km	−0.007	0.001	73.738	1	0	0.993
常量	−0.302	0.150	4.065	1	0.044	0.740

2015—2020 年，H-L=10.714，sig=0，df=8，卡方临界值=15.507

自变量	参数估计值 B	标准误差 SE	统计量 Wald	自由度 df	显著性水平 sig	发生概率 Exp（B）
X_6 户籍人口/人	0	0	55.365	1	0	1.000
X_7 农业人口/人	0.001	0	41.450	1	0	1.000
X_8 人口自然增长率(%)	−0.454	0.079	32.848	1	0	0.635
X_{10} 粮食总产量/kg	0	0	40.492	1	0	0.999
X_{12} 年末耕地面积/亩	0	0	11.670	1	0.001	1.000
X_{13} 农民人均纯收入/元	0.016	0	20.261	1	0	1.001
X_{15} 农村人均住房面积（m²/人）	0.069	0.016	18.348	1	0	1.072
X_{16} 城镇化率（%）	0.048	0.012	14.641	1	0	1.049

续表

2015—2020 年，$H-L$=10.714，sig=0，df=8，卡方临界值=15.507

自变量	参数估计值 B	标准误差 SE	统计量 Wald	自由度 df	显著性水平 sig	发生概率 Exp（B）
X_{20} 到农村居民点的距离/km	−0.016	0.002	101.741	1	0	0.984
X_{21} 粮食单产/（kg/hm²）	−0.026	0.006	20.618	1	0	0.974
X_{22} 单位耕地化肥使用量（kg/hm²）	0.031	0.009	10.935	1	0.001	1.032
X_{26} 第三产业产值占GDP比重（%）	0.135	0.023	33.977	1	0	1.094
X_{28} 森林覆盖率（%）	0.077	0.014	28.929	1	0	1.080
X_{30} 专业经济组织增加村/个	0.195	0.028	49.274	1	0	1.216
常量	−1.715	1.813	0.894	1	0.344	0.180

（2）转化为生活型农业景观的驱动分析。

在生活型农业景观变化驱动模型中，$H-L$ 指标和显著性水平（a=0.05）值在三个阶段分别为 14.316、8.125、12.807 和 0.074、0.216、0.147。$H-L$ 指标值小于卡方临界值 CHINV=15.507，显著性水平 sig＞0.05，统计不显著，表明模型拟合效果较好，模型拟合结果如表 6-6 所示。

表 6-6 生活型农业景观的 GIS-logistic 回归模型相关系数

2005—2010 年，$H-L$=14.316，sig=0.074，df=8，卡方临界值=15.507

自变量	参数估计 B	标准误差 SE	统计量 Wald	自由度 df	显著性水平 sig	发生概率 Exp（B）
X_{10} 粮食总产量/kg	0	0	15.636	1	0	1.000
X_{20} 到农村居民点的距离/kg	−0.008	0.001	37.089	1	0	0.992
X_{28} 森林覆盖率（%）	0.020	0.005	14.127	1	0	1.020
X_{30} 专业经济组织增加村/个	−0.141	0.41	11.703	1	0	1.010
常量	−1.074	0.422	6.485	1	0.011	0.342

续表

2010—2015 年，$H-L$=8.125，sig=0.216，df=8，卡方临界值=15.507

自变量	参数估计值 B	标准误差 SE	统计量 Wald	自由度 df	显著性水平 sig	发生概率 Exp(B)
X_3 坡度/°	−0.032	0.011	8.688	1	0.003	0.969
X_{11} 人均粮食产量/(kg/人)	−0.004	0.001	49.406	1	0	0.996
X_{13} 农民人均纯收入/元	0.001	0	35.042	1	0	1.001
X_{14} 农村经济总收入/万元	0	0	6.022	1	0.014	1.000
X_{15} 农村人均住房面积/(m²/人)	0.025	0.010	6.090	1	0.014	1.026
X_{17} 到最近乡镇中心的距离/km	0	0	29.168	1	0	1.000
X_{19} 到公路的距离/km	−0.001	0	65.373	1	0	0.999
X_{20} 到农村居民点的距离/km	0.004	0.001	17.834	1	0	1.004
X_{25} 第二产业产值占 GDP 比重（%）	−0.011	0.005	4.898	1	0.027	0.989
X_{26} 第三产业产值占 GDP 比重（%）	−0.096	0.026	14.068	1	0	0.909
常量	−7.825	1.983	15.571	1	0	0

2015—2020 年，$H-L$=12.087，sig=0.147，df=8，卡方临界值=15.507

自变量	参数估计值 B	标准误差 SE	统计量 Wald	自由度 df	显著性水平 sig	发生概率 Exp(B)
X_{15} 农村人均住房面积/(m²/人)	−0.021	0.006	10.906	1	0.001	0.979
X_{17} 到最近乡镇中心的距离/km	0.020	0.008	6.843	1	0.009	1.005
X_{24} 第一产业值占 GDP 比重（%）	0.011	0.003	11.742	1	0.001	1.011
X_{28} 森林覆盖率（%）	0.022	0.006	12.725	1	0	1.022
常量	−26.080	10.478	6.195	1	0.013	0

根据显著水平和 Wald 统计量，2005—2010 年，其他农业景观转变为生活型农业景观的驱动因素按照权重排序，依次为：到农村居民点的距离＞粮食总产量＞森林覆盖率＞专业经济组织增加村；2010—2015 年，其他农业景观类型转变为生活型农业景观较重要的驱动因素按照权重排序为：到公路的距离＞人均粮食产量＞农民人均纯收入＞到最近乡镇中心的距离＞到农村居民点的距离＞第三产业产值占 GDP 比重＞坡度＞农村经济总收入＞第二产业产值占 GDP 比重；2015—2020 年，其他农业景观类型转变为生活型农业景观较重要的驱动因素按权重排序为：森林覆盖率＞第一产业产值占 GDP 比重＞农村人均住房面积＞到最近乡镇中心的距离。三个阶段的核心驱动因素大致相近，差异不大。在第一阶段，到农村居民点的距离对生活型农业景观的驱动权重最大，在第二阶段稍微减弱，但仍能说明到农村居民点的距离是生活型农业景观转变的主要驱动因素。随着城镇化进程的加速和常住人口的增加，以及外来人口的迁入，对基础设施以及住房的需求加大。总之，生存驱动和经济驱动是三个阶段共同的作用因素，制度驱动、产业驱动是2005—2010 年、2015—2020 年两个阶段的共同作用因素，环境驱动是次要因素。

（3）转化为生态型农业景观的驱动分析。

生态型农业景观驱动模型中，$H-L$ 指标和显著性水平（a=0.05）值在三个阶段分别为 7.721、9.827、11.564 和 0.461、0.457、0.172。$H-L$ 指标值小于卡方临界值 CHIINV=15.507，显著水平 sig＞0.05，统计不显著，表明模型拟合效果较好，模型拟合结果如表 6-7 所示。

生态型农业景观对保护人类生存环境起着至关重要的作用，是自然界最为稳定的生态系统。根据显著性水平和 Wald 统计量可知，三个阶段的驱动因素中除了环境驱动因素的高程、坡度等至关重要外，生存驱动中的人口状况、经济驱动中的居民生活水平、产业驱动中的农业结构调整对生态型农业景观的变化影响也颇为重要。

在第一阶段（2005—2010年），生态型农业景观变化较为重要的驱动因素为高程、坡度、坡向、人均耕地面积、到农村居民点的距离、城镇化率、农村人均住房面积，重要性排序为：高程＞到农村居民点的距离＞坡度＞农村人均住房面积＞城镇化率＞人均耕地面积＞坡向。2005—2010年，石柱县的经济发展进入快速、协调发展的重要时期，开始朝规模农业、绿色农业、效益农业和集约农业发展，这一时期也是生态型农业景观减少的阶段，一些低海拔地区的生态型农业景观被开垦为生产型农业景观和生活型农业景观。所以在这一阶段，环境驱动是生态型农业景观至关重要的因素，人均耕地面积、到农村居民点的距离、城镇化率、农村人均住房面积也成为这一时期生态型农业景观变化的重要因素。

在2010—2015年阶段，其他农业景观类型转化为生态型农业景观较重要的驱动因素按权重排序为人均粮食产量＞到最近乡镇中心的距离＞到公路的距离＞坡度＞农村人均住房面积＞高程。2015—2020年，其他农业景观类型转化为生态型农业景观的驱动因素按权重排序为到农村居民点的距离＞年末耕地面积＞城镇化率＞第三产业产值占GDP比重＞在校学生人数＞高程＞坡度＞到公路的距离＞人均耕地面积＞坡向＞人均粮食产量＞农村经济总收入。

总之，转变为生态型农业景观的重要解释变量中，高程、坡度是三个阶段影响生态型农业景观变化的重要环境因素，到农村居民点的距离、人均耕地面积、城镇化率为2005—2010年、2015—2020年这两个时间段的重要驱动因素。尤其是2005—2010年。

生态型农业景观中，生存驱动、经济驱动、环境驱动是三个阶段推动生态型农业景观格局变化的共同因素，但三个阶段驱动力的微观因素又各有侧重。

第6章 石柱县农业景观时空演变的驱动力分析

表 6-7 生态型农业景观的 GIS-logistic 回归模型相关系数

2005—2010 年，$H-L$=7.721，sig=0.461，df=8，卡方临界值=15.507

自变量	参数估计值 B	标准误差 SE	统计量 Wald	自由度 df	显著性水平 sig	发生概率 Exp(B)
X_2 高程/m	−0.003	0.000	112.088	1	0.000	0.997
X_3 坡度/°	−0.040	0.007	31.490	1	0.000	0.961
X_4 坡向	0.002	0.001	10.053	1	0.002	1.002
X_9 人均耕地面积/(km²/人)	−0.238	0.073	10.731	1	0.001	0.788
X_{15} 农村人均住房面积（km²/人）	−0.045	0.010	21.348	1	0.000	0.956
X_{16} 城镇化率（%）	−0.019	0.007	8.442	1	0.004	0.981
X_{20} 到农村居民点的距离/km	−0.003	0.000	34.507	1	0.000	0.997
常量	7.017	0.781	80.726	1	0.000	1115.360

2010—2015 年，$H-L$=9.827，sig=0.457，df=8，卡方临界值=15.507

自变量	参数估计值 B	标准误差 SE	统计量 Wald	自由度 df	显著性水平 sig	发生概率 Exp(B)
X_2 高程/m	−0.006	0.001	21.916	1	0.001	0.994
X_3 坡度/°	−0.147	0.030	23.795	1	0.000	0.863
X_{11} 人均粮食产量/(kg/人)	.0010	0.001	60.662	1	0.000	1.010
X_{17} 到最近乡镇中心的距离/km	.0001	0.000	44.111	1	0.000	1.001
X_{19} 到公路的距离/km	−0.004	0.001	28.541	1	0.000	0.996
常量	−1.540	0.958	2.584	1	0.108	0.214

2015—2020 年，$H-L$=11.564，sig=0.172，df=8，卡方临界值=15.507

自变量	参数估计值 B	标准误差 SE	统计量 Wald	自由度 df	显著性水平 sig	发生概率 Exp(B)
X_2 高程/m	−0.001	0.000	14.651	1	0.000	0.999
X_3 坡度/°	−0.028	0.007	14.529	1	0.000	0.973
X_4 坡向	0.002	0.001	10.053	1	0.002	1.002

续表

2015—2020 年，H-L=11.564，sig=0.172，df=8，卡方临界值=15.507

自变量	参数估计值 B	标准误差 SE	统计量 Wald	自由度 df	显著性水平 sig	发生概率 Exp（B）
X_9 人均耕地面积/（km²/人）	−0.238	0.073	10.731	1	0.001	0.788
X_{11} 人均粮食产量/（kg/人）	−0.002	0.001	8.772	1	0.003	0.998
X_{12} 年末耕地面积/亩	0.000	0.000	29.769	1	0.000	1.000
X_{14} 农村经济总收入/万元	0.000	0.000	3.350	1	0.067	1.000
X_{16} 城镇化率（%）	−0.027	0.005	29.127	1	0.000	0.973
X_{19} 到公路的距离/km	−0.000	0.000	13.294	1	0.000	1.000
X_{20} 到农村居民点的距离/km	−0.004	0.001	68.696	1	0.000	0.996
X_{23} 在校学生人数/人	0.000	0.000	15.926	1	0.000	1.000
X_{26} 第三产业产值占GDP比重（%）	0.096	0.022	19.706	1	0.000	1.100
常量	3.569	0.585	37.180	1	0.000	35.487

3. 转化为拓展型农业景观驱动简述

拓展型农业景观驱动模型中，H-L 指标和显著水平（a=0.05）值在三个时期都未通过检验，一是因为三个时期拓展型农业景观面积本身太少，变化量不大，二是因为面积太少选点时出现差异较小的情形，导致结果不理想。

6.3.2 基于空间杜宾模型的驱动力分析

1. 空间相关性分析

为了检验环境驱动、生存驱动、经济驱动、文化驱动、产业驱动、制度驱动各因素对各类型农业景观转化是否具有空间效应，对解释变量进行空间自相关性检验，判断其是否适合用于空间计量模型来分析各驱动因素对农业景观面积变化的影响。本书基于上述模型变量的设定，通过GIS软件测算石柱县四个农业景观类型面积变化和驱动因素的Moran's I，检验其空间效应如何，结果如表6-8所示。

表6-8 石柱县各类型农业景观的空间相关性检验结果

年份	农业景观类型	Moran's I	Z得分	P值
2005—2010年	A 生产型	0.2743***	2.9596	0.0031
	B 生活型	0.3512***	3.7230	0.0002
	C 生态型	0.2681***	2.9604	0.0031
	D 拓展型	0.1624**	1.9751	0.0483
2010—2015年	A 生产型	0.0708**	1.1770	0.0392
	B 生活型	0.1246***	1.5228	0.0078
	C 生态型	0.0607***	0.9190	0.0081
	D 拓展型	0.0663***	1.1703	0.0019
2015—2020年	A 生产型	0.1375***	1.6456	0.0098
	B 生活型	-0.0359***	-0.0346	0.0024
	C 生态型	0.0674***	1.0419	0.0075
	D 拓展型	0.0410**	0.7657	0.0439

注：*** $P<0.01$，** $P<0.05$，* $P<0.1$，分别表示在0.01、0.05、0.1的水平上显著。

（1）2005—2020年，生产型农业景观面积变化的Moran's I都大于零，平均值达0.16085，处于0.0708～0.2743范围内；除了2010—2015年，生产型农业景观其他年份空间自相关均通过至少10%显著性水平检验，表明石柱县生产型农业景观面积变化和各驱动因素之间在地理空间上并非随机分布，而是存在显著正向全局空间自相关性特征，邻近乡镇之间农业景观在地理空间上存在相互作用和影响。

（2）2005—2020年，生活型农业景观面积变化的Moran's I在除2015—2020年外的其他两个时间段均大于零，平均值达0.1466，说明2005—2010年、2010—2015年石柱县生活型农业景观面积变化和各驱动因素之间存在显著空间正相关；2015—2020年Moran's I小于零，说明数据呈现空间负相关，即生活型农业景观面积变化量在地理空间上呈现负相关，生活型农业景观面积变化随解释变量的增长而减少。

（3）2005—2020年，生态型农业景观面积变化的Moran's I都大于零，平均值为0.1321，处于0.0607～0.2681范围内，均通过了10%的显著性水平检验，表明石柱县生态型农业景观面积变化和各驱动因素之间在地理空间上并非随机分布，而是存在显著正向全局空间自相关性特征，邻近乡镇之间生态型农业景观在地理空间上相互影响。

（4）2005—2020年，拓展型农业景观面积变化的Moran's I都大于零，平均值为0.0899，处于0.0410～0.1624范围内，均通过了10%的显著性水平检验，表明石柱县拓展型农业景观面积变化和各驱动因素之间在地理空间上并非随机分布，而是存在显著的正向全局空间自相关性特征。

通过空间自相关检验得知，农业景观面积变化的驱动因素存在空间自相关特征，并非彼此独立，为空间计量模型的应用提供了统计学检验前提和基础条件。

前文已经对农业景观时空格局变化进行了统计分析，本节将进一步利用空间统计模型进行实证分析。GIS-logistic回归分析显示，2005—2020年石柱县农业景观面积变化受诸多因素的影响，但不同因素对农业景观面积变化影响存在差异，因此在用空间杜宾动态模型构建农业景观变化模型时，得到估计结果如表6-9～表6-12所示。需要说明的是，本节计算所得结果仅是相对重要性，并非绝对量化的重要性。借助Stata软件，利用空间面板程序代码分别对空间杜宾模型（SDM）进行参数估计。从模型模拟效果来看，SDM估计结果的拟合优度（R-squared）均大于0.6，高于传统的面板拟合优度，说明将空间效应纳入计量模型可以提升模拟的解释力度。

2. 参数估计结果及因素分析

（1）转化为生产型农业景观的驱动分析。

根据显著性水平统计量，到主要河流的距离、粮食总产量、年末耕地面积、城镇化率、到最近乡镇中心的距离、到农村居民点的距离、粮食单产和森林覆盖率 8 个因素通过了显著性水平检验（表 6-9），而其他指标对生产型农业景观面积变化影响不明显。从 8 个影响显著指标的回归系数数值来看，城镇化率、到最近乡镇中心的距离、森林覆盖率对农业景观变化产生正向影响，表明这些变量增长会导致生产型农业景观面积的同向变化，由此说明城镇化率（经济驱动）、到最近乡镇中心的距离（经济驱动）、森林覆盖率（制度驱动）是促使其他景观转化为生产型农业景观的有利驱动；到主要河流的距离（环境驱动）、粮食总产量（生存驱动）、年末耕地面积（生存驱动）、到农村居民点的距离（经济驱动）和粮食单产（文化驱动）对生产型农业景观转化产生负向影响。例如到主要河流的距离越近，转化为生产型农业景观面积越大；粮食总产量下降，将引起该地区农业景观面积持续增加；年末耕地面积下降，将引起该地区其他农业景观向生产型农业景观转化。从直接效应来看，城镇化率、到最近乡镇中心的距离、森林覆盖率为正，表明这些因素的提升能显著推动其他农业景观转化为生产型农业景观；到主要河流的距离、粮食总产量、年末耕地面积、到农村居民点的距离、粮食单产为负，并都通过了显著性水平检验，说明到主要河流的距离、粮食总产量、年末耕地面积、到农村居民点的距离、粮食单产等对其他农业景观转化为生产型农业景观产生了负向影响，不利于转化为生产型农业景观。间接效应上，到主要河流的距离、城镇化率、到最近乡镇中心的距离、到农村居民点的距离、粮食单产通过了显著性水平检验，其中城镇化率、到最近乡镇中心的距离为正，说明城镇化率、到最近乡镇中心的距离的提升对周围邻近地区生产型农业景观面积变化有显著的溢出作用，可以促进和带动周围邻近地区其他农业景观转化为生产型农业景观；粮食总产量、年末耕地面积、森林覆盖率没有通过显著性水平检验，说明这些因素对周围邻近区域生产型农业景观面积变化尚未形成统计学意义上的显著溢出作用。从总体上来看，经济驱动（城镇化率、到最近乡镇中心的距离）、制度驱动（林业政策—森林覆盖率）是推动转化成生产型农业景观的有利因素，而环境驱动（到主要河流的距离）、生存驱动（粮食总产量、年末耕地面积)、文化驱动(科技水平—粮食单产)等是转化成生产型农业景观的不利因素。总之,城镇化率、到最近乡镇中心的距离不仅是转化为生产型农业景观的有利驱动因素,同时也能带动邻近区域其他景观转化为生产型农业景观,森林覆盖率不能带动邻近区域其他景观转化为生产型农业景观。

从逻辑回归模型和空间杜宾模型两者的比较可知,逻辑回归模型不仅从时间角度对各类农业景观驱动因素进行了分析,同时也从整体上对其进行分析,而空间杜宾模型只从类型角度进行研究。逻辑回归模型和空间杜宾模型分析结果略有不同,从逻辑回归模型和空间杜宾模型的共性驱动因素来看,到主要河流的距离、年末耕地面积、粮食总量、城镇化率、到农村居民点的距离、森林覆盖率对转化为生产型农业景观有作用,其中到主要河流的距离在两个模型中作用方向不一致;此外在两个模型中,环境因素中的地形,生存驱动模型中的人口状况,产业驱动中的第二产业产值占 GDP 比重、第三产业产值占 GDP 比重在逻辑回归模型中对生产型农业景观影响较大,也是逻辑回归模型中转变为生产型农业景观的重要影响因素,但是在空间杜宾模型中作用不显著。由此可见,两者结论既有共性,又有差异,但总体上来说,年末耕地面积、粮食总产量、城镇化率、森林覆盖率的作用方向是一致的,说明年末耕地面积、粮食总产量、城镇化率、森林覆盖率是两个模型中导致生产型农业景观格局发生变化的共同因素,这些因素分属于生存驱动、经济驱动、制度驱动。因此,生存驱动、经济驱动和制度驱动是生产型农业景观格局变化的重要因素。

表 6-9 转化为生产型农业景观的空间杜宾模型分析结果

权重矩阵	空间杜宾模型权重						
变量名称	Main	WX	Spatial	Variance	LR_Direct	LR_Indirect	LR_Total
X_5 到主要河流的距离/km	−1.012 *** (0)	−1.753 *** (0)	—	—	−1.024*** (0)	−0.856** (0.01)	−0.880*** (0)
X_{10} 粮食总产量/kg	−0.014* (0.09)	−0.032* (0.10)	—	—	−0.014* (0.09)	0.032 (0.11)	0.046** (0.04)

续表

权重矩阵	空间杜宾模型权重						
变量名称	Main	WX	Spatial	Variance	LR_Direct	LR_Indirect	LR_Total
X_{12} 年末耕地面积/亩	−0.006*** (0)	−0.003 (0.48)	—	—	−0.006*** (0)	−0.003 (0.45)	−0.009* (0.09)
X_{16} 城镇化率(%)	3.974*** (0.01)	7.414** (0.05)	—	—	3.932** (0.01)	7.698** (0.03)	11.630*** (0)
X_{17} 到最近乡镇中心的距离/km	0.191*** (0)	0.423*** (0)	—	—	0.198*** (0)	0.442*** (0)	0.640*** (0)
X_{20} 到农村居民点的距离/km	−2.120*** (0)	−4.332*** (0)	—	—	−2.148*** (0)	−4.453*** (0)	−6.601*** (0)
X_{21} 粮食单产/(kg/hm²)	−0.777** (0.03)	−2.599*** (0)	—	—	−0.788** (0.02)	−2.626*** (0.01)	−3.414*** (0)
X_{28} 森林覆盖率(%)	4.808* (0.09)	−1.592 (0.78)	—	—	4.882* (0.08)	−1.193 (0.84)	3.689 (0.61)
rho	—	—	0.011 (0.94)	—	—	—	—
sigma2_e	—	—	—	11,642.636*** (0)	—	—	—
Observations	128	128	128	128	128	128	128
R-squared	0.623	0.623	0.623	0.623	0.623	0.623	0.623
Number of code	32	32	32	32	32	32	32

注：*** $P<0.01$，** $P<0.05$，* $P<0.1$，分别表示在 0.01、0.05、0.1 的水平上显著。

(2) 转化为生活型农业景观的驱动分析。

生活型农业景观驱动模型的解释率达 62.1%，其中有 14 个因素通过了显著性水平检验（表 6-10）。根据显著性水平统计量，其他农业景观转化为生活型农业景观受降水量、高程、户籍人口、农业人口、粮食总产量、人均粮食产量、年末耕地面积、城镇化率、到最近乡镇中心的距离、到公路的距离、到农村居民点的距离、专业经济组织增加村、单位耕地化肥使用量、到自然保护区的距离等驱动因素的影响。降水量、高程、户籍人口、粮食总产量、到最近乡镇中心的距离、到公路的距离为正向指标，这些因素隶属于环境驱动、生存驱动、经济驱动；农业人口、人均粮食产量、年末耕地面积、城镇化率、到农村居民点的距离、单位耕地化肥使用量、专业经济组织增加村、到自然保护区的距离为负向指标，这些因素隶属于生存驱动、经济驱动、文化驱动（科技驱动）、制度驱动，其中专业经济组织增加村对生活型农业景观的驱动权重最大。从直接效应来看，降水量、高程、户籍人口、到最近乡镇中心的距离、到公路的距离、粮食总产量为正，表明这些因素的提升能显著推动生活型农业景观面积的变化；人均粮食产量、年末耕地面积、城镇化率、到农村居民点的距离、单位耕地化肥使用量、到自然保护区的距离、专业经济组织增加村为负，并都通过了显著性水平检验，说明人均粮食产量、年末耕地面积、城镇化率、到农村居民点的距离、单位耕地化肥使用量、到自然保护区的距离对生活型农业景观面积变化产生了负向影响，不利于转化为生活型农业景观面积。间接效应上，户籍人口、到最近乡镇中心的距离、到公路的距离通过了显著性水平检验，且为正向影响，说明户籍人口、到最近乡镇中心的距离、到公路的距离提升对周围邻近地区生活型农业景观面积变化有显著的溢出作用，可以促进和带动周围邻近地区生活型农业景观面积变化；降雨量、高程没有通过显著性水平检验，说明这两个因素对周围邻近区域生活型农业景观面积变化尚未形成统计学意义上的显著溢出作用。总体上来看，环境驱动、生存驱动、经济驱动是推动转化成生活型农业景观的有利因素，而科技驱动、制度驱动是不利于转化成生活型农业景观的驱动因素。但城镇化进程的加速和常住人口的增加，以及外来人口的迁入，加大了对基础设施以及住房的需求，所以城镇化率、到农村居民点的距离、到最近乡镇中心的距离对生活型农业景观的影响愈显重要。

表6-10 转化为生活型农业景观的空间杜宾模型结果

权重矩阵	空间杜宾模型权重						
变量名称	Main	WX	Spatial	Variance	LR_Direct	LR_Indirect	LR_Total
X_1 降水量/mL	0.866** (0.05)	−0.481 (0.37)	—	—	0.880** (0.03)	−0.021 (0.98)	0.858* (0.10)
X_2 高程/m	0.074** (0.04)	0.065 (0.40)	—	—	0.090** (0.01)	0.209 (0.19)	0.299* (0.09)
X_6 户籍人口/人	0.002*** (0)	0.007*** (0)	—	—	0.003*** (0)	0.017*** (0)	0.020*** (0)
X_7 农业人口/人	−0.005*** (0)	−0.014*** (0)	—	—	−0.008*** (0)	−0.035*** (0)	−0.043*** (0)
X_{10} 粮食总产量/kg	0.007*** (0)	0.009*** (0.01)	—	—	0.009*** (0)	0.026*** (0)	0.036*** (0)
X_{11} 人均粮食产量/（kg/人）	−0.099*** (0)	−0.158*** (0.01)	—	—	−0.136*** (0)	−0.455*** (0)	−0.591*** (0)
X_{12} 年末耕地面积/亩	−0.001* (0.07)	−0.002** (0.01)	—	—	−0.001** (0.02)	−0.004** (0.03)	−0.005** (0.02)
X_{16} 城镇化率（%）	−0.694*** (0)	−0.357 (0.55)	—	—	−0.833*** (0.01)	−1.568 (0.24)	−2.401 (0.12)
X_{17} 到最近乡镇中心的距离/km	0.026*** (0)	0.024 (0.13)	—	—	0.034*** (0)	0.085** (0.05)	0.120** (0.02)
X_{19} 到公路的距离/km	0.033*** (0)	0.065*** (0)	—	—	0.048*** (0)	0.181*** (0)	0.229*** (0)
X_{20} 到农村居民点的距离/km	−0.256*** (0)	−0.218 (0.14)	—	—	−0.322*** (0)	−0.770* (0.05)	−1.092** (0.01)
X_{22} 单位耕地化肥使用量（kg/hm²）	−0.249** (0.03)	−0.466 (0.12)	—	—	−0.354** (0.01)	−1.251* (0.06)	−1.605** (0.04)
X_{29} 到自然保护区的距离/km	−3.353*** (0)	−4.155** (0.02)	—	—	−4.345*** (0)	−12.771*** (0.01)	−17.115*** (0)
X_{30} 专业经济组织增加村	−0.009*** (0)	0.017*** (0)	—	—	−0.007** (0.01)	0.025** (0.03)	0.018 (0.17)
rho	—	—	0.551*** (0)	—	—	—	—

续表

权重矩阵	空间杜宾模型权重							
变量名称	Main	WX	Spatial	Variance	LR_Direct	LR_Indirect	LR_Total
sigma2_e	—	—	—	307.001*** (0)	—	—	—
Observations	128	128	128	128	128	128	128
R-squared	0.621	0.621	0.621	0.621	0.621	0.621	0.621
Number of code	32	32	32	32	32	32	32

注：*** $P<0.01$，** $P<0.05$，* $P<0.1$，分别表示在 0.01、0.05、0.1 的水平上显著。

从逻辑回归和空间杜宾模型两者的结果比较可知，转化为生活型农业景观的共性驱动因素有粮食总产量、人均粮食产量、到最近乡镇中心的距离、到公路的距离、到农村居民点的距离。其中到公路的距离在两个模型中的作用方向不一致，在空间杜宾模型中该因素是正向指标，在逻辑回归模型中属于负向指标；此外环境驱动中的地形，生存驱动中的人口状况，产业驱动中的第二产业产值占 GDP 比重、第三产业产值占 GDP 比重在逻辑回归模型中对生活型农业景观影响较大，是转变为生活型农业景观的重要影响因素，但是在空间杜宾模型中影响作用不显著。由此可见，两者结论既有共性，又有差异，但从总体上来说，年末耕地面积、粮食总产量、城镇化率、森林覆盖率、农村经济总收入的作用方向是一致的，说明年末耕地面积、粮食总产量、城镇化率、森林覆盖率是两个模型测度一致的转化为生活型农业景观的重要因素，这些因素隶属于生存驱动、经济驱动和制度驱动。因此，生存驱动、经济驱动、制度驱动是转化为生活型农业景观的重要因素。

（3）转化为生态型农业景观的驱动分析。

生态型农业景观对保护人类生存环境起着至关重要的作用，是自然界最为稳定的生态系统。表 6-11 为空间杜宾模型的估计结果，从表可以看出空间杜宾模型的解释率为 67.1%，表明模型拟合效果较好，其中有 9 个因素通过显著性水平检验。根据显著性水平统计量，其他农业景观转化为生态型农业景观受到主要河流的距离、农业人口、年末耕地面积、农民人均纯收入、城镇化率、到最近乡镇中心的距离、到农村居民点的距离、粮食单产、到自然保护区的距离等驱动因素的影响。其中，到主要河流的距离、农业人口、年末耕地面积、农民人均纯收入、到农村居民点的距离、到自然保护区的距离、粮食单产为正向指标，说明这些因素对其他农业景观转化为生态型农业景观起正向作用；而城镇化率、到最近乡镇中心的距离为负向指标，对其他农业景观转化为生态型农业景观起负向作用。从直接效应来看，到主要河流的距离、农业人口、年末耕地面积、农民人均纯收入、到农村居民点的距离、到自然保护区的距离、粮食单产为正，表明这些因素的提升能显著推动其他农业景观转化为生态型农业景观；城镇化率、到最近乡镇中心的距离为负，均通过显著性水平检验，说明其对生态型农业景观面积变化产生了负向影响，不利于其他农业景观转化为生态型农业景观。间接效应上，到主要河流的距离、到最近乡镇中心的距离、到农村居民点的距离、粮食单产通过了显著性水平检验，其中，到主要河流的距离、到农村居民点的距离、粮食单产为正向影响，说明这些因素的提升对周围邻近地区生态型农业景观面积变化有显著的溢出作用，可以促进和带动周围邻近地区生态型农业景观面积变化。农业人口、年末耕地面积、农民人均纯收入、城镇化率没有通过显著性水平检验，说明这些因素对周围邻近区域生态型农业景观面积变化尚未形成统计学意义上的显著溢出作用。从总体上来看，环境驱动、生存驱动、经济驱动是推动转化成生态型农业景观的有利因素，而经济驱动、科技驱动是不利于转化成生态型农业景观的驱动因素。

综上可知，在逻辑回归模型中，高程、坡度（环境驱动）、人均耕地面积（生存驱动）、城镇化率（经济驱动）、到农村居民点的距离（经济驱动）、农村人均住房面积（经济驱动）、到公路的距离（经济驱动）是转化为生态型农业景观的具有显性水平的负向指标，说明这些因素的增长对转化为生态型农业景观有制约作用。而年末耕地面积（生存驱动）、农村经济总收入（经济驱动）、在校学生人数（文化驱动）、第三产业产值占GDP比重（产业驱动）等是正向因素，也就是说这些因素的增长有利于转化为生态型农业景观。而在空间杜宾模型中，到主要河流的距离（环境因素）、农业人口（生存驱动）、年末耕地面积（生存驱动）、农民人均纯收入（经济驱动）、到农村居民点的距离（经济驱动）、粮食单产（经济驱动）、到自然保护区的距离（制度驱动）是正向因素，只有城镇化率、到公路的距离是负向因素，作用同上。比较可知，城镇化率、到最近乡镇中心的距离、到农村居民点的距离是共性驱动因素，其中城镇化率是负向因素，其提升不利于转化为生态型农业景观，到农村居民点的距离在两个模型中的作用方向不一致。逻辑回归模型中，地形因素与转化为生态型农业景观呈负相关，而在空间杜宾模型中显著性不强，所以两个模型的结论有所不同。从总体上来说，经济驱动（城镇化率、到最近乡镇中心的距离、到公路的距离）是两种模型的共性驱动因素。

表6-11 转化为生态型农业景观的空间杜宾模型结果

权重矩阵	空间杜宾模型权重						
变量名称	Main	Wx	Spatial	Variance	LR_Direct	LR_Indirect	LR_Total
X_5 到主要河流的距离/km	1.150*** (0)	1.961*** (0)	—		1.184*** (0)	2.161*** (0.01)	3.345*** (0)
X_7 农业人口/人	0.015** (0.05)	0.026 (0.22)	—		0.015* (0.05)	0.028 (0.22)	0.043* (0.09)
X_{12} 年末耕地面积/亩	0.006*** (0)	0.005 (0.24)	—		0.006*** (0)	0.006 (0.25)	0.012* (0.05)
X_{13} 农民人均纯收入/元	0.071* (0.05)	0.115 (0.23)	—		0.070* (0.05)	0.131 (0.21)	0.201* (0.08)
X_{16} 城镇化率（%）	−3.043* (0.06)	−5.143 (0.20)	—		−3.191* (0.06)	−5.654 (0.17)	−8.845* (0.06)
X_{17} 到最近乡镇中心的距离/km	−0.218*** (0)	−0.496*** (0)	—		−0.219*** (0)	−0.537*** (0)	−0.756*** (0)
X_{20} 到农村居民点的距离/km	2.437*** (0)	4.813*** (0)	—		2.495*** (0)	5.282*** (0)	7.777*** (0)

续表

权重矩阵	空间杜宾模型权重						
变量名称	Main	Wx	Spatial	Variance	LR_Direct	LR_Indirect	LR_Total
X_{21} 粮食单产/(kg/hm²)	0.964** (0.01)	2.465** (0.01)	—	—	1.002*** (0.01)	2.749*** (0.01)	3.751*** (0)
X_{29} 到自然保护区距离/km	0.030* (0.07)	0.039 (0.27)	—	—	0.028* (0.10)	0.042 (0.25)	0.070* (0.06)
rho	—	—	0.072 (0.58)	—	—	—	—
sigma2_e	—	—	—	13,590.128*** (0)	—	—	—
Observations	128	128	128	128	128	128	128
R-squared	0.671	0.671	0.671	0.671	0.671	0.671	0.671
Number of code	32	32	32	32	32	32	32

注：***$P<0.01$，**$P<0.05$，*$P<0.1$，分别表示在 0.01、0.05、0.1 的水平上显著。

（4）转化为拓展型农业景观驱动分析。

另一表征农业景观格局演变的重要变量是拓展型农业景观面积的变化，解释率为 61.9%（表 6-12），相对于前面三种类型，尽管各影响因素的解释率有所下降，但拓展型农业景观同样受到较多因素的制约，有 13 个因素通过了显著性水平检验。其中，农业人口、城镇化率、人口自然增长率、在校学生人数、建设用地比重、专业经济组织增加村等为正向因素，说明这些变量增长将引发其他农业景观向拓展型农业景观转化，因此农业人口、城镇化率、人口自然增长率、在校学生人数、建设用地比重、专业经济组织增加村有利于其他农业景观转化为拓展型农业景观。降水量、到主要河流的距离、户籍人口、到公路的距离、第一产业产值占 GDP 比重、第二产业产值占 GDP 比重、第三产业产值占 GDP 比重为负向因素，表明降水量、到主要河流的距离、户籍人口、到公路的距离、第一产业产值占 GDP 比重、第二产业产值占 GDP 比重、第三产业产值占 GDP 比重等下降，将引起该地区其他农业景观转化为拓展型农业景观的比例持续上升。从直接效应来看，农业人口、人口自然增长率、城镇化率、在校学生人数、建设用地比重、专业经济组织增加村为正，均通过显著性水平检验，表明这些因素的提升能显著推动其他农业景观转化为拓展型农业景观；降水量、到主要河流的距离、户籍人口、到公路的距离、第一产业产值占 GDP 比重、第二产业产值占 GDP 比重、第三产业产值占 GDP 比重为负，均通过显著性水平检验，说明这些因素对拓展型农业景观面积变化产生了负向影响，不利于该地区其他农业景观转化为拓展型农业景观。从间接效应来看，户籍人口、到公路的距离、第一产业产值占 GDP 比重、第二产业产值占 GDP 比重、第三产业产值占 GDP 比重为负向影响，说明这些因素的增长不利于周围邻近地区转化为拓展型农业景观；农业人口、人口自然增长率、城镇化率没有通过显著性水平检验，说明这些因素对周围邻近区域拓展型农业景观面积变化尚未形成统计学意义上的显著溢出作用。

表 6-12 转化为拓展型农业景观的空间杜宾模型结果

权重矩阵	空间杜宾模型权重						
变量名称	Main	Wx	Spatial	Variance	LR_Direct	LR_Indirect	LR_Total
X_1 降水量/mL	−1.657** (0.03)	1.390 (0.16)	—	—	−1.670** (0.05)	1.428 (0.16)	−0.243 (0.51)
X_5 到主要河流的距离/km	−0.232*** (0)	−0.185 (0.31)	—	—	−0.228*** (0)	−0.157 (0.36)	−0.385* (0.07)
X_6 户籍人口/人	−0.006*** (0)	−0.015*** (0)	—	—	−0.006*** (0)	−0.014*** (0)	−0.019*** (0)
X_7 农业人口/人	0.005** (0.02)	0.007 (0.21)	—	—	0.005** (0.03)	0.006 (0.25)	0.011* (0.07)
X_8 人口自然增长率（%）	3.795** (0.02)	4.895 (0.23)	—	—	3.629** (0.01)	4.210 (0.28)	7.839* (0.09)
X_{15} 城镇化率（%）	0.882** (0.05)	0.294 (0.79)	—	—	0.858* (0.06)	0.204 (0.83)	1.062 (0.30)

续表

权重矩阵	空间杜宾模型权重						
变量名称	Main	Wx	Spatial	Variance	LR_Direct	LR_Indirect	LR_Total
X_{19} 到公路的距离/km	−0.050** (0.01)	−0.088** (0.01)	—	—	−0.048** (0.01)	−0.074** (0.02)	−0.122*** (0.01)
X_{23} 在校学生人数/人	0.027*** (0)	0.048*** (0)	—	—	0.025*** (0)	0.042*** (0.01)	0.067*** (0)
X_{24} 第一产业产值占GDP比重（%）	−12.992* (0.06)	−51.850*** (0)	—	—	−12.074* (0.07)	−47.235*** (0)	−59.309*** (0)
X_{25} 第二产业产值占GDP比重（%）	−14.648** (0.03)	−54.591*** (0)	—	—	−13.640** (0.04)	−49.565*** (0)	−63.206*** (0)
X_{26} 第三产业产值占GDP比重/（%）	−15.667** (0.03)	−51.645*** (0)	—	—	−14.888** (0.03)	−46.983*** (0.01)	−61.872*** (0)
X_{27} 建设用地比重/（%）	8.258** (0.02)	36.839*** (0)	—	—	7.555 (0.03)	33.157** (0)	40.712*** (0)
X_{30} 专业经济组织增加村/个	2.818*** (0.01)	10.780*** (0)	—	—	2.687*** (0.01)	9.648*** (0)	12.335*** (0)
rho	—	—	−0.111 (0.38)	—	—	—	—
sigma2_e	—	—	—	1,019.854*** (0)	—	—	—
Observations	128	128	128	128	128	128	128
R-squared	0.619	0.619	0.619	0.619	0.619	0.619	0.619
Number of code	32	32	32	32	32	32	32
Observations	128	128	128	128	128	128	128

注：*** $P<0.01$，** $P<0.05$，* $P<0.1$，分别表示在 0.01、0.05、0.1 的水平上显著。

拓展型农业景观变化中，环境因素中最为重要的驱动因素为降水量，分析石柱县近十五年的气候变化趋势可知，该地年降水量呈下降趋势，但整体幅度变化不大。降水可能会影响水库水域、果园面积等。人口、社会经济的压力对拓展型农业景观的影响也越来越突出，人口的增长，必然要求生产型农业景观和生活型农业景观面积的增加，进而导致人们不断开垦裸地和特殊用地，从而导致拓展型农业景观面积的变化。总之，显著影响拓展型农业景观变化的主要因素依然是生存驱动（人口自然增长率）、产业驱动（建设用地比重）、制度驱动（专业经济组织增加村），而经济驱动（城镇化率）、文化驱动（在校学生人数）居次要地位。可见拓展型农业景观格局变化受到生存驱动、制度驱动、经济驱动、文化驱动等多类因素的共同影响。

6.3.3 两种模型结果的对比分析

通过逻辑回归模型和空间杜宾模型分析各驱动因素对农业景观格局变化的解释能力。在两种模型下，解释变量对农业景观面积变化的影响各有优缺点。

（1）逻辑回归模型能从时间角度更好地识别驱动因素，而空间杜宾模型测算出来的驱动因素范围更广，且能更好地识别农业景观变化的有利因素和不利因素，并能更好地区分对本地景观和邻近区域景观的影响。

（2）在逻辑回归模型中，因为拓展型农业景观面积过小，所选图斑数量过少，模型测算效果不好。而在空间杜宾模型中则避免了这个不足，较好地诠释了拓展型农业景观变化的驱动力。在两种模型下，环境、生存、经济、产业、文化、制度驱动因素对农业景观面积变化的影响不仅存在整体与局部的差异，而且还存在显著的类型差异。

（3）结果显示在两种模型下，年末耕地面积（生存驱动）、粮食总产量（生存驱动）、城镇化率（经济驱动）、森林覆盖率（制度驱动）是其他农业景观转化为生产型农业景观的重要驱动因素。粮食总产量（生存驱动）、人均粮食产量（生存驱动）、到最近乡镇中心的距离（经济驱动）、到公路的距离（经济驱动）、到农村居民点的距离（经济驱动）是推动其他农业景观转化成生活型农业景观的影响因素，而文化驱动（粮食单产）、制度驱动对其他农业景观转化成生活型农业景观时在两种模型中的作用方向不一致，所以驱动力大体一致，但微观因素各有不同。环境驱动（到主要河流的距离）、生存驱动（农业人口、年末耕地面积）、经济驱动（到农村居民点的距离）是推动其他农业景观转化成生态型农业景观的有利因素，而城镇化率（经济驱动）、到最近乡镇中心的距离（经济驱动）、到公路的距离（经济驱动）是不利于其他农业景观转化成生态型农业景观的驱动因素。生存驱动（人口自然增长率）、产业驱动（建设用地比重）、制度驱动（专业经济组织增加村）是其他农业景观转化为拓展型农业景观的重要因素，经济驱动（城镇化率）居次要地位。

（4）农业景观格局演变的驱动因素可以总结为两个方面，一是内在驱动，即农业景观之间内在转化导致农业景观面积数量的增加与减少，主要是生产型农业景观转化为生活型或生态型农业景观、拓展型农业景观；二是外生因素驱动，主要来自政策制度的影响、价值观念转变导致城市建设用地占用农业景观的空间。通过两个模型测算，生产型、生活型、生态型、拓展型农业景观变化驱动因素研究中，排名居前的均是生存驱动、制度驱动、经济驱动，这些因素分别隶属于内生驱动和外生驱动，说明石柱县农业景观演变是内外驱动因素共同作用的结果。

6.4 本章小结

本章研究了石柱县2005—2020年不同因素对农业景观格局演变的驱动，分析了不同时段农业景观格局变化的规律，可为石柱县农业景观保护和脆弱性应对管理提供参考。

（1）基于农业景观格局演变驱动力机制理论分析框架，对石柱县农业景观格局演变驱动力进行了实证分析。研究显示，选取30个解释变量对农业景观格局演变进行评价较为合理，为农业景观的保护和调控管理提供了一定的参考依据。

（2）基于GIS-logistic回归模型和空间杜宾模型分析驱动因素对农业景

观格局变化的解释能力。两种模型测算得出环境、生存、经济、产业、文化、制度驱动因素对农业景观面积变化的影响不仅存在整体与局部的差异，而且还存在显著的类型差异。

① 从整体角度分析，在 GIS-logistic 回归模型中，三个时期各农业景观类型转化的解释变量略有不同。结果显示农业景观面积变化主要受人文因素中的生存驱动、经济驱动、产业驱动、制度驱动的影响，环境驱动在农业景观转化中的作用弱于人文因素。

② 通过两种模型得出生产型、生活型、生态型、拓展型农业景观变化驱动因素，排名居前的均是生存驱动、制度驱动、经济驱动，这些因素分别隶属于内生驱动和外生驱动，说明石柱县农业景观演变是内外驱动因素共同作用的结果。

（3）每类农业景观的驱动因素大小不同，所以在对农业景观进行分类规划时，对于不同类型的农业景观应采取不同的保护措施。

第 7 章
石柱县农业景观脆弱性时空变化的驱动力分析

石柱县县域内地貌以中山、低山、丘陵为主，沟壑纵横，群山连绵，自然环境本底条件差。在人类干扰活动和自然环境共同驱动下，随着时间的推移，不仅农业景观空间格局会发生改变，农业景观的脆弱性也会发生变化。前面章节已经对石柱县农业景观脆弱性的时空变化规律作了详细分析，本章进一步分析农业景观脆弱性的影响因素，以期能为石柱县农业景观脆弱性管理政策的制定及农业景观格局优化提供依据。

7.1 农业景观脆弱性时空变化驱动力的研究方法

随着人类活动强度的加大，农业景观的稳定性受到了威胁，表现出脆弱性的特征。学界采用灰色关联度理论、地理探测器模型、主成分分析法来对脆弱性的成因和驱动力做了相关研究：林金煌等（2018）学者认为人口密度、景观多样性、岩性和土壤类型是闽三角城市群生态环境脆弱性的主要驱动因素；李路等（2021）学者通过地理探测器模型研究了气温、地形、植被覆盖度因素、耕地面积、牲畜头数的增长及自然环境与生态脆弱性的关系；周松秀等（2011）通过主成分分析法研究南方丘陵区农业生态环境脆弱性的主要驱动力，认为落后的社会、经济生产方式是农业生态环境脆弱性的强大驱动力，结构型脆弱性驱动力为次要驱动力；夏热帕提·阿不来提等（2019）对黄河蒙河段生态环境脆弱性进行评价并分析驱动力，认为湿地面积变化是导致部分河段生态脆弱性发生变化的直接原因。本章基于前人研究成果，采用灰色关联度分析法和面板数据回归模型来分析农业景观脆弱性变化的驱动因素。

7.1.1　灰色关联度分析法

灰色关联度分析法是通过相关统计数据间的相似程度来体现景观脆弱性与驱动要素之间的关联程度，以确定某种驱动要素对景观脆弱性变化的贡献率大小（刘思峰，2010）。该方法对样本数量和特征无明确限制和要求，分析效果也更好（张文杰和袁红平，2018）。

1. 灰色关联度分析法的基本思想

灰色关联度分析法主要将系统因素的离散行为观测值转化为分段连续折线，根据折线的几何特征构造测度关联模型，通过比较关联模型中的灰色关联度，对因变量与自变量的联系程度大小进行判断（张文杰和袁红平，2018；刘思峰等，2010）。本章将农业景观脆弱性时空变化过程与各驱动因素间的关联度分为绝对关联度、相对关联度和综合关联度三种类型，其中绝对关联度表示各驱动因素与农业景观脆弱性综合指数变化的关联程度，值越大，关联度越大，反之亦然。相对关联度越大，代表两者变化速率越接近；综合关联度指标表征驱动因素与农业景观脆弱性综合指数的变化速率和接近程度。

2. 灰色关联度的计算过程

（1）归一化处理。

样本数据经过归一化处理后获得（0，1）区间范围的结果数据。设 X 为 n 维样本，归一化后为

$$X(i) = \frac{X(i) - \min(X)}{\max(X) - \min(X)}, \quad i = 1, 2, \cdots, n \tag{7-1}$$

（2）绝对差计算。

假设有 m 种影响因素，每种影响因素是 n 维，则主序列表示为 $Y_0 = [Y_0(1), \cdots, Y_0(n)]$，子序列表示为 $X_i = [X_i(1), \cdots, X_i(n)], i = 1, 2, \cdots, m$。绝对差如下：

$$\Delta_i(k) = |Y_0(K) - X_i(K)|, k = 1, 2, \cdots, m \tag{7-2}$$

（3）绝对差两级值计算。

$$\min_i \min_k \Delta_i(k) \tag{7-3}$$

$$\max_i \max_k \Delta_i(k) \tag{7-4}$$

式中：$\min_i \min_k \Delta_i(k)$、$\max_i \max_k \Delta_i(k)$ 分别为两级最小值和最大值。

（4）关联系数计算。

$$\xi_i(k) = \frac{\min_i \min_k \Delta_i(k) + \sigma \max_i \max_k \Delta_i(k)}{\Delta_i(k) + \sigma \max_i \max_k \Delta_i(k)} \tag{7-5}$$

式中：σ 为分辨系数，其代表提高关联系数之间的显著性，取值范围 $0 < \sigma < 1$，一般取值为 $0.1 \sim 0.5$；$\xi_i(k)$ 为两个被比较序列在某一时刻的紧密程度，$0 < \xi_i(k) \leqslant 1$。

（5）关联度计算。

$$R_i = \frac{1}{n} \sum_{k=1}^{n} \xi_i(k), i = 1, 2, \cdots, m \tag{7-6}$$

式中：R_i 为第 i 类影响因素与脆弱性的关联程度。

7.1.2 面板数据回归模型

面板数据回归模型，可以用来描述一个总体中给定样本在一段时间内的情况，可以同时在时间和截面空间表达农业景观脆弱性变化与社会经济因素之间的关系。基于此，本章参照和借鉴梁昌一等（2021）的研究，采用农业景观脆弱性（y_{it}）作为核心被解释变量，解释变量包括年平均降水量（X_1）、年平均气温（X_2）、高程（X_3）、坡度（X_4）、斑块密度（X_5）、香农多样性（X_6）、景观破碎度（X_7）、建设用地比重（X_8）、到政府驻地的距离（X_9）、农业人口比重（X_{10}）、人口自然增长率（X_{11}）、单位农药使用量（X_{12}）、单位耕地化肥使用量（X_{13}）、第一产业产值占 GDP 比重（X_{14}）、第二产业产值占 GDP 比重（X_{15}）、森林覆盖率（X_{16}）、农村经济总收入（X_{17}）、农民人均纯收入（X_{18}）、在校学生人数（X_{19}）、通汽车村数（X_{20}）、自来水受益村数（X_{21}）等因素，具体回归模型如下：

$$y_{it} = \alpha_i + x_{it}\beta + u_{it} \tag{7-7}$$

$$y_{it} = \mu + x_{it}\beta + a_i + u_{it} \tag{7-8}$$

式中：i 为乡镇的截面单元；t 为年份；y_{it} 为农业景观脆弱性水平；x_{it} 为解释变量在横截面 i 和时间 t 上的数值；β 为影响因素变量对因变量的影响程度；a_i 为个体 i 不随时间改变的影响因素；u_{it} 为随机误差项，表示某截面随时间变化的不可观测因素。

7.2 结果分析

7.2.1 基于灰色关联度理论的脆弱性变化驱动力分析

根据石柱县的实际情况，并综合以往研究成果（孙鸿超和张正祥，2019；孙宇晴等，2021），本章选取影响石柱县农业景观脆弱性变化的因素：年平均降水量（X_1）、年平均降气温（X_2）、高程（X_3）、坡度（X_4）、斑块密度（X_5）、香农多样性（X_6）、景观破碎度（X_7）、建设用地比重（X_8）、到政府驻地的距离（X_9）、农业人口比重（X_{10}）、人口自然增长率（X_{11}）、单位耕地农药使用量（X_{12}）、单位耕地化肥使用量（X_{13}）、第一产业产值占 GDP 比重（X_{14}）、第二产业产值占 GDP 比重（X_{15}）、森林覆盖率（X_{16}）、农村经济总收入（X_{17}）、农民人均纯收入（X_{18}）、在校学生人数（X_{19}）、通汽车村数（X_{20}）、自来水受益村数（X_{21}），运用灰色关联度法分析了 2005—2020 年各脆弱性指标与农业景观脆弱性综合指数的相关性，其结果如表 7-1～表 7-4 所示。

1. 2005 年农业景观脆弱性与驱动因素之间的关联度分析

关联度主要是用来表示各驱动因素与农业景观脆弱性综合指数之间的关联程度，关联度值越大，关联程度越强。由表 7-1 可知，驱动因素按绝对关联度排序为年平均气温（X_2）>年平均降水量（X_1）>森林覆盖率（X_{16}）>到政府驻地的距离（X_9）>人口自然增长率（X_{11}）>建设用地比重（X_8）>第二产业产值占 GDP 比重（X_{15}）>农村经济总收入（X_{17}）>单位耕地农药使用量（X_{12}）>景观破碎度（X_7）>单位耕地化肥使用量（X_{13}）=第一产业产值占 GDP 比重（X_{14}）>斑块密度（X_5）=农民人均纯收入（X_{18}）>香农多样性（X_6）>农业人口比重（X_{10}）>自来水受益村数（X_{21}）>通汽车村数（X_{20}）>高程（X_3）>在校学生人数（X_{19}）>坡度（X_4）。由驱动因素关联度排序中绝对关联系数最高值为 0.99907 可知：2005 年，石柱县农业景观脆弱性综合指数和年平均气温关联程度最高。年平均降水量与农业景观脆弱性综合指数的绝对关联度为 0.99905，排第二位，表明年平均降水量与农业景观脆弱性综合指数动态变化程度相近。由此可知环境因素对农业景观脆弱性的影响最大。此外，由表 7-1 亦可知，森林覆盖率、到政府驻地的距离、建设用地比重、第二产业产值占 GDP 比重、人口自然增长率、农村经济总收入、单位耕地农药使用量、景观破碎度等均名列前十位，分别代表了制度、经济、产业、生存、景观格局等因素，表明 2005 年这些要素对农业景观脆弱性的影响很大；在校学生人数和坡度对农业景观脆弱性综合指数的影响最小，分别为 0.95592 和 0.95185。由此表明，2005 年石柱县农业景观脆弱性的变化主要受自然环境因素的影响；制度、经济、产业和生存等因素对石柱县农业景观脆弱性的作用居次要地位。

表 7-1　2005 年农业景观脆弱性综合指数与驱动因素之间的关联度

序号	变量名称	相对关联度	绝对关联度	综合关联度
X_1	年平均降水量	0.57898	0.99905	0.78901

续表

序号	变量名称	相对关联度	绝对关联度	综合关联度
X_2	年平均气温	0.53022	0.99907	0.76464
X_3	高程	0.55021	0.99784	0.77402
X_4	坡度	0.73391	0.95185	0.85288
X_5	斑块密度	0.54620	0.99878	0.77402
X_6	香农多样性	0.59259	0.99874	0.79567
X_7	景观破碎度	0.56363	0.99882	0.78122
X_8	建设用地比重	0.72958	0.99889	0.86423
X_9	到政府驻地的距离	0.57805	0.99891	0.78848
X_{10}	农业人口比重	0.62156	0.99867	0.81012
X_{11}	人口自然增长率	0.66874	0.99890	0.83382
X_{12}	单位耕地农药使用量	0.67486	0.99883	0.83685
X_{13}	单位耕地化肥使用量	0.70391	0.99881	0.85136
X_{14}	第一产业产值占GDP比重	0.71225	0.99881	0.85553
X_{15}	第二产业产值占GDP比重	0.76619	0.99885	0.88252
X_{16}	森林覆盖率	0.50710	0.99892	0.75301
X_{17}	农村经济总收入	0.76142	0.99884	0.88013
X_{18}	农民人均纯收入	0.67585	0.99878	0.83732
X_{19}	在校学生人数	0.88721	0.95592	0.94307
X_{20}	通汽车村数	0.62231	0.99859	0.81045
X_{21}	自来水受益村数	0.58520	0.99860	0.79190

2. 2010年农业景观脆弱性与驱动因素之间的关联度分析

由表7-2可知，驱动因素关联度排序为：年平均降水量（X_1）＞年平均降气温（X_2）＞单位耕地农药使用量（X_{12}）＞农村经济总收入（X_{17}）＞第二产业产值占GDP比重（X_{15}）＞第一产业产值占GDP比重（X_{14}）＞建设用地

第7章　石柱县农业景观脆弱性时空变化的驱动力分析

比重（X_8）>农民人均纯收入（X_{18}）>景观破碎度（X_7）>香农多样性（X_6）>斑块密度（X_5）>到政府驻地的距离（X_9）>森林覆盖率（X_{16}）>单位耕地化肥使用量（X_{13}）>自来水受益村数（X_{21}）>通汽车村数（X_{20}）>农业人口比重（X_{10}）>人口自然增长率（X_{11}）>高程（X_3）>在校学生人数（X_{19}）>坡度（X_4）。由驱动因素关联度排序可以得知，2010年，与石柱县农业景观脆弱性综合指数变化之间绝对关联度最高的是平均降雨量，关联系数为0.99929。年平均气温与农业景观脆弱性综合指数的绝对关联度为0.99918，排第二位，表明年平均气温与农业景观脆弱性综合指数动态变化程度相近。由此可以得知，2010年环境驱动对石柱县农业景观脆弱性影响最大。此外，单位耕地农药使用量、农村经济总收入、第二产业产值占GDP比重、第一产业产值占GDP比重、建设用地比重、农民人均纯收入、景观破碎度等指标与农业景观脆弱性综合指数的关联度均较高，分别代表技术因素、经济因素、产业因素、景观格局演变因素等对农业景观脆弱性综合指数的影响较大。由此表明，2010年对石柱县农业景观脆弱性影响最大的因素是自然因素，其次是科技因素、经济因素、产业因素及景观格局演变。在校学生人数和坡度的影响最小，绝对关联度分别为0.89507和0.89156。由此可见，2010年石柱县农业景观脆弱性的变化主要受环境、技术、经济、产业和景观格局演变等因素的影响。

表7-2　2010年农业景观脆弱性综合指数与驱动因素之间的关联度

序号	变量名称	相对关联度	绝对关联度	综合关联度
X_1	年平均降水量	0.65340	0.99929	0.82635
X_2	年平均气温	0.55621	0.99918	0.77775
X_3	高程	0.60192	0.89788	0.79990
X_4	坡度	0.77616	0.89156	0.87386
X_5	斑块密度	0.64872	0.99911	0.89887
X_6	香农多样性	0.68443	0.99911	0.84177
X_7	景观破碎度	0.64425	0.99911	0.82168

续表

序号	变量名称	相对关联度	绝对关联度	综合关联度
X_8	建设用地比重	0.76655	0.99918	0.88286
X_9	到政府驻地的距离	0.60029	0.99911	0.79970
X_{10}	农业人口比重	0.79674	0.92904	0.89789
X_{11}	人口自然增长率	0.58238	0.92891	0.79065
X_{12}	单位耕地农药使用量	0.87965	0.99927	0.93946
X_{13}	单位耕地化肥使用量	0.76163	0.99910	0.88037
X_{14}	第一产业产值占GDP比重	0.83810	0.99918	0.91864
X_{15}	工业产值比重	0.84101	0.99919	0.92010
X_{16}	森林覆盖率	0.52110	0.99910	0.76010
X_{17}	农村经济总收入	0.81951	0.99921	0.90936
X_{18}	农民人均纯收入	0.67418	0.99916	0.83667
X_{19}	在校学生人数	0.80292	0.89507	0.90100
X_{20}	通汽车村数	0.62231	0.99905	0.76628
X_{21}	自来水受益村数	0.58520	0.99908	0.83668

3. 2015年农业景观脆弱性与驱动因素之间的关联度分析

2015年石柱县农业景观脆弱性综合指数与驱动因素之间的关联度如表7-3所示，各驱动因素按绝对关联度排序为：年平均气温（X_2）＞年平均降水量（X_1）＞森林覆盖率（X_{16}）＞第二产业产值占GDP比重（X_{15}）＞到政府驻地的距离（X_9）＞第一产业产值占GDP比重（X_{14}）＞建设用地比重（X_8）＞农村经济总收入（X_{17}）＞人口自然增长率（X_{11}）=香农多样性（X_6）＞单位耕地化肥使用量（X_{13}）＞农民人均纯收入（X_{18}）＞斑块密度（X_5）＞在校学生人数（X_{19}）＞通汽车村数（X_{20}）＞单位耕地农药使用量（X_{12}）＞景观破碎度（X_7）＞农业人口比重（X_{10}）＞自来水受益村数（X_{21}）＞高程（X_3）＞坡度（X_4）。由驱动因素排序可以得知，2015年，与农业景观脆弱性综合指数变化之间绝对关联度最大的是年平均气温，关联系数为0.99943，表

第 7 章 石柱县农业景观脆弱性时空变化的驱动力分析

明石柱县农业景观脆弱性综合指数和年平均气温关联程度最高。年平均降水量与农业景观脆弱性综合指数的绝对关联度为 0.99941，排第二位，表明平均降雨量与农业景观脆弱性综合指数动态变化程度相近。由此可以得知，环境驱动因素对农业景观脆弱性的影响最大。此外，森林覆盖率、第二产业产值占 GDP 比重、到政府驻地的距离、第一产业产值占 GDP 比重、建设用地比重、农村经济总收入、人口自然增长率、香农多样性等均名列前十位，这些因素分别代表了制度、产业、经济、生存、景观格局演变等方面，而在校学生人数和通汽车村数的影响最小，关联系数分别为 0.89510 和 0.89910。由此可见，2015 年石柱县农业景观脆弱性的变化主要受环境、产业、经济及景观格局演变等因素的影响。

表 7-3　2015 年农业景观脆弱性综合指数与驱动因素之间的关联度

序号	变量名称	相对关联度	绝对关联度	综合关联度
X_1	年平均降水量	0.51304	0.99941	0.75623
X_2	年平均气温	0.52301	0.99943	0.76122
X_3	高程	0.53259	0.99801	0.76530
X_4	坡度	0.71623	0.97164	0.84393
X_5	斑块密度	0.55217	0.99910	0.88159
X_6	香农多样性	0.61591	0.99913	0.80752
X_7	景观破碎度	0.54976	0.96909	0.77442
X_8	建设用地比重	0.70074	0.99917	0.84996
X_9	到政府驻地的距离	0.56451	0.99920	0.78186
X_{10}	农业人口比重	0.73816	0.96903	0.86860
X_{11}	人口自然增长率	0.66111	0.99913	0.83012
X_{12}	单位耕地农药使用量	0.74442	0.96909	0.87175
X_{13}	单位耕地化肥使用量	0.62009	0.99913	0.80961
X_{14}	第一产业产值占 GDP 比重	0.80027	0.99919	0.89973
X_{15}	第二产业产值占 GDP 比重	0.84117	0.99923	0.92020
X_{16}	森林覆盖率	0.48678	0.99924	0.74301

续表

序号	变量名称	相对关联度	绝对关联度	综合关联度
X_{17}	农村经济总收入	0.74024	0.99916	0.86970
X_{18}	农民人均纯收入	0.67565	0.99911	0.83738
X_{19}	在校学生人数	0.77899	0.89510	0.88904
X_{20}	通汽车村数	0.68243	0.89910	0.84076
X_{21}	自来水受益村数	0.54898	0.95899	0.77398

4. 2020年农业景观脆弱性与驱动因素之间的关联度分析

2020年石柱县农业景观脆弱性综合指数与驱动因素之间的关联度如表7-4所示，驱动因素按绝对关联度排序为：年平均降水量（X_1）＞年平均气温（X_2）＞人口自然增长率（X_{11}）＞到政府驻地的距离（X_9）＞在校学生人数（X_{19}）＞森林覆盖率（X_{16}）＞建设用地比重（X_8）＞农村经济总收入（X_{17}）＞单位耕地化肥使用量（X_{13}）＞景观破碎度（X_7）＞通汽车村数（X_{20}）＞斑块密度（X_5）＞第二产业产值占GDP比重（X_{15}）＞单位耕地农药使用量（X_{12}）＞香农多样性（X_6）＞农民人均纯收入（X_{18}）＞第一产业产值占GDP比重（X_{14}）＞农业人口比重（X_{10}）＞自来水受益村数（X_{21}）＞高程（X_3）＞坡度（X_4）。由此可以得知，2020年与农业景观脆弱性综合指数变化之间绝对关联度最大的是年平均降水量，绝对关联系数为0.99787，表明石柱县农业景观脆弱性综合指数和年平均降水量关联程度最高。年平均气温与农业景观脆弱性综合指数的绝对关联度为0.99786，排第二位，表明年均气温与农业景观脆弱性综合指数动态变化程度相近。由此可以得知，环境驱动对农业景观脆弱性的影响最大。人口自然增长率、到政府驻地的距离、在校学生人数、森林覆盖率、建设用地比重、农村经济总收入、单位耕地化肥使用量、景观破碎度等均名列前十位，分别代表了生存、经济、文化、制度、产业和景观格局等因素，说明这些因素对农业景观脆弱性综合指数影响较大。而高程和坡度的影响最小，分别为0.89721和0.87285。由此可见，2020年石柱县农业景观脆弱性的变化主要受环境、产业、文化、经济驱动及景观格局演变等因素的影响。

表7-4　2020年农业景观脆弱性综合指数与驱动因素之间的关联度

序号	变量名称	相对关联度	绝对关联度	综合关联度
X_1	年平均降水量	0.66588	0.99787	0.83187
X_2	年平均气温	0.61653	0.99786	0.80720
X_3	高程	0.67245	0.89721	0.83483
X_4	坡度	0.77149	0.87285	0.87217
X_5	斑块密度	0.68321	0.99763	0.91642
X_6	香农多样性	0.68884	0.99759	0.84322
X_7	景观破碎度	0.65710	0.99764	0.82737
X_8	建设用地比重	0.70274	0.99769	0.85022
X_9	到政府驻地的距离	0.68880	0.99773	0.84327
X_{10}	农业人口比重	0.58261	0.95746	0.79004
X_{11}	人口自然增长率	0.81328	0.99775	0.90552
X_{12}	单位耕地农药使用量	0.76479	0.99761	0.88120
X_{13}	单位耕地化肥使用量	0.73844	0.99764	0.86804
X_{14}	第一产业产值占GDP比重	0.67896	0.99758	0.83827
X_{15}	第二产业产值占GDP比重	0.65310	0.99761	0.82535
X_{16}	森林覆盖率	0.61337	0.99772	0.80555
X_{17}	农村经济总收入	0.66918	0.99765	0.83341
X_{18}	农民人均纯收入	0.72263	0.99759	0.86011
X_{19}	在校学生人数	0.58020	0.99573	0.78896
X_{20}	通汽车村数	0.62231	0.99905	0.76628
X_{21}	自来水受益村数	0.58520	0.89908	0.83668

5. 四个时期驱动因素比较

综合分析2005—2020年四个阶段的农业景观脆弱性与驱动因素的关联

度，排名靠前的是年平均降水量、年平均气温、森林覆盖率、第二产业产值占 GDP 比重、到政府驻地的距离、第一产业产值占 GDP 比重、建设用地比重、人口自然增长率、景观格局因素，说明四个时间段石柱县农业景观脆弱性变化均受环境、政策、产业、生存、经济、景观格局等因素影响，但景观格局因素内部的微观指标每年略有侧重，2005 年和 2010 年对农业景观脆弱性变化影响较大的景观格局因素是景观破碎度，2015 年对景观脆弱性变化驱动力较大的景观格局因素为香农多样性和斑块密度，2020 年对景观脆弱性变化影响较大的景观格局因素主要是景观破碎度和斑块密度。

7.2.2 基于面板数据回归模型的脆弱性变化驱动力分析

1. F 检验与 Hausman 检验

首先，对面板数据模型进行了 F 检验，由检验结果（表 7-5）可知，F 检验结果为显著拒绝原假设，则变截距模型更为合适。之后，对数据进行了 Hausman 检验，检验结果为卡方值不显著拒绝原假设。因此，在采用固定效应模型的基础上，又进一步结合随机效应模型来评估农业景观脆弱性变化的驱动因素。

表 7-5　F 检验结果、Hausman 检验结果

因变量模型	F 检验		
	F	Prob＞F	结论
AVD	6.56	0	变截距模型
因变量模型	Hausman 检验		
	Chi	Prob＞Chi2	结论
AVD	22.02	0.0024	随机模型
因变量模型	随机检验		
	Chi	Prob＞Chi2	结论
AVD	165.40	0	随机效应

2. 多重共线性检验

对变量进行了多重共线性检验，检验结果如表 7-6 所示。方差膨胀因素（VIF 大于 10，表示变量之间存在多重共线性；当 $1/VIF>5$，变量之间存在共线性）。从检验结果可知，除年平均降水量和年平均气温没有通过检验，其他变量之间不存在共线性。

表 7-6 多重共线性检验结果

序号	变量名称	VIF	$1/VIF$
X_1	年平均降水量	15.30	0.0654
X_2	年平均气温	11.80	0.0847
X_3	高程	7.95	0.1258
X_4	坡度	7.85	0.1273
X_5	斑块密度	7.38	0.1355
X_6	香农多样性	7.09	0.1410
X_7	景观破碎度	6.38	0.1567
X_8	建设用地比重	5.50	0.1817
X_9	到政府驻地的距离	5.00	0.2002
X_{10}	农业人口比重	4.62	0.2166
X_{11}	人口自然增长率	3.72	0.2690
X_{12}	单位耕地农药使用量	3.56	0.2807
X_{13}	单位耕地化肥使用量	3.01	0.3324
X_{14}	第一产业产值占 GDP 比重	2.75	0.3638
X_{15}	第二产业产值占 GDP 比重	2.73	0.3667
X_{16}	森林覆盖率	2.40	0.4162
X_{17}	农村经济总收入	2.26	0.4432
X_{18}	农民人均纯收入	2.09	0.4782
X_{19}	在校学生人数	1.57	0.6381
X_{20}	通汽车村数	1.52	0.6587
X_{21}	自来水受益村数	1.47	0.6812
	平均值	5.04	—

3. 序列自相关检验

模型序列自相关检验是为了检测面板数据模型回归分析的有效性，如果因变量在 1%的显著水平下拒绝原假设，表明原假设为模型不存在一阶自相关。由检验结果（表 7-7）可知，原假设为模型不存在一阶自相关，表明因变量模型存在序列一阶自相关。

表 7-7　模型序列自相关检验

因变量模型	H_0: no first-order autocorrelation
AVD	$F(1, 31) = 17.106$ Prob＞F=0.0002＜0.01

4. 异方差检验

采用修正的 Wald 统计量来判断模型是否存在截面异方差，检验结果如表 7-8 所示，可知模型都存在截面异方差。

表 7-8　模型异方差检验

因变量模型	H_0: sigma$(i)^2$=sigma^2 for all i
AVD	$Chi2(32) = 11086.55$ Prob＞F=0＜0.01

5. 模型的估计结果

通过以上检验可以得知，石柱县农业景观脆弱性为解释变量的面板数据模型更适合采用随机效应模型，并且除年平均降水量、年平均气温，其他解释变量之间无多重共线性存在，但存在序列一阶自相关。

（1）通过面板数据模型的混合回归分析（OLS）农业景观脆弱性变化的驱动因素，结果如表 7-9 所示，所有结果的 R-Square 都在 73.37%以上，表明拟合度好。在模型结果中，年平均降水量、年平均气温、斑块密度、建设用地比重、景观破碎度、单位耕地化肥使用量、农村经济总收入、农民人均

第 7 章 石柱县农业景观脆弱性时空变化的驱动力分析

纯收入通过了显著性检验，但年平均降水量与年平均气温没有通过多重共线性检验，所以剔除这两个因素。香农多样性、农民人均纯收入与农业景观脆弱性呈负相关，其中，香农多样性的回归系数为-0.0483；说明在其他因素不变的情况下，香农多样性每增加1%，农业景观脆弱性就会减少0.0483%；同样，随着农民人均纯收入的增加，农业景观脆弱性也呈减少趋势。斑块密度、建设用地比重、农村经济总收入、单位耕地化肥使用量与农业景观脆弱性呈正相关；农业景观脆弱性变化受斑块密度影响最大，回归系数为0.3561，随着斑块密度升高，农业景观脆弱性增强；同样，随着建设用地比重、农村经济总收入和单位耕地化肥使用量增长，农业景观脆弱性也有所增加。其中，景观破碎度、斑块密度代表景观格局因素，单位耕地化肥使用量代表科技因素，农村经济总收入、农民人均纯收入属于经济因素。由此可以得知，石柱县农业景观脆弱性变化主要受经济因素、科技因素和景观格局因素的影响。

表 7-9 OLS 回归结果表

序号	变量名称	（1）回归系数	（2）标准差	（3）T检验值	（4）P值
X_1	年平均降水量	-0.6505*	0.2085	-3.1200	0.0020
X_2	年平均气温	-1.8985*	0.4937	-3.8500	0
X_3	高程	0.0298	0.0435	0.6900	0.4950
X_4	坡度	0.0341	0.0705	0.4800	0.6300
X_5	斑块密度	0.3561*	0.0872	4.0800	0
X_6	香农多样性	-0.0483	0.0722	-0.6700	0.5050
X_7	景观破碎度	0.1784**	0.0834	2.1400	0.0350
X_8	建设用地比重	0.0236	0.0062	3.8400	0*
X_9	到政府驻地的距离	-0.0089	0.0099	-0.9000	0.3710
X_{10}	农业人口比重	-0.0009	0.0007	-1.3500	0.1810
X_{11}	人口自然增长率	0	0.0031	-0.0100	0.9950
X_{12}	单位耕地农药使用量	0.0116	0.0155	0.7500	0.4570
X_{13}	单位耕地化肥使用量	0.0374***	0.0194	1.9200	0.0570

续表

序号	变量名称	（1）回归系数	（2）标准差	（3）T检验值	（4）P值
X_{14}	第一产业产值占GDP比重	0.0016***	0.0008	1.9400	0.0550
X_{15}	第二产业产值占GDP比重	0.0005	0.0007	0.7400	0.4600
X_{16}	森林覆盖率	−0.0008	0.0015	−0.5600	0.5740
X_{17}	农村经济总收入	0.1434*	0.0284	5.0400	0
X_{18}	农民人均纯收入	−0.1070**	0.0429	−2.4900	0.0140
X_{19}	在校学生人数	−0.0140	0.0132	−1.0600	0.2910
X_{20}	通汽车村数	−0.0034	0.0337	−0.1000	0.9190
X_{21}	自来水受益村数	0.0012	0.0046	0.2600	0.7950
_cons		8.0791*	2.2438	3.6000	0
R−square		0.7337	—	—	—

注：*** $P<0.01$，** $P<0.05$，* $P<0.1$，分别表示在0.01、0.05、0.1的水平上显著。

（2）通过面板数据固定效应模型分析农业景观脆弱性变化的驱动因素，由表7-10可以得知，年平均气温、斑块密度、景观破碎度、建设用地比重、农村经济总收入、单位耕地化肥使用量、第一产业产值占GDP比重、农村经济总收入、在校学生人数与农业景观脆弱性有显著的相关性。但是年平均降雨量与年平均气温没有通过多重共线性检验，所以剔除这两个因素。其中斑块密度、景观破碎度代表景观格局，单位耕地化肥使用量代表科技因素，第一产业产值占GDP比重代表产业因素，农村经济总收入代表经济因素，在校学生人数代表文化因素。由此可以得出，石柱县农业景观脆弱性主要受景观格局、产业因素、经济因素、科技因素、文化因素的影响。

表7-10　固定效应评估结果

序号	变量名称	（1）回归系数	（2）标准差	（3）T检验值	（4）P值
X_1	年平均降水量	−0.1060	0.4475	−0.2400	0.8130
X_2	年平均气温	−1.6341*	0.5411	−3.0200	0.0030

续表

序号	变量名称	（1）回归系数	（2）标准差	（3）T检验值	（4）P值
X_3	高程	0.0420	0.0464	0.9100	0.3670
X_4	坡度	0.0926	0.0753	1.2300	0.2220
X_5	斑块密度	0.3226*	0.0874	3.6900	0.0000
X_6	香农多样性	−0.0282	0.0723	−0.3900	0.6970
X_7	景观破碎度	0.1603***	0.0859	1.8700	0.0650
X_8	建设用地比重	0.0257*	0.0062	4.1600	0
X_9	到政府驻地的距离	−0.0136	0.0101	−1.3400	0.1830
X_{10}	农业人口比重	−0.0009	0.0007	−1.2900	0.1990
X_{11}	人口自然增长率	−0.0011	0.0031	−0.3500	0.7290
X_{12}	单位耕地农药使用量	−0.0134	0.0156	−0.8500	0.3950
X_{13}	单位耕地化肥使用量	−0.0515**	0.0204	−2.5300	0.0130
X_{14}	第一产业产值占GDP比重	0.0017***	0.0010	1.8000	0.0740
X_{15}	第二产业产值占GDP比重	0.0006	0.0008	0.7800	0.4380
X_{16}	森林覆盖率	−0.0014	0.0016	−0.9100	0.3670
X_{17}	农村经济总收入	0.1448	0.0291	4.9700	0.0000*
X_{18}	农民人均纯收入	0.2912	0.2010	1.4500	0.1500
X_{19}	在校学生人数	−0.0283***	0.0145	−1.9600	0.0530
X_{20}	通汽车村数	−0.0149	0.0336	−0.4400	0.6590
$X21$	自来水受益村数	0.0040	0.0049	0.8200	0.4140
_cons		0.5602	4.2649	0.1300	0.8960
	R-square	0.7337			

注：*** $P<0.01$，** $P<0.05$，* $P<0.1$，分别表示在0.01、0.05、0.1的水平上显著。

（3）通过随机模型分析可知（表7-11），年平均降水量、年平均气温、香农多样性、建设用地比重、第一产业产值占GDP比重、农村经济总收入、森林覆盖率、农民人均纯收入、自来水受益村数通过显著性检验，与OLS模型检验和固定效应模型测算的结果相似，表明年平均降水量、年平均气温、香农多样性、建设用地比重、农村经济总收入、农民人均纯收入、第一产业产值占 GDP 比重、自来水受益村数与农业景观脆弱性变化有相关性。其中，年平均降水量与年平均气温没有通过多重共线性检验，所以剔除这两个因素。香农多样性代表景观格局，建设用地比重代表经济因素，农村经济总收入、农民人均纯收入属于经济因素，第一产业产值占 GDP 比重隶属于产业因素，自来水受益村数隶属于制度因素，所以通过随机模型可以得知石柱县农业景观脆弱性变化主要受经济因素、产业因素和制度因素及景观格局自身的影响。

表 7-11 随机效应评估结果

序号	变量名称	（1）回归系数	（2）标准差	（3）T 检验值	（4）P 值
X_1	年平均降水量	−0.5423*	0.1338	−4.0500	0
X_2	年平均气温	−1.7430*	0.4109	−4.2400	0
X_3	高程	−0.0318	0.0505	−0.6300	0.5290
X_4	坡度	−0.0247	0.1113	−0.2200	0.8250
X_5	斑块密度	0.0584	0.0545	1.0700	0.2830
X_6	香农多样性	0.0971**	0.0474	2.0500	0.0400
X_7	景观破碎度	0.0234	0.0688	0.3400	0.7330
X_8	建设用地比重	0.0151*	0.0043	3.5200	0
X_9	到政府驻地的距离	−0.0117	0.0169	−0.6900	0.4870
X_{10}	农业人口比重	0	0.0004	0.0400	0.9690
X_{11}	人口自然增长率	0.0012	0.0019	0.6100	0.5420
X_{12}	单位耕地农药使用量	0.0065	0.0102	0.6400	0.5250
X_{13}	单位耕地化肥使用量	−0.0116	0.0108	−1.0800	0.2820
X_{14}	第一产业产值占 GDP 比重	0.0009***	0.0005	1.8500	0.0640
X_{15}	第二产业产值占 GDP 比重	0.0001	0.0006	0.1700	0.8630
X_{16}	森林覆盖率	0.0020**	0.0010	2.0300	0.0420
X_{17}	农村经济总收入	0.1218*	0.0287	4.2500	0
X_{18}	农民人均纯收入	−0.0647***	0.0347	−1.8600	0.0620

续表

序号	变量名称	（1）回归系数	（2）标准差	（3）T检验值	（4）P值
X_{19}	在校学生人数	−0.0155	0.0106	−1.4600	0.1440
X_{20}	通汽车村数	0.0240	0.0190	1.2700	0.2060
X_{21}	自来水受益村数	0.0073	0.0029	2.5500	0.0110**
_cons		8.3305	1.8676	4.4600	0*
R-square		0.6608			

注：*** $P<0.01$，** $P<0.05$，* $P<0.1$，分别表示在 0.01、0.05、0.1 的水平上显著。

总之，通过面板数据回归模型的 OLS、固定效应模型和随机模型分析可知，石柱县农业景观脆弱性变化受自然因素、景观格局、经济因素、产业因素、制度因素、科技因素的作用，但自然因素因共线性检验没有通过而被剔除，由此可见农业景观格局演变是导致石柱县农业景观面积持续减少和脆弱性增强的重要因素。

7.2.3 两种模型结果的对比分析

综合灰色关联度分析法和面板数据回归模型的结果，可以得知农业景观格局演变是导致石柱县农业景观面积持续减少和脆弱性增强的重要因素。人类活动和自然环境是影响农业景观脆弱性变化的主要因素。社会经济因素是农业景观脆弱性变化的外部因素，其中农村经济总收入、农民人均纯收入、建设用地比重、单位耕地农药使用量、第一产业产值占 GDP 比重对农业景观脆弱性产生的影响较大。农业景观所处的自然地理环境是农业景观脆弱性形成的自然本底条件。其中，景观破碎度、斑块密度、香农多样性等对农业景观脆弱性的影响最大。由此可见，景观格局因素对石柱县农业景观脆弱性的影响更大。因此，规避石柱县农业景观脆弱性，首先是要保持农业景观格局稳定，其次是要减少人类经济活动的干扰。

7.3 本章小结

本章主要研究了石柱县农业景观脆弱性的驱动因素，得出以下结论。

（1）基于灰色关联度分析法分析了石柱县 2005—2020 年农业景观脆弱性的驱动因素，结果显示石柱县农业景观脆弱性驱动因素在不同的时间段不完全相同，环境因素（年平均气温和平均降水量）对石柱县农业景观脆弱性影响最大。环境、制度、经济、产业、生存、科技、景观格局演变等因素是石柱县农业景观脆弱性变化的共同作用因素。

（2）基于面板数据回归模型的 OLS、固定效应模型和随机效应模型分析可以得知，石柱县农业景观脆弱性变化主要受自然因素、经济因素、产业因素、科技因素和景观格局自身因素的影响，三个模型测度脆弱性变化的驱动因素大体一致，内部微观因素略有不同。

（3）综合灰色关联度分析法和面板数据回归模型的结果，可知农业景观格局演变是导致石柱县农业景观面积持续减少和脆弱性增强的重要因素，人类活动和自然环境是影响农业景观脆弱性变化的主要因素。社会经济因素是农业景观脆弱性变化的外部因素。农业景观所处的自然地理环境是农业景观脆弱性形成的自然本底条件。规避石柱县农业景观脆弱性，首先要保持农业景观格局稳定，其次要减少人类经济活动的干扰。

第8章
石柱县农业景观格局优化与脆弱性应对

石柱县不仅是我国典型的生态脆弱区，也是我国重要的生态屏障区和生态经济区。经济社会发展与资源环境保护的矛盾是石柱县面临的重要问题。基于前面章节对石柱县农业景观格局、农业景观演变驱动机制、农业景观脆弱性的综合分析，明确研究期内石柱县农业景观格局有明显变化，景观脆弱性指数上升。因此，优化农业景观空间格局，并强化农业景观脆弱性应对管理已经成为保障农业景观的可持续发展的核心问题。基于对石柱县农业景观格局的特征、农业景观脆弱性时空特征及驱动力分析，本章提出农业景观格局优化与脆弱性应对管理的对策建议。

8.1 基于农业景观脆弱性结果的景观格局优化和脆弱性应对管理措施

对石柱县农业景观格局演变和脆弱性变化驱动力的分析表明，石柱县农业景观脆弱性与农业景观格局演变关系明显。石柱县农业景观格局演变呈生产型农业景观锐减，生活型、拓展型和生态型农业景观增加，景观破碎化程度增加，景观越来越复杂和不规则等特征；而通过石柱县农业景观脆弱性测度结果可知，石柱县农业景观脆弱性程度增强，其强弱变化规律与景观格局变化规律呈同向关系。因此，根据景观格局演变规律和景观脆弱性测度结果，对石柱县农业景观格局进行优化管理。

8.1.1　将绿色发展理念与生态文明建设作为总的指导思想

综合石柱县农业景观脆弱性测度结果，从类型角度来看，生产型、生活型农业景观脆弱性指数最高；从脆弱性变化空间来看，从东南向西南呈逐渐增强趋势，再由西南向西北和北部逐渐减弱。所以在进行石柱县农业景观保护时，首先应基于景观脆弱性测度结果优化其景观格局。而景观格局优化不仅包括结构规划，同时也包含功能规划。景观格局优化包括对景观数量、类型进行合理的空间配置和优化（李洪庆等，2018），结构规划对整个区域起关键作用，它不仅确定整个区域的轮廓，更是整个区域功能分区的基础，也是减小农业景观脆弱性的重要和有效途径之一。因此，首先应将绿色发展理念与生态文明建设总体思想作为石柱县国土空间规划和布局的根本指导思想。具体来说，严格把握生态保护、永久基本农田、城镇开发边界三条控制红线[1]，秉承生态保护与经济发展相协调的目标来指导石柱县的景观布局。农业景观功能布局需要以脆弱性分区和分级为指导，以脆弱性评价为基础，合理规划石柱县各农业景观的功能。在重度和高度脆弱等级区域，减少生活型农业景观、拓展型农业景观和其他类型景观的建设与规划；在脆弱等级低的区域，可以适当增加生活型农业景观和拓展型农业景观的规划与布局。

8.1.2　科学制定农业景观各类型的供需规模和时序

由前述研究可知，石柱县农业景观格局演变主要体现为农业景观面积持

---

[1] 新华社. 中共中央办公厅　国务院办公厅印发《关于国土空间规划中统筹划定落实三条控制线的指导意见》[EB/OL].(2019-11-01)[2019-12-19].http://www.gov.cn/zhengce/2019/11/01content-5447654.htm.

第8章 石柱县农业景观格局优化与脆弱性应对

续减少和脆弱性增强。因此,要减缓石柱县农业景观脆弱性状态,应着重从如下方面着力。

(1)需要科学制定石柱县各类型农业景观用地的总量平衡目标,具体包括:生产型、生态型、生活型和拓展型农业景观等的用地应在宏观调控导向下力争需求与供给的总体平衡。另外,还需调整包括以建设用地为核心的生活型农业景观用地的供给规模与时序,达到供需总体平衡,服务于国家的宏观调控。

(2)调整各类型农业景观用地的结构优化目标。在农业景观总量调控平衡基础上,力保农业景观利用结构趋于合理。生产型、生活型和拓展型农业景观结构比重直接与国民经济结构和社会发展相关,但目前生产型农业景观数量锐减,如石柱县的西南部城镇区、北部农业区生产型农业景观资源呈现持续减少态势,由此可能会导致粮食安全形势严峻。因此,如何协调和保护生产型农业景观与社会经济发展的关系是保障石柱县社会经济有序发展的重要课题。基于此,石柱县应当从政策和制度着手,合理调整和分配农业景观用地的结构比例,坚守以耕地为核心的生产型农业景观的保护红线,同时结合现实需要,科学制定石柱县生产型和生活型农业景观的年度用地计划,不断优化农业景观结构,达到农业景观资源的合理分配,满足社会的基本需求,适应国家宏观调控的趋势与导向。

(3)科学划分各类型农业景观功能区并加强对各类型农业景观功能区的用途管控和空间管控。石柱县西南部城镇区、北部农业区生产型农业景观资源的锐减,主要是因为城镇化的发展所导致的城镇人口的增加和城镇空间的拓展,大量生产型农业景观资源出现非农化现象。而为了缓解城镇化所导致的生产型农业景观脆弱性,应当合理确定各类型农业景观功能分区,提高各种农业景观资源的综合利用效率,同时不断提高生活型农业景观的承载能力。还要科学规划以生活型农业景观和其他景观为核心的城市建设边界条件,整体控制城镇建设用地开发强度、土地投资强度和人均用地指标,避免城镇建设中的无序扩张。

8.1.3 基于农业景观敏感性抵抗力和社会适应能力提高进行格局优化

石柱县农业景观面临农业景观脆弱性增强，一方面是由于农业景观自身抵抗敏感性减弱，另一方面是由于农业景观适应能力减弱。因此，需要通过优化农业景观格局和改变脆弱性状态。

（1）强化农业产业结构转型升级，以农业新型业态促进农业景观对外界干扰的抵御能力。在农业景观遇到外部条件变化形成脆弱性时，强化石柱县农业景观的自我保护能力，以减少损失和伤害。石柱县应着手进行经济转型，减少经济系统对生产型农业景观的依赖作用，培育和发展农业景观的新业态，延伸生产型农业景观产业链条，提高农产品的附加值和农业景观资源转化的收益率。同时，合理利用石柱县生态型农业景观资源，把生态型农业景观作为拉动石柱县经济增长的重要途径，降低生态型农业景观面积增长对石柱县经济的影响。

（2）充分发挥农业景观的多样化功能，增强农业景观功能持续性和空间持续性。就农业景观功能持续性而言，就是确保农业景观的生产功能、生态功能、经济功能、社会功能、休闲娱乐功能的稳定有序；就农业景观空间持续性而言，不仅需要维护生产型、生活型、生态型和拓展型农业景观等景观要素的空间范围，更应注重山地农业景观与人地关系及生态文明建设的融合，保护各类型农业景观传统的空间范畴，尤其需要确保低地形梯度生产型农业景观和高地形梯度生态型农业景观的传统空间范畴，减少低地形梯度区生产型农业景观向生活型农业景观转化。

8.1.4 基于脆弱性等级实行分级分区调控和精准保护相结合

优化农业景观格局是石柱县农业景观可持续发展的必然选择，对于促进石柱县经济的高质量发展，改善脆弱的生态环境，实现经济发展与生态环境保护的双重目标具有重要的意义。根据石柱县农业景观的脆弱性评价结果，结合石柱县社会经济发展目标，参考石柱县"十四五"总体规划，并考虑石柱县各类型农业景观特征，坚持分区分级调控与精准保护相结合的原则。根据研究区的不同脆弱性分布，实行分区分级保护制度，对重度脆弱区、高度脆弱区以及生产型农业景观锐减、生活型农业景观和其他类型景观增长区域实行一级保护制度，严格审核该区的各类农业景观的用地规模；对中度脆弱区实行二级保护制度，限制生活型、拓展型农业景观和其他景观的用地规模；对于轻度、低度脆弱性地区实行三级保护制度，可以允许生活型农业景观、拓展型农业景观、其他景观的适度用地规模。根据《石柱土家族自治县国土空间总体规划（2021—2035年）》和石柱县"十四五"发展规划，并考虑行政区划的完整性、自然条件、资源禀赋和社会经济条件等因素，可按照西南部城镇区、南部生态区、北部农业区和东部旅游区的行政区划进行分区分级和精准保护，同时还可根据各区的脆弱性现状和景观类型进行分区和分级保护。

1. 西南部城镇区的脆弱性应对管理与景观保护

西南部城镇区主要分布在石柱县的西南地区，包括南宾街道、下路街道和三河镇等乡镇，属于低山地域，主要有生产型、生态型、生活型和拓展型农业景观等类型。从前文可知，无论是就暴露度、敏感性指数而言，还是就农业景观脆弱性综合指数而言，该区都属于重度或高度脆弱区，该地区区位优势较好，工业基础较好，是人类干扰最为集中的地区，农业景观受人类影响和作用较明显。综合第4章内容可知，该区生产型农业景观不断减少，生活型农业景观（含建设用地）不断增加，生态型农业景观面积增加，参考景观脆弱性指数，可知该区脆弱性等级最高。所以，该区应当属于石柱县脆弱性治理的重点区域，应实行农业景观的一级保护制度，且因该区域是石柱县的工业区和城镇区，还需要严格土地审批，禁止土地浪费，对危害农业景观的工业领域应进行严格规划和科学评估，力争将风险与危害减少到最低。此外，该区拥有著名的男女石柱、大寨坎、万寿山、龙河悬棺群、龙池坝等旅游资源，而且由于开发较早，脆弱性较高。因此，该区的总体定位应当为"重保护，拓特色"，应立足区域内的传统农业，坚持结构调整，大力发展特色农业、观光休闲农业和观光体验农业，同时建立特色农业风险管理体系。

2. 东部旅游区的脆弱性应对管理和景观保护

东部旅游区主要包括黄水镇、枫木镇和冷水镇等，属于中山向低山倾斜地区，该区夏季温度较低，全年日照较少，降水丰富，水资源丰富。这一区域的主要功能是休闲与康养旅游，区内生产型农业景观呈现先上升后下降趋势，生活型农业景观呈现持续上升趋势，生态型农业景观呈现下降趋势，拓展型农业景观呈现上升趋势。该区脆弱性等级以中度脆弱和轻度脆弱为主，结合石柱县"十四五"期间建设"全国生态康养胜地"的总体目标，应对该区农业景观实行二级保护制度。康养旅游经济虽是该区优先选择的产业，但也要严格进行规划和影响评估，在旅游方式上大力推行低碳、小众的生态旅游项目，严格限制游客数量，重点区域严格实施分区规划，避免盲目开发给生产型农业景观、生态农业景观和拓展型农业景观带来破坏。

3. 南部生态区的脆弱性应对管理和景观保护

该区主要包括中益乡、沙子镇、金铃乡、金竹乡、新乐乡、洗新乡、六塘乡、三星乡、龙潭乡、黄鹤镇、马武镇，其中有3个乡镇位于低山地区，8个乡镇位于海拔1000m地区。该区生产型农业景观、生活型农业景观呈上升趋势，生态型农业景观整体呈下降趋势，拓展型农业景观先下降后上升整体呈现平衡状态。另外，该区属于喀斯特地貌景观区。综合该区的"生态功能"战略定位，应实行一级保护管理，区域内严禁天然林木采伐，加大生态农业景观资源保护力度和培育速度，扩大新造林景观。需要指出的是，经济落后是该区域农业景观保护的重要制约因素之一，因此在农业景观保护中，要立足该区社会经济发展实际，选择适当的产业促进该区经济发展，为农业景观保护奠定坚实的经济基础，只有让居民从景观保护中受益，居民的景观保护意识才能逐步增强。旅游服务业及相关产业是缓解该矛盾可以选择的重要方式和途径，所以该区可以依托独具特色的地质地貌景观（拓展型农业景观和生态型农业景观），适当开发自然教育公园、生态体验公园等旅游项目，开拓发展户外运动和汽车营地等旅游新业态，打造国际户外旅游运动体验区。

4. 北部农业区的脆弱性应对管理和景观保护

该区主要分布在石柱县的北部地区，包括西沱镇、大歇镇、龙沙镇、桥头镇、三益乡、悦崃镇、鱼池镇、万朝镇、沿溪镇、王场镇、黎场乡、王家乡、石家乡、临溪镇、河嘴乡等，海拔在1000m以上，属于中山地，土壤肥沃。该区生产型农业景观呈现持续下降趋势，生活型、生态型和拓展型农业景观均呈现上升趋势，其中建设用地景观也呈现上升趋势。该区脆弱性等级虽以中度脆弱和轻度脆弱为主，但因为生产型农业景观面积锐减，所以仍需要实施一级保护，尤其是对该区生产型农业景观要实行严格的红线保护政策，制定生活型农业景观和其他景观增长趋势的保护制度。此外，该区还需结合自身的生态环境特征，以及乡村振兴的战略目标，合理调整产业结构，逐步实现乡村的产业振兴、文化振兴，提升农业景观的适应能力，建立农业、旅游业和传统文化融合的发展路径。可以选择开发该区历史文化、农耕文化体验景点，积极引导当地农民参与生产型农业景观的附加价值开发，因地制宜地安排生产型、生活型、生态型和拓展型农业景观用地；同时，积极拓展特色产业，扩大居民就业渠道，减轻农民对生产型农业景观的依赖，促进该区人地和谐，实现生态和经济的良性与和谐发展。

8.1.5 高度重视农业景观脆弱性问题，构筑风险管理意识

脆弱性是农业景观地域系统本身具有的属性，但具有隐藏性和隐蔽性，只有在足够强度下的外力或内部干扰作用下才会表现出来，所以农业景观的管理部门必须从战略高度重视农业景观脆弱性问题。一是构筑具有风险意识的农业景观管理理念，并把这种安全和风险管理意识融入其他部门管理人员的行为中。二是农业景观调控需要以"人"为切入点，以"地"为空间承载力的约束力，要把协调共生作为农业景观系统管理和保护的目标点，特别是需要把发展、意识、文化的调控作为农业景观保护的重点。影响人地关系的内在力不仅有人口规模和经济规模，人的发展观念、发展意识和文化意识也

是农业景观保护与管理的重要组成,要积极鼓励农村居民参与政策制定和景观保护管理。

8.2 基于景观格局演变结果的景观格局优化和脆弱性应对管理

由于景观格局限制和影响农业景观脆弱性的时空变化,因此应当结合景观格局演变规律进行农业景观优化和脆弱性应对管理。

8.2.1 优化和调整不同梯度区域的农业景观结构

对农业景观时空演变特征及其变化等的研究结果表明,石柱县农业景观格局在地形梯度空间上存在不合理的配置现象,具体表现为在人类活动频繁的低海拔地区出现生产型农业景观向生活型农业景观显著转化,在高地形梯度区域出现生态型农业景观向拓展型农业景观的转化。因此,在石柱县农业景观脆弱性应对管理和景观格局优化上,应当针对不同地形梯度区域的农业景观结构进行调整和优化。在低地形位上应减少生产型农业景观的流失,缓解生产型农业景观的破碎化现象,增加生产型农业景观的连续性和完整性;在中低、中高和高等级地形梯度区,应严禁损毁生态型农业景观等行为,坚决禁止陡坡地开垦,结合对石柱县地形梯度的分析结果,有针对性地进行分区分景观管控,保证生态型农业景观的涵养水源和缓解水土流失的生态功能,增加农业景观斑块的连续性和完整性,确保区域物种的生物多样性,降低农业景观的脆弱性。

8.2.2 提高农业景观的竞争力

提高农业景观的竞争力,丰富农村经济的多样化不仅是农业景观脆弱性管理的有效方法,也是全面乡村振兴的重要途径。农业景观资源的有限性和人们需求的不断增长之间的矛盾，促使我们需更进一步思考和提升农业景观资源的竞争力和丰富农村经济的多样化，而农业景观的多功能发展是解决该矛盾的重要途径。2017年，中央一号文件提出"大力发展乡村休闲旅游产业"，"推进农业、林业与旅游、教育、文化、康养等产业深度融合"，为农业景观的多功能发展提供了重要方向，休闲农业、康养经济和休闲生态旅游成为农业景观功能拓展的方向。结合石柱县地形地貌特征和生态屏障区的功能定位可知，一是要进行合理规划，加强对生产型农业景观资源的保护，增加拓展型农业景观比重；二是要调整农业产业比重，优化景观结构，充分利用石柱县生态型农业景观占主导地位这一优势，合理利用和保护生态型农业景观资源，在确保生态型农业景观面积的情况下，增加生态型农业景观种类的多样性；三是要大力发展农业景观的休闲、旅游和康养功能，提高农业景观的整体稳定性。需要指出的是，构建石柱县的农业景观康养发展机制，不同的农业景观因资源禀赋不同、主导功能和主导产品不一样，需要从宏观上对生态型农业景观、生活型农业景观和拓展型农业景观以及生产型农业景观的休闲、旅游和康养功能进行分类指导。同时，为了完善农业景观的经营管理机制，还要加强农业景观资源开发的市场化运作，积极将民营资本引入农业景观产业，同时积极引导农民在专业合作社和龙头企业服务上的对接和产销对接，形成"产销服"一体化的发展模式，进而打造农业景观产品产业联合体。除此之外，还要积极引导集约化生产，发展绿色农业、循环农业和有机农业，大力发展观光农业、休闲旅游、体验农业等农业景观新业态发展方式。

8.2.3 提高居民可持续发展和景观保护意识

生态文明建设是我国重要的战略决策，保护生态环境和确保耕地系统的生态安全不仅关乎人们的福祉，更关乎民族的未来。居民是农业景观保护的重要主体之一，也是实现乡村振兴的重要支柱和落脚点。居民可能并不理解农业景观保护的深刻内涵和重要意义。因此，应当从石柱县农业景观格局驱动力出发，提高石柱县居民可持续发展意识和农业景观保护意识。首先，要改变研究区内居民传统的经济思想,减少含建设用地在内的生活型农业景观对生产型农业景观的占用,培育其对生产型农业景观的管护和保护意识;其次,应当以县政府为主体、地方乡镇为二级单位落实、引导、支持,地方村委会为具体执行单位,加强对居民农业景观保护观念的宣传教育和农业景观保护知识的教育培训,强调居民在农业景观保护中的主体作用,使居民转变观念,能更积极深入、全面参与到农业景观保护中;最后,充分调动农村地区精英、农业能人等各类人才参与农业景观保护,充分发挥科技人才在农业景观保护中的支撑作用。

8.2.4 监控农业景观格局演变过程,构建景观脆弱性和风险管理系统

石柱县处于长江上游,是我国典型的生态脆弱区和重要的生态屏障区,也是长江经济带国家发展战略和成渝双城经济圈的重要组成部分,其对长江流域乃至全国的生态安全和经济发展均具有重要的战略意义。石柱县农业景观的生态保护不仅使当地居民受益,还将给长江流域地区带来很大的生态效益和环境效益。为此,我们首先要构建农业景观保护的相关法律法规。法治保护是农业景观保护的必由之路,需要尽快出台农业景观保护的法律法规,农业景观保护的基本准则、特定范围和农业景观各类型的实施细节,以及各利益主体的相关责任与权责。其次,建立农业景观保护管理部门,负责处理农业景观重大环境和应急事件,建立农业景观脆弱性和风险管理系统,为山地农业景观可持续发展提供依据。再次,完善农业景观管护制度。目前农业景观的管护制度实施的是自上而下的管理模式,缺少长期管护的意识,而且农业景观的保护与管理涉及多个部门,往往是重视建设,对后期维护和管护不够的状况,因此应构建"自上而下"和"自下而上"相结合的保护系统;同时,加强以村组织和农户加入的农业景观管护制度建设,逐步形成农业景观跨部门、跨行业的保护机构。最后,监控农业景观格局的时空变化。景观格局变化会对农业景观的稳定性造成影响,2005—2020年石柱县生产型和生态型农业景观均呈现复杂状态,具体表现为不规则和不完整以及景观破碎度

增加；生活型和拓展型农业景观尽管面积增加，但是分布更为零散和不规则。所以，进行农业景观保护时，需要从微观层面监测区域景观格局的时空变化，尽量控制生产型农业景观类型的转出和减少生态型转化。例如，针对石柱县西南部城镇区生产型农业景观锐减的现状，要尽量控制该区生产型农业景观的转出；针对东部旅游区生态型农业景观呈减少态势的情形，要减少生态型农业景观的转化；针对南部生态区生态型农业景观的减少，要控制该区生态型农业景观的转化，严禁各类与生态型农业景观主导用途不相符的开发建设活动；针对北部农业区生产型农业景观锐减的情况，要控制生产型农业景观的转化。

8.2.5 规避风险的景观优化管理模式

规避风险是应对脆弱性的一种方式，指行为主体意识到风险存在且不能消除的前提下选择采取适当措施，以减少可能由此发生的损失或降低损失发生的概率（李博等，2017）。

（1）优化农业景观空间布局，促进其合理利用。对农业景观进行合理的空间布局，优化产业结构，规避重大风险和潜在的脆弱性因素所带来的影响；同时通过合理利用农业景观资源，降低农业景观脆弱性。

（2）设立山地农业景观脆弱性检测预警系统。充分运用现代科学技术，建成覆盖石柱县生产型、生活型、生态型和拓展型农业景观等的全方位监测体系。引起石柱县农业景观变化的因素包括环境、生存、经济、产业、文化、制度等多方面，而且不同因素的作用强度也处于不断的变化发展之中，因此需要及时准确评估多种因素对农业景观格局演变的影响程度，尤其需要识别和分析导致农业景观格局演变的主导驱动因素以及农业景观脆弱性变化的驱动因素。基于对农业景观格局演变及脆弱性变化的分析和驱动因素的识别，判断未来一定时期农业景观的变化趋势。此外，还需评估山地农业景观脆弱性的现状，预测山地农业景观遭受的破坏和发展现状，及时报告山地农业景观脆弱性的预警信息，并根据预警信息主动抑制和控制人类活动对农业景观的干扰强度。

（3）构建农业景观保护的多方参与的协同监督机制。首先，可以引入农业方面的专家，培养与吸纳农业景观风险管理人员。培养具有农业景观保护相关知识的人员和具有高层次农业景观管理技能的管理人员。其次，鼓励当地农民参与，加强媒体的监督作用，确认该地农业政策是否符合国家农业可持续发展方向，对政府的政策、行为给予监督和反馈。最后，加强对农业景观重点开发项目的管理，且对项目的监督实施应做到事前防范风险。

8.3 本章小结

本章基于前面章节的理论与实证分析结果，提出石柱县农业景观格局优化和脆弱性应对管理的具体措施。

（1）基于农业景观脆弱性评价结果进行农业景观格局优化和脆弱性应对管理。首先以绿色发展和生态文明建设引导石柱县农业景观规划与布局，在农业景观功能布局中以脆弱性分区和分级为指导，合理规划石柱县农业景观的功能。从增强农业景观敏感性抵抗力、提高农业景观社会适应能力视角进行格局优化。基于各区域的脆弱性等级，坚持分级分区管理与精准保护相结合进行格局优化。在思想上高度重视农业景观脆弱性问题，构筑具有风险意识的农业景观管理理念。

（2）基于农业景观格局演变结果进行农业景观格局优化和脆弱性应对管理。优化和调整不同梯度区域的农业景观结构，提高农业景观的竞争力，丰富农村经济，充分利用石柱县生态型农业景观占主导地位这一优势，大力发展农业景观的休闲、旅游和康养功能。监控农业景观格局演变过程，构筑风险管理系统，探索规避风险的景观优化管理模式。

第 9 章
结论与展望

9.1　主要结论

景观格局演变和脆弱性评价已成为地理学、生态学、旅游学、土地管理学等多学科的研究主题和研究热点问题，但农业景观格局演变及脆弱性研究则一直是景观格局演变研究领域中的薄弱环节。本书在系统梳理与总结国内外农业景观研究内容与进展的基础上，以石柱县为研究案例地，以 2005 年、2010 年、2015 年和 2020 年 4 期为主要时间节点，分析了研究区 2005—2020 年农业景观的时空演变，厘清了农业景观格局的演变机制；在分析农业景观格局的基础上，对石柱县农业景观脆弱性的时空演变规律及驱动力进行了研究，提出了石柱县农业景观脆弱性管理和景观保护的具体措施。研究结论如下。

（1）农业景观包括生产型、生态型、生活型、拓展型 4 种类型，石柱县主要以生态型和生产型农业景观为主，研究期内农业景观发生了显著的时空分异特征。

① 2005—2020 年，研究区农业景观出现"三增一减"趋势，即生活型和拓展型农业景观持续增长，分别增加了 2834.29hm² 和 360.5hm²；生态型农

业景观呈"V"形波动变化趋势，增加了 184.67hm²；生产型农业景观持续下降，减少了 5224.47hm²，减少部分主要流向生活型和生态型农业景观。

② 农业景观各类型的转移流向有一定的方向性，景观结构发生了较大变化。从农业景观的转出类型看，按照转出面积大小排序依次为生产型＞生态型＞拓展型＞生活型；从农业景观流入类型看，按照流入面积大小依次为生态型＞生产型＞生活型＞拓展型，其中 2005—2010 年生产型与生态型农业景观、生态型与生活型农业景观之间转化较为频繁。2010—2015 年生产型与生活型农业景观之间互相转化。2015—2020 年生产型和生活型农业景观互相转化。总之，生产型农业景观大规模缩减，生活型和拓展型农业景观较大幅度增加，生态型农业景观得到了一定程度的扩展。

③ 石柱县农业景观变化具有明显的地区性特征。石柱县农业景观变化具有明显的空间分异特征，西南部城镇区农业景观"两增两减"，即生活型和生态型农业景观面积呈增加趋势，分别增加 750.62hm² 和 493.71hm²，生产型和拓展型农业景观分别减少 1738.73hm² 和 592.86hm²；东部旅游区"三增一减"，生产型农业景观增加 1752.53hm²，生活型和拓展型农业景观持续上升，分别增加 405.06hm² 和 251.27hm²，生态型农业景观下降了 2600.37hm²；南部生态区"一增两减一稳"，生产型农业景观呈稳定状态，生活型农业景观呈上升趋势，生态型、拓展型农业景观整体呈下降趋势。北部农业区"三增一减"，生产型农业景观持续下降 5235.07hm²，生态型、生活型和拓展型农业景观呈上升趋势，分别增加了 2894.76hm²、1077.46hm² 和 803.85hm²。

（2）石柱县农业景观的空间分布变化具有明显的动态性特征。

① 石柱县农业景观面积减少，景观破碎化程度增加。通过景观指数计算发现石柱县农业景观在研究期内面积减少，景观破碎化程度增加。其中，景观形状指数从 149.82 增加到 202.95，增加了 53.13；边缘密度从 109.27m/hm² 增加到 148.47m/hm²，增加了 39.20m/hm²；斑块密度从 31.36 个/100hm² 增加到 43.81 个/hm²；形状指数、边缘密度和斑块密度增加程度最显著。斑块数量由 94342 个上升到 130980 个，增加了 36638 个；分离度指数由 0.5374 上升到

0.5469，而结合度指数由 99.9555 下降为 99.9511，这些指数变化充分表明石柱县农业景观形状越来越复杂和不完整，农业景观的稳定性下降，对外部的干扰能力降低，景观破碎化程度增加。此外，聚集性指数呈下降趋势，多样性指数呈整体上升趋势，蔓延度出现持续降低，说明石柱县农业景观破碎化程度增加，生产型和生态型农业景观的优势度逐渐降低。

② 石柱县农业景观格局演变具有类型差异性。其中，生产型农业景观的斑块类型面积、景观百分比和最大斑块面积指数、平均斑块面积均呈下降趋势，景观形状指数、边缘密度、斑块密度、斑块数量均呈上升趋势，分离度指数增加、聚合度指数则下降，说明了研究期间石柱县生产型农业景观减少，且越来越复杂和不规则，景观破碎度增加。生态型农业景观的景观形状指数、边缘密度增加，说明生态型农业景观形状趋于复杂、不规则，景观保存不完整，连通性变差。生活型农业景观的斑块类型面积、最大斑块面积指数、平均斑块面积增加，表明研究期内生活型农业景观面积增加，分布更为零散，形状趋于复杂。拓展型农业景观的斑块类型面积、最大斑块面积指数和景观百分比增加，景观形状指数和边缘密度呈上升态势，说明拓展型农业景观形状趋于复杂，分布较为零散和不规则。

（3）石柱县农业景观变化图谱和景观破碎化程度均呈现显著的地形梯度特征。

① 石柱县景观变化图谱呈现出较强的地形梯度特征。按照地形梯度分析，石柱县内以中低、中高地形梯度等级为主，农业景观主要分布在 4~8 级地形位上，地势由西北向东南呈上升趋势。农业景观利用图谱包括稳定型、前期变化型、后期变化型、中间过渡型、持续变化型和反复变化型 6 种类型，其中以稳定型和前期变化型为主，主要变化类型为中低地形梯度下生产型农业景观与其他类型的转化。前期变化型、中间过渡型分布趋势相似，优势分布区集中于 1~2 级地形位；持续变化型、后期变化型分布趋势相似，优势分布区集中于 1~3 级地形位；反复变化型优势分布区集中于 1~6 级地形位；稳定型的优势分布在 1~5 级地形位。生产型农业景观的优势分布区为 1~5 级地

形位；生活型农业景观分布在低、中低地形梯度等级上，该区域为人类活动的聚集区域；生态型农业景观的优势分布区域在5~10级地形位；研究前期，拓展型农业景观的优势分布集中于1~5级地形位，后期逐渐向较高地形位拓展。

② 石柱县农业景观破碎化逐年上升，但随着地形梯度增加，破碎化程度逐年上升，破碎化现象主要发生在中低地形梯度等级区域。

（4）石柱县农业景观脆弱性具有显著的时空差异性。

① 存在空间集聚效应。石柱县农业景观脆弱性呈显著的空间自相关和集聚特征。2005年、2010年、2015年、2020年 Moran's I 分别为0.8401、0.8440、0.8447和0.8527，表明石柱县农业景观格局脆弱性空间分布存在较强的正相关性，具有明显集聚性；从局部自相关分析得知，农业景观脆弱性主要是H-H空间自相关模式和L-L空间自相关模式，其中H-H空间自相关模式集中分布在西南部城镇区和北部农业区的西沱古镇，L-L空间自相关模式集中分布在东部旅游区和南部生态区。

② 石柱县农业景观脆弱性水平呈现"上升—下降"的变化趋势，等级类型空间演替明显。暴露度高值分布呈现由东部向南部、西部、西北部逐渐加强，与城市拓展和人类活动干扰强度方向相一致；敏感性空间变化高值聚集区由西南部向北部、东部逐渐缩减；适应能力空间变化呈现"西高东低，北高南低"特征。农业景观脆弱性水平由东部向西南部逐渐增强；低度脆弱区集中分布在北部农业区和南部生态区的部分地区；轻度脆弱区主要集中于南部生态区和北部农业区；中度脆弱区分布面积最小，主要集中于西南部城镇区、东部旅游区；高度脆弱区集中分布在西南部城镇区，少部分分布在北部农业区；重度脆弱区集中分布在西南部城镇区。

③ 石柱县农业景观脆弱性变化呈现动态不平衡性。整体变化呈"三降二升"趋势：低度脆弱区呈现先降后升的趋势，总体上呈现下降趋势；轻度脆弱区呈现总体上升趋势；中度脆弱区呈现先升后降，总体呈现下降趋势；高脆弱区呈现上升趋势；重度脆弱区出现逐年下降趋势。地区变化呈"三增一减"趋势，整体而言，2005—2020年石柱县农业景观脆弱性在空间上发生了

显著变化，西南部地区、西部地区、西北部地区脆弱性增加，东部地区脆弱性减少。类型变化特征上，脆弱等级越低的地区，生态型、拓展型农业景观面积比例越大；脆弱等级越高的地区，生产型、生活型农业景观面积比例越大，说明人类活动、政策制度、城镇化进程对农业景观格局脆弱性有重要影响。总之，2005—2020年农业景观脆弱性在西南部、西部、西北部地区增加，在东部、东南部地区降低。

④ 石柱县2005—2020年各类农业景观脆弱性出现"上升—下降"的变化趋势，总体呈现上升趋势。各类型景观脆弱性排序发生了一定的改变，2005年不同类型农业景观脆弱性排序为生态型＞生产型＞生活型＞拓展型；2010—2020年不同类型农业景观脆弱性排序一致，排序为生活型＞生产型＞生态型＞拓展型。三个时期生产型农业景观主要为中度、轻度、低度脆弱等级；生活型农业景观主要为中度、轻度和低度脆弱；生态型农业景观主要以低度、中度和重度脆弱为主，中度和重度脆弱互相转化；拓展型农业景观主要以低度和中度脆弱为主，偶有年段重度脆弱等级比重也较大。

（5）农业景观格局演变及脆弱性时空变化的驱动因素多样，不同类型的农业景观变化的驱动因素具有差异性。

① 农业景观演变的驱动因素可以归结为环境驱动、生存驱动、经济驱动、产业驱动、文化驱动、制度驱动6个方面，农业景观脆弱性受自然因素、经济因素、产业因素、科技因素和景观格局自身特征等因素的影响。

② 在GIS-logistic回归模型中，3个时期各农业景观类型转化的解释变量大体一致。从整体上来看，农业景观面积变化主要受人文因素中的生存驱动、经济驱动、产业驱动和制度驱动4类驱动因素影响，环境驱动在农业景观的转化中的作用强度次于生存驱动、经济驱动、产业驱动、制度驱动。

③ 通过GIS-logistic回归模型和空间杜宾模型测度可知，生存驱动、经济驱动是推动生产型农业景观格局变化的驱动因素；生存驱动、经济驱动、制度驱动是推动生活型农业景观变化的重要因素；经济驱动是生态型农业景观变化作用方向一致的共性驱动因素。通过空间杜宾模型测度可知，拓展型

农业景观格局变化受到生存驱动、制度驱动、经济驱动、文化驱动等多类因素影响。在生产型、生活型、生态型、拓展型农业景观变化驱动因素研究中，排名居前的均是生存驱动、经济驱动、制度驱动，说明这些驱动因素对石柱县农业景观演变起着至关重要的作用，对石柱县农业景观格局变化产生了重要影响。

④ 研究期内农业景观格局演变是导致石柱县农业景观面积持续减少和脆弱性增强的重要因素，自然因素、经济因素、产业因素、科技因素和景观格局是影响农业景观脆弱性变化的主要因素。

（6）景观格局演变及景观脆弱性研究为农业景观保护提供了新思路，未来我国农业景观格局优化和脆弱性应对管理应以绿色发展和生态文明建设引导农业景观规划和布局，坚持分级分区管理和精准保护相结合进行格局优化，优化和调整不同地形梯度区农业景观结构，提高农业景观的竞争力并丰富农村经济的多样性，监控农业景观格局演变过程，构筑景观风险管理系统。

9.2 创新点

本书围绕石柱县农业景观格局演变及脆弱性展开研究，旨在为农业景观脆弱性管理和景观保护提供决策支撑和理论依据，本书在以下3个方面实现了创新。

（1）理论框架创新。基于以土地为核心的生产型、生活型、拓展型和生态型农业景观格局变化及脆弱性时空变化过程探讨，突破传统的农业景观格局演变驱动因素范畴，构建了"环境驱动、生存驱动、经济驱动、文化驱动、产业驱动、制度驱动"6个维度农业景观格局演变的驱动机制，提出了农业景观格局演变及脆弱性评价的理论分析框架。

（2）研究视角创新。本书从生态脆弱性评价理论出发，融入社会脆弱性评价和景观格局脆弱性理论与因素，拓展了农业景观脆弱性评价的维度。本书所选取的指标以生态脆弱性指标为基础，增添了社会脆弱性和景观格局脆弱性的影响因素，丰富了农业景观脆弱性评价指标体系，保证了农业景观脆弱性评价更为准确和科学。

（3）研究方法改进。结合石柱县农业景观格局的时空演变，利用 GIS-logistic 回归模型和空间杜宾模型相结合探讨了石柱县农业景观演变的驱动力，获得石柱县农业景观演变的关键驱动因素，突破了以往对景观格局演变驱动力的分析方法。基于灰色关联度分析法和面板数据回归模型分析了研究区农业景观脆弱性变化驱动机制，较为系统地掌握了石柱县农业景观脆弱性时空变化的驱动机制。因此，农业景观脆弱性评价的思路与方法为监测石柱县农业景观脆弱性提供了可能。

9.3 展望

本书对地处生态脆弱性地区的石柱县农业景观时空演变及脆弱性进行了研究和探讨，在理论和研究方法上均取得了一定的认识和成果，还存在一些需要进一步探讨的问题。

（1）农业景观格局演变的指标体系尚需要进一步深入完善。对于山地农业景观而言，各类农业景观的时空演变各不相同，不同的景观类型存在不同的驱动因素和作用机制。本书在开展石柱县农业景观格局演变分析时，没有针对不同的景观类型可能因为不同的因素所驱动而出现的变化，所以未来的研究工作需要充分考虑各类景观驱动因素的差异。此外，驱动因素中的文化意识等因素难以进行定量研究，在今后的研究中需要进一步完善探索其评价方法，从而保证农业景观格局演变驱动力的研究更具有科学性和全面性。

（2）加强对比研究，注重国情特点，兼顾他山之石。山地农村和农业发展阶段与其他地方不同，农业景观格局演变的驱动因素既有相似性也有差异性，今后的研究中需进一步拓展山地和平原地区，以及经济发达地区和经济欠发达地区农业景观变化的驱动力因素的对比研究。

参考文献

[1] 鲍梓婷，周剑云. 香港景观特征评估（LCA）的实践与经验[J]. 中国园林，2015，31（9）：100-104.

[2] 比尔·霍普伍德，玛丽·梅勒，杰夫·奥布莱恩，等. 可持续发展思想的分类与脉络[J]. 国外理论动态，2013（10）：7-18.

[3] 边振兴，张宇飞，果晓玉，等. 低山丘陵区农业景观格局对害虫−捕食性天敌食物网的影响[J]. 生态环境学报，2022，31（1）：79-88.

[4] 蔡海生，张学玲，周丙娟. 生态环境脆弱性动态评价的理论与方法[J]. 中国水土保持，2009（2）：18-22.

[5] 蔡晓明. 生态系统生态学[M]. 北京：科学出版社，2000.

[6] 蔡运龙. 科学技术在人地关系中的作用[J]. 自然辩证法研究，1995，11（2）：17-22.

[7] 曹瑞娜，齐伟，李乐，等. 基于流域的山区景观格局分析和分区研究——以山东省栖霞市为例[J]. 中国生态农业学报，2014，22（7）：859-865.

[8] 曹宇，莫利江，李艳，等. 湿地景观生态分类研究进展[J]. 应用生态学报，2009，20（12）：3084-3092.

[9] 曾红霞，赵成章，王毓芳，等. 盐池湾高寒湿地景观格局演变及其影响因素[J]. 干旱区研究，2021，38（6）：1771-1781.

参考文献

[10] 曾黎，杨庆媛，杨人豪，等. 三峡库区生态屏障区景观格局优化——以重庆市江津区为例[J]. 生态学杂志，2017，36（5）：1364-1373.

[11] 陈昌曙. 哲学视野中的可持续发展[M]. 北京：中国社会科学出版社，2000.

[12] 陈萍，陈晓玲. 全球环境变化下人-环境耦合系统的脆弱性研究综述[J]. 地理科学进展，2010，29（4）：454-462.

[13] 陈文波，肖笃宁，李秀珍. 景观指数分类、应用及构建研究[J]. 应用生态学报，2002，13（1）：121-125.

[14] 陈印军. 四川人地关系日趋紧张的原因及对策[J]. 自然资源学报，1995，10（4）：380-388.

[15] 陈颖. 景观农业的内涵和构建[J]. 经济学家，2008（3）：124-126.

[16] 成岳冲. 历史时期宁绍地区人地关系的紧张与调适——兼论宁绍区域个性形成的客观基础[J]. 中国农史，1994，13（2）：8-18.

[17] 李铖，李芳柏，吴志峰，等. 景观格局对农业表层土壤重金属污染的影响[J]. 应用生态学报，2015，26（4）：1137-1144.

[18] 程炯，吴志峰，刘平. 基于GIS的农业景观格局变化研究——以福建省漳浦县马坪镇为例[J]. 中国生态农业学报，2005，13（4）：184-186.

[19] 程钰. 人地系统演变与优化的理论和实证研究：以山东省为例[M]. 北京：中国社会科学出版社，2020.

[20] 崔步礼，李小雁，姜广辉，等. 基于DEM的山地丘陵区土地利用/覆被研究——以青海湖流域为例[J]. 自然资源学报，2011，26（5）：871-880.

[21] 戴锦. 产业生态化理论与政策研究[M]. 北京：中国铁道出版社，2007.

[22] 邓玲，何克东. 国家战略背景下长江上游生态屏障建设协调发展新机制探索[J]. 西南民族大学学报（人文社科版），2019，40（7）：180-185.

[23] 邓亚东，陈伟海，罗书文，等. 旅游洞穴景观脆弱性概念与评价研究[J]. 西南大学学报（自然科学版），2020，42（8）：129-137.

[24] 杜谋，段渊古，安新东. 山地农业观光园的景观规划设计研究——以重

庆铁山坪农场为例[J]. 西南农业大学学报（社会科学版），2010，8（5）：27-30.

[25] 杜涛，贾春香. 耕地集约利用时空特征及其变化规律研究——以新疆为例[J]. 干旱区资源与环境，2012，26（9）：114-118.

[26] 方创琳，王岩. 中国城市脆弱性的综合测度与空间分异特征[J]. 地理学报，2015，70（2）：234-247.

[27] 封建民，李晓华，文琦. 榆林市土地利用变化对景观格局脆弱性的影响[J]. 国土资源科技管理，2020，37（3）：25-36.

[28] 冯娴慧，戴光全. 乡村旅游开发中农业景观特质性的保护研究[J]. 旅游学刊，2012，27（8）：104-111.

[29] 付博，姜琦刚，任春颖. 扎龙湿地生态脆弱性评价与分析[J]. 干旱区资源与环境，2011，25（1）：49-52.

[30] 付梅臣，胡振琪，吴淦国. 农田景观格局演变规律分析[J]. 农业工程学报，2005，21（6）：54-58.

[31] 傅伯杰，陈利顶，马克明，等. 景观生态学原理及应用[M]. 北京：科学出版社，2001.

[32] 傅伯杰，陈利顶. 景观多样性的类型及其生态意义[J]. 地理学报，1996，51（5）：454-462.

[33] 傅伯杰. 黄土区农业景观空间格局分析[J]. 生态学报，1995，15（2）：113-120.

[34] 高常军，周德民，栾兆擎，等. 湿地景观格局演变研究评述[J]. 长江流域资源与环境，2010，19（4）：460-464.

[35] 高惠芸，杨青，梁岩鸿. 新疆阿克苏河流域降水的时空分布[J]. 干旱区研究，2008（1）：70-74.

[36] 高旺，陈东田，董小静，等. 结合山地景观开发利用的农业观光园区规划设计研究[J]. 中国农学通报，2008，24（11）：290-293.

[37] 高祖桥，白永平，周亮，等. 宁夏沿黄城市带湿地景观格局演变特征及

驱动力[J]. 应用生态学报, 2020, 31（10）: 3499-3508.

[38] 龚文峰, 袁力, 范文义. 基于地形梯度的哈尔滨市土地利用格局变化分析[J]. 农业工程学报, 2013, 29（2）: 250-259, 303.

[39] 郭杨, 杨维菊, 顾韩. 基于旅游开发的农业景观初探[J]. 现代园艺, 2019（7）: 151-152.

[40] 哈斯其木格. 科尔沁沙地东南部坨甸景观格局变化特征及其原因分析[J]. 中央民族大学学报（自然科学版）, 2005（4）: 354-356, 377.

[41] E. 马卓尔, 王凤慧. 景观综合——复杂景观管理的地生态学基础[J]. 地理译报, 1982（3）: 1-5.

[42] 韩敏, 孙燕楠, 许士国, 等. 基于RS、GIS技术的扎龙沼泽湿地景观格局变化分析[J]. 地理科学进展, 2005, 24（6）: 42-49, 131.

[43] 韩旭, 边晓辉, 刘友存. 银川市景观格局变化对水资源利用的影响探究[J]. 江西理工大学学报, 2019, 40（3）: 62-67.

[44] 韩艳莉. 气候与景观格局变化对青海湖流域生态系统服务的影响[D]. 西宁: 青海师范大学, 2021.

[45] 何佳欢, 韦新良. 农业景观资源利用模式发展研究[J]. 农村经济与科技, 2018, 29（1）: 22-25.

[46] 何清清, 李月臣, 何君, 等. 重庆市景观格局脆弱性及其驱动因素研究[J]. 中国资源综合利用, 2019, 37（6）: 61-67.

[47] 何艳冰, 黄晓军, 翟令鑫, 等. 西安快速城市化边缘区社会脆弱性评价与影响因素[J]. 地理学报, 2016, 71（8）: 1315-1328.

[48] 胡宪洋, 保继刚. 乡村旅游景观特质网络演进的蒋巷村案例[J]. 地理研究, 2016, 35（8）: 1561-1575.

[49] 胡兆量. 人地关系发展规律[J]. 四川师范大学学报（自然科学版）, 1996（1）: 25-30.

[50] 黄宝荣, 张慧智, 王学志. 城市扩张对北京市城乡结合部自然和农业景观的影响——以昌平区三镇为例[J]. 生态学报, 2014, 34(22): 6756-6766.

[51] 黄建毅，刘毅，马丽，等. 国外脆弱性理论模型与评估框架研究评述[J]. 地域研究与开发，2012，31（5）：1-5，15.

[52] 黄金良，李青生，洪华生，等. 九龙江流域土地利用/景观格局-水质的初步关联分析[J]. 环境科学，2011，32（1）：64-72.

[53] 黄俊芳，王让会，师庆东. 基于RS与GIS的三工河流域生态景观格局分析[J]. 干旱区研究，2004，21（1）：33-37.

[54] 黄孟勤，李阳兵，冉彩虹，等. 三峡库区腹地山区农业景观格局动态变化与转型[J]. 地理学报，2021，76（11）：2749-2764.

[55] 黄木易，仲勇，冯少茹，等. 1970s以来巢湖流域水环境保护区景观生态脆弱性时空特征及驱动解析[J]. 湖泊科学，2020，32（4）：977-988.

[56] 黄淑玲，周洪建，王静爱，等. 中国退耕还林（草）驱动力的多尺度分析[J]. 干旱区资源与环境，2010，24（4）：112-116.

[57] 黄婷，杜清运，邹金秋. 新疆农业景观格局演变对其生态系统服务价值的影响[J]. 地理信息世界，2017，24（2）：26-31.

[58] 黄炜，吴晓敏. 云南高原特色农业庄园景观格局分析[J]. 林业调查规划，2016，41（1）：134-138，147.

[59] 贾毅，闫利，余凡，等. 石羊河流域土地利用变化与景观格局分析[J]. 遥感信息，2016，31（5）：66-73.

[60] 姜鑫，安裕伦. 3S技术在贵州喀斯特地区农业景观格局分析的应用——以普安县为例[J]. 贵州师范大学学报（自然科学版），2009，27（3）：36-39.

[61] 焦雪辉，白保勋，杨巧云，等. 城镇化过程中郑州市郊区农业景观变化分析[J]. 河南科学，2016，34（2）：292-296.

[62] 金桂梅，袁锋. 喀斯特地貌单元中休闲农业景观格局分析与生态设计[J]. 云南地理环境研究，2016，28（5）：49-53，77.

[63] 金鉴明，汪俊三. 金鉴明院士：三峡库区必须进行生态修复与屏障建设[J]. 中国三峡，2009（11）：20-25.

[64] 金其铭，董昕，张小林. 乡村地理学[M]. 南京：江苏教育出版社，1990.

参考文献

[65] 冷红，于婷婷，袁青. 乡村景观脆弱性研究框架构建与应用展望[J]. 南方建筑，2018（5）：34-40.

[66] 李波. 中国的农业生物多样性保护及持续利用[J]. 农业环境与发展，1999（4）：3-5.

[67] 李博，苏飞，杨智，等. 脆弱性视角下辽宁沿海地区人海关系地域系统特征演化及可持续发展模式[J]. 地域研究与开发，2017，36（4）：32-36.

[68] 李飞. 基于乡村文化景观二元属性的保护模式研究[J]. 地域研究与开发，2011，30（4）：85-88，102.

[69] 李海龙，于立. 中国生态城市评价指标体系构建研究[J]. 城市发展研究，2011，18（7）：81-86，118.

[70] 李函洋，钟秋，石锦安，等. 汉源县观光果园景观格局变化及生态系统服务价值估算[J]. 四川农业大学学报，2015，33（3）：325-331.

[71] 李鹤，张平宇，程叶青. 脆弱性的概念及其评价方法[J]. 地理科学进展，2008，27（2）：18-25.

[72] 李京京，吕哲敏，石小平，等. 基于地形梯度的汾河流域土地利用时空变化分析[J]. 农业工程学报，2016，32（7）：230-236.

[73] 李莉，王晓婷，王辉. 脆弱性内涵、评价与研究趋势综述[J]. 中国渔业经济，2010，28（3）：161-169.

[74] 李路，孙桂丽，陆海燕，等. 喀什地区生态脆弱性时空变化及驱动力分析[J]. 干旱区地理，2021，44（1）：277-288.

[75] 李明珍，李阳兵，冉彩虹. 土地利用转型背景下的乡村景观格局演变响应——基于草堂溪流域的样带分析[J]. 自然资源学报，2020，35（9）：2283-2298.

[76] 李树元. 海河流域生态环境关键要素演变规律与脆弱性研究[D]. 天津：天津大学，2013.

[77] 李升发，李秀彬. 中国山区耕地利用边际化表现及其机理[J]. 地理学报，2018，73（5）：803-817.

[78] 李文华, 孙庆忠. 全球重要农业文化遗产: 国际视野与中国实践——李文华院士访谈录[J]. 中国农业大学学报 (社会科学版), 2015, 32 (1): 5-18.

[79] 李新通, 朱鹤健. 闽东南沿海地区农业景观变化及其驱动因素——以大南坂农场为例[J]. 资源科学, 2000, 22 (1): 35-39.

[80] 李扬, 汤青. 中国人地关系及人地关系地域系统研究方法述评[J]. 地理研究, 2018, 37 (8): 1655-1670.

[81] 李振鹏, 刘黎明, 谢花林. 乡村景观分类的方法探析——以北京市海淀区白家疃村为例[J]. 资源科学, 2005, 27 (2): 167-173.

[82] 李振泉, 杨万钟, 陆心贤. 中国经济地理[M]. 上海: 华东师范大学出版社, 1999.

[83] 李忠锋, 王一谋, 冯毓荪, 等. 榆林市农业景观格局变化研究[J]. 中国沙漠, 2004, 24 (5): 553-557.

[84] 李云, 崔晓伟, 陶江坤等. 山东省自然保护地整合优化前后景观格局变化及其驱动力分析[J]. 山东林业科技, 2021, 255 (4): 26-30, 20.

[85] 李洪, 宫兆宁, 赵文吉, 等. 基于Logistic回归模型的北京市水库湿地演变驱动力分析[J]. 地理学报, 2012, 67 (3): 357-367.

[86] 李洪庆, 刘黎明, 郑菲, 等. 基于水环境质量控制的高集约化农业景观格局优化研究[J]. 资源科学, 2018, 40 (1): 44-52.

[87] 李畅. 休闲农业生态园的景观规划创新设计探究[J]. 南方农业, 2021, 15 (12): 17-18.

[88] 梁川, 杨福泉, 王建青, 等. 农业景观变化与少数民族地方制度建设——以云南西双版纳州纳版河地区为例[J]. 云南社会科学, 2012 (3): 22-24, 40.

[89] 梁发超. 新农村建设中的农业景观规划方法探讨[J]. 资源开发与市场, 2013, 29 (10): 1081-1084.

[90] 梁发超. 农业景观分类探讨及其应用——以北京市峪口镇为例[J]. 土壤,

2017, 49 (2): 408-413.

[91] 梁发超, 刘黎明. 景观分类的研究进展与发展趋势[J]. 应用生态学报, 2011, 22 (6): 1632-1638.

[92] 梁发超, 刘黎明, 曲衍波. 乡村尺度农业景观分类方法及其在新农村建设规划中的应用[J]. 农业工程学报, 2011, 27 (11): 330-336.

[93] 梁发超, 刘黎明, 双文元, 等. 基于自然适宜性的农业生产景观分区与调控——以湖南省长沙县金井镇为例[J]. 土壤, 2015, 47 (1): 142-147.

[94] 梁国付, 丁圣彦. 河南黄河沿岸地区景观格局演变[J]. 地理学报, 2005, 60 (4): 665-672.

[95] 梁国付, 田莉, 丁圣彦. 城市化过程中开封市郊区农业景观变化过程分析[J]. 地理科学进展, 2010, 29 (1): 117-122.

[96] 梁小英, 刘俊新. 农户土地利用决策对农业景观格局的影响研究——以陕西省米脂县孟岔村为例[J]. 自然资源学报, 2010, 25 (9): 1489-1495.

[97] 梁小英, 杨明楠, 陈海. 农户类型与农业景观变化类型间相互作用研究——以陕西省米脂县高西沟村为例[J]. 水土保持通报, 2010, 30 (1): 219-221.

[98] 梁鑫源, 李阳兵, 邵景安, 等. 三峡库区山区传统农业生态系统转型[J]. 地理学报, 2019, 74 (8): 1605-1621.

[99] 廖克, 秦建新, 张青年. 地球信息图谱与数字地球[J]. 地理研究, 2001, 20 (1): 55-61.

[100] 林金煌, 胡国建, 祁新华, 等. 闽三角城市群生态环境脆弱性及其驱动力[J]. 生态学报, 2018, 38 (12): 4155-4166.

[101] 刘滨谊, 王云才. 论中国乡村景观评价的理论基础与指标体系[J]. 中国园林, 2002 (5): 77-80.

[102] 刘春腊, 徐美, 刘沛林. 新农村建设中湖南乡村文化景观资源的开发利用[J]. 经济地理, 2009, 29 (2): 320-326.

[103] 刘世薇, 周花荣, 黄世光, 等. 喀什地区景观格局时空演变及驱动力分

析[J]. 干旱地区农业研究，2011，29（1）：210-218.

[104] 刘玒玒，汪妮，解建仓，等. 基于模糊综合评价法的渭河流域生态脆弱性评价[J]. 沈阳农业大学学报，2014，45（1）：73-77.

[105] 刘会强. 可持续发展理论的哲学解读[D]. 上海：复旦大学，2003.

[106] 刘济，李玮，王毅，等. 中亚热带红壤丘陵区农业流域景观格局对水文过程的影响[J]. 生态与农村环境学报，2016，32（3）：424-431.

[107] 刘晶，刘学录，侯莉敏. 祁连山东段山地景观格局变化及其生态脆弱性分析[J]. 干旱区地理，2012，35（5）：795-805.

[108] 刘砚璞，郑树景，姚连芳. 休闲农业以及农业景观构成探析[J]. 黑龙江农业科学，2012（11）：121-124.

[109] 刘燕华，李秀彬. 脆弱生态环境与可持续发展[M]. 北京：商务印书馆，2007.

[110] 刘俞含，李传科，谢灵，等. 乡村振兴视角下传统村落景观农业发展研究——以怀化市荆坪古村为例[J]. 乡村科技，2019（35）：28-29.

[111] 刘云慧，常虹，宇振荣. 农业景观生物多样性保护一般原则探讨[J]. 生态与农村环境学报，2010，26（6）：622-627.

[112] 刘蕴瑶，殷有，温一博，等. 基于SWAT模型社河流域径流对流域景观格局变化的响应[J]. 沈阳农业大学学报，2021，52（3）：295-305.

[113] 刘振乾，刘红玉，吕宪国. 三江平原湿地生态脆弱性研究[J]. 应用生态学报，2001，12（2）：241-244.

[114] 刘振宇. 传统乡村景观的保存和改造[J]. 现代园艺，2018（22）：93-94.

[115] 刘自强，李静，鲁奇. 乡村空间地域系统的功能多元化与新农村发展模式[J]. 农业现代化研究，2008，29（5）：532-536.

[116] 刘思峰，党耀国，方志耕. 灰色系统理论及其应用[M]. 北京：科学出版社，2010.

[117] 刘云慧，宇振荣，罗明. 国土整治生态修复中的农业景观生物多样性保护策略[J]. 地学前缘，2021，28（4）：48-54.

参考文献

[118] 卢亚灵,颜磊,许学工. 环渤海地区生态脆弱性评价及其空间自相关分析[J]. 资源科学, 2010, 32（2）: 303-308.

[119] 卢训令,梁国付,汤茜,等. 农业景观非农生境植物多样性及其影响因素[J]. 生态学报, 2018, 38（5）: 1799-1809.

[120] 陆晴,刘丽娟,王玉刚,等. 新疆三工河流域农业绿洲近30年景观格局变化及其驱动力[J]. 生态学杂志, 2013, 32（3）: 748-754.

[121] 罗慧,霍有光,胡彦华,等. 可持续发展理论综述[J]. 西北农林科技大学学报（社会科学版）, 2004, 4（1）: 35-38.

[122] 马晓勇,党晋华,李晓婷,等. 太原市近15年城市景观格局时空变化及其驱动力[J]. 水土保持通报, 2018, 38（4）: 308-316, 357.

[123] 马骏,李昌晓,魏虹等. 三峡库区生态脆弱性评价[J]. 生态学报, 2015, 35（21）: 7117-7129.

[124] 孟翔. 基于休闲农业和乡村旅游耦合趋向的乡村景观研究——以山东省示范县为例[J]. 山东青年政治学院学报, 2019, 35（5）: 30-34.

[125] 宁静,张树文,王蕾,等. 农林交错区景观敏感性分析——以黑龙江省牡丹江地区为例[J]. 东北林业大学学报, 2009, 37（1）: 35-38.

[126] 欧定华. 城市近郊区景观生态安全格局构建研究[D]. 成都: 四川农业大学, 2016.

[127] 欧阳慧,欧阳旭. 我国西部生态脆弱地区空间发展策略研究——以内蒙古阿拉善左旗为例[J]. 开发研究, 2008（2）: 14-17.

[128] 欧维新,杨桂山,李恒鹏,等. 苏北盐城海岸带景观格局时空变化及驱动力分析[J]. 地理科学, 2004, 24（5）: 610-615.

[129] 裴成荣. 文化大繁荣背景下遗址保护与都市圈和谐共生机制研究[M]. 北京: 中国社会科学出版社, 2017.

[130] 戴维·皮尔斯,杰瑞米·沃福德. 世界无末日——经济学·环境与可持续发展[M]. 北京: 中国财政经济出版社, 1996.

[131] 潘竟虎,苏有才,黄永生,等. 近30年玉门市土地利用与景观格局变

化及其驱动力[J]. 地理研究, 2012, 31 (9): 1631-1638.

[132] 祁元, 王一谋, 王建华. 农牧交错带西段景观结构和空间异质性分析[J]. 生态学报, 2002, 22 (11): 2006-2014.

[133] 钱大文, 颜长珍, 修丽娜. 青藏高原木里矿区及其周边土地覆被变化及景观格局脆弱性响应[J]. 冰川冻土, 2020, 42 (4): 1334-1343.

[134] 乔丹, 柯水发, 李乐晨. 国外乡村景观管理政策、模式及借鉴[J]. 林业经济, 2019, 41 (7): 116-123.

[135] 乔青, 高吉喜, 王维, 等. 生态脆弱性综合评价方法与应用[J]. 环境科学研究, 2008 (5): 117-123.

[136] 邱彭华, 徐颂军, 谢跟踪, 等. 基于景观格局和生态敏感性的海南西部地区生态脆弱性分析[J]. 生态学报, 2007, 27 (4): 1257-1264.

[137] 任志远, 张晗. 银川盆地土地利用变化对景观格局脆弱性的影响[J]. 应用生态学报, 2016, 27 (1): 243-249.

[138] 石云, 何文秀, 耿莎, 等. 银川城郊农业景观格局变化分析[J]. 湖北农业科学, 2015, 54 (22): 5588-5593.

[139] 史莎娜, 李晓青, 谢炳庚, 等. 喀斯特和非喀斯特区农业景观格局变化及生态系统服务价值变化对比——以广西全州县为例[J]. 热带地理, 2018, 38 (4): 487-497.

[140] 王艳芳, 沈永明. 盐城国家级自然保护区景观格局变化及其驱动力[J]. 生态学报, 2012, 32 (15): 4844-4851.

[141] 宋博, 丁圣彦, 赵爽, 等. 农业景观异质性对生物多样性及其生态系统服务的影响[J]. 中国生态农业学报, 2016, 24 (4): 443-450.

[142] 宋德荣, 杨思维. 中国西南岩溶地区生态环境问题及其控制措施[J]. 中国人口·资源与环境, 2012, 22 (S1): 49-53.

[143] 孙才志, 闫晓露. 基于 GIS-Logistic 耦合模型的下辽河平原景观格局变化驱动机制分析[J]. 生态学报, 2014, 34 (24): 7280-7292.

[144] 孙才志, 闫晓露, 钟敬秋. 下辽河平原景观格局脆弱性及空间关联格局

[J]. 生态学报，2014，34（2）：247-257.

[145] 孙鸿超，张正祥. 吉林省松花江流域景观格局脆弱性变化及其驱动力[J]. 干旱区研究，2019，36（4）：1005-1014.

[146] 孙彦斐，唐晓岚，刘思源. 乡村文化景观保护的现实境遇及路径——基于"人地关系"的环境教育路径[J]. 南京农业大学学报（社会科学版），2020，20（1）：117-126.

[147] 孙玉芳，李想，张宏斌，等. 农业景观生物多样性功能和保护对策[J]. 中国生态农业学报，2017，25（7）：993-1001.

[148] 孙丕苓，许月卿，王数. 环京津贫困带土地利用变化的地形梯度效应分析[J]. 农业工程学报，2014，30（14）：277-288.

[149] 孙宇晴，杨鑫，郝利娜. 基于SRP模型的川藏线2010—2020年生态脆弱性时空分异与驱动机制研究[J]. 水土保持通报，2021，41（6）：201-208.

[150] 沙宏杰，张东，施顺杰，等. 基于耦合模型和遥感技术的江苏中部海岸带生态系统健康评价[J]. 生态学报，2018，38（19）：7102-7112.

[151] 唐菲，施六林，韩少华，等. 现代农业观光园规划初探——以岗集现代苗木产业示范园为例[J]. 中国农学通报，2012，28（6）：303-311.

[152] 陶希东，赵鸿婕. 河西走廊生态脆弱性评价及其恢复与重建[J]. 干旱区研究，2002，19（4）：7-12.

[153] 田鹏，李加林，姜忆湄，等. 海湾景观生态脆弱性及其对人类活动的响应——以东海区为例[J]. 生态学报，2019，39（4）：1463-1474.

[154] 田亚平，常昊. 中国生态脆弱性研究进展的文献计量分析[J]. 地理学报，2012，67（11）：1515-1525.

[155] 谭少军，邵景安，邓华，等. 三峡库区土地利用驱动力评价及机制分析[J]. 中国农业资源与区划，2017，38（11）：122-129.

[156] 汪邦稳，方少文，张光辉，等. 基于水土流失的赣州市生态安全评价[J]. 水土保持通报，2011，31（4）：204-209，247.

[157] 王成新. 新时代典型区域人地关系理论与实践的新思考——兼评《黄河三角洲生态脆弱型人地系统研究》[J]. 地理研究, 2020, 39 (8): 1947-1948.

[158] 王德刚. 旅游化生存与产业化发展——农业文化遗产保护与利用模式研究[J]. 山东大学学报 (哲学社会科学版), 2013, (2): 56-64.

[159] 王继夏, 孙虎, 李俊霖等. 秦岭中山区山地景观格局变化及驱动力分析——以宁陕县长安河流域为例[J]. 山地学报, 2008, 26 (5): 546-552.

[160] 王法辉. 基于 GIS 的数量方法与应用[M]. 北京: 商务印书馆, 2009.

[161] 王红崧, 王云月, 杨燕楠, 等. 元阳哈尼梯田农民种子系统和农业文化景观格局[J]. 生态环境学报, 2019, 28 (1): 16-28.

[162] 王剑, 田阡. "重庆石柱黄连生产系统"的中国重要农业文化遗产特性研究[J]. 遗产与保护研究, 2019, 4 (1): 44-52.

[163] 王崑, 李胜男, 张九玲. 黑龙江省休闲农业景观可持续性评价研究——以哈尔滨市为例[J]. 农业经济与管理, 2017 (4): 37-46.

[164] 王敏, 孟浩, 白杨, 等. 上海市土地利用空间格局与地表温度关系研究[J]. 生态环境学报, 2013, 22 (2): 343-350.

[165] 王平, 丁智强, 华红莲, 等. 云南省老山自然保护区地貌特征及其对土地利用类型分布的影响[J]. 水土保持通报, 2021, 41 (5): 287-295.

[166] 王锐, 王仰麟, 李卫锋. 半干旱地区农业景观演变研究——以河北坝上康保县为例[J]. 中国农业资源与区划, 2002, 23 (3): 38-42.

[167] 王树进, 陈宇峰. 我国休闲农业发展的空间相关性及影响因素研究[J]. 农业经济问题, 2013, 34 (9): 38-45.

[168] 王帅, 丁圣彦, 梁国付. 黄河中下游典型地区农业景观格局的热环境效应——以中牟县为例[J]. 河南大学学报 (自然科学版), 2012, 42 (2): 174-180.

[169] 王小明. 基于信息技术的枫桥香榧生境特征分析与适宜性评价[D]. 杭州: 浙江大学, 2010.

参考文献

[170] 王学雷, 吴宜进. 江汉平原四湖地区湿地农业景观格局分析[J]. 华中农业大学学报, 2001, 20（2）：188-191.

[171] 王亚娟, 米文宝, 李建华, 等. 宁夏中部干旱带农业景观格局变化研究[J]. 水土保持研究, 2013, 20（4）：203-206, 319.

[172] 王仰麟, 韩荡. 农业景观的生态规划与设计[J]. 应用生态学报, 2000, 11（2）：265-269.

[173] 王仰麟, 赵一斌, 祁黄雄. 半干旱半湿润地区农业景观格局研究——以冀西北涿鹿地区为例[J]. 中国农业资源与区划, 2000, 21（1）：45-48.

[174] 王云, 周忠学. 城市化对都市农业景观的影响——以西安市长安区为例[J]. 中国生态农业学报, 2014, 22（5）：610-617.

[175] 王云, 周忠学, 郭钟哲. 都市农业景观破碎化过程对生态系统服务价值的影响——以西安市为例[J]. 地理研究, 2014, 33（6）：1097-1105.

[176] 王云才. 论中国乡村景观评价的理论基础与评价体系[J]. 华中师范大学学报（自然科学版）, 2002, 36（3）：389-393.

[177] 王云才. 现代乡村景观旅游规划设计[M]. 青岛：青岛出版社, 2003.

[178] 王云才, Miller P, Katen B. 文化景观空间传统性评价及其整体保护格局——以江苏昆山千灯—张浦片区为例[J]. 地理学报, 2011, 66（4）：525-534.

[179] 王云才, 韩丽莹. 基于景观孤岛化分析的传统地域文化景观保护模式——以江苏苏州市甪直镇为例[J]. 地理研究, 2014, 33（1）：143-156.

[180] 王云才, 史欣. 传统地域文化景观空间特征及形成机理[J]. 同济大学学报（社会科学版）, 2010, 21（1）：31-38.

[181] 王紫雯, 叶青. 景观概念的拓展与跨学科景观研究的发展趋势[J]. 自然辩证法通讯, 2007, 29（3）：90-95, 112.

[182] 王思楠, 李瑞平, 韩刚, 等. 基于遥感数据对毛乌素沙地腹部旱情等级的景观变化特征分析[J]. 干旱区地理, 2018, 41（5）：1080-1087.

[183] 韦仕川, 熊昌盛, 栾乔林, 等. 基于耕地质量指数局部空间自相关的耕

地保护分区[J]. 农业工程学报，2014，30（18）：249-256.

[184] 温晓金，杨新军，王子侨. 多适应目标下的山地城市社会—生态系统脆弱性评价[J]. 地理研究，2016，35（2）：299-312.

[185] 文克·E. 德拉姆施塔德，温迪·J. 杰里施塔德，徐凌云，等. 景观生态学作为可持续景观规划的框架[J]. 中国园林，2016，32（4）：16-27.

[186] 闻大中. 农业生态系统与农业景观刍议[J]. 农村生态环境，1990（3）：52-55.

[187] 邬建国. 景观生态学：格局、过程尺度与等级[M]. 2版. 北京：高等教育出版社，2007.

[188] 吴必虎，黄琢玮，马小萌. 中国城市周边乡村旅游地空间结构[J]. 地理科学进展，2004，24（6）：757-763.

[189] 吴传钧. 人地关系与经济布局[M]. 北京：学苑出版社，2008.

[190] 吴传钧. 论地理学的研究核心——人地关系地域系统[J]. 经济地理，1991（3）：1-6.

[191] 吴建军，柯金虎，陈文光，等. 浙北平原乡镇农业生态系统结构与功能现状及其相关性研究[J]. 应用生态学报，2002，13（6）：705-708.

[192] 吴健生，王政，张理卿，等. 景观格局变化驱动力研究进展[J]. 地理科学进展，2012，31（12）：1739-1746.

[193] 吴菊，郑林，陈建军，等. 鄱阳湖区土地利用与景观格局变化研究[J]. 水土保持研究，2008，23（2）：103-106.

[194] 吴琳娜，杨胜天，刘晓燕，等. 1976年以来北洛河流域土地利用变化对人类活动程度的响应[J]. 地理学报，2014，69（1）：54-63.

[195] 武红. 中国省域碳减排：时空格局、演变机理及政策建议——基于空间计量经济学的理论与方法[J]. 管理世界，2015（11）：3-10.

[196] 夏热帕提·阿不来提，刘高焕，刘庆生，等. 基于遥感与GIS技术的黄河宁蒙河段洪泛湿地生态环境脆弱性定量评价[J]. 遥感技术与应用，2019，34（4）：874-885.

[197] 夏雪琦,刘欣芷诺,蔡艺祥,等.农业景观资源游憩价值评估问题探讨[J].绿色科技,2021,23(13):211-214,219.

[198] 肖笃宁.生态脆弱区的生态重建与景观规划[J].中国沙漠,2003,23(1):8-13.

[199] 谢花林.基于景观结构的土地利用生态风险空间特征分析——以江西兴国县为例[J].中国环境科学,2011,31(4):688-695.

[200] 谢花林,刘黎明,李蕾.乡村景观规划设计的相关问题探讨[J].中国园林,2003(3):39-41.

[201] 谢花林,刘黎明,徐为.乡村景观美感评价研究[J].经济地理,2003,23(3):423-426,432.

[202] 熊康宁,池永宽.中国南方喀斯特生态系统面临的问题及对策[J].生态经济,2015,31(1):23-30.

[203] 徐君,李贵芳,王育红.生态脆弱性国内外研究综述与展望[J].华东经济管理,2016,30(4):149-162.

[204] 徐晓龙,王新军,朱新萍,等.1996—2015年巴音布鲁克天鹅湖高寒湿地景观格局演变分析[J].自然资源学报,2018,33(11):1897-1911.

[205] 徐延达,傅伯杰,吕一河.基于模型的景观格局与生态过程研究[J].生态学报,2010,30(1):212-220.

[206] 徐中民,钟方雷,焦文献.水—生态—经济系统中人文因素作用研究进展[J].地球科学进展,2008,23(7):723-731.

[207] 徐燕,孙小银,张大智.1980—2015年南四湖流域景观格局及其脆弱性[J].应用生态学报,2018,29(2):635-642.

[208] 许丽,胡春元,赵海燕,等.半干旱丘陵区农业景观空间格局研究——以内蒙古和林格尔县胜利营乡为例[J].水土保持研究,2002,9(3):201-203.

[209] 许丽,姚云峰,高喜萍,等.半干旱区农业景观空间格局变化研究——以和林格尔县舍必崖乡为例[J].干旱区资源与环境,2001,15(4):

57-62.

[210] 许华,梁国付,丁圣彦. 河南省黄泛区农业景观格局动态及驱动因素[J]. 生态与农村环境学报, 2008, 24 (2): 7-11.

[211] 阎叙酉,刘卫平,魏朝富. 丘陵山地土地整治区与非整治区景观梯度格局对比分析[J]. 中国人口·资源与环境, 2016, 26 (S2): 345-350.

[212] 杨朝飞. 环境保护与环境文化[M]. 北京: 中国政法大学出版社, 1994.

[213] 杨飞,马超,方华军. 脆弱性研究进展: 从理论研究到综合实践[J]. 生态学报, 2019, 39 (2): 441-453.

[214] 杨俊,关莹莹,李雪铭,等. 城市边缘区生态脆弱性时空演变——以大连市甘井子区为例[J]. 生态学报, 2018, 38 (3): 778-787.

[215] 杨美霞. 景观农业旅游资源的碳汇价值及开发路径研究——以泰州兴化千岛菜花景观区为例[J]. 资源开发与市场, 2013, 29 (9): 1002-1004, 1948.

[216] 杨庆媛. 西南丘陵山地区土地整理与区域生态安全研究[J]. 地理研究, 2003, 22 (6): 698-708.

[217] 杨忍,潘瑜鑫. 中国县域乡村脆弱性空间特征与形成机制及对策[J]. 地理学报, 2021, 76 (6): 1438-1454.

[218] 杨小军,袁政,张佳佳,等. 基于非遗传承活态保护的乡村景观环境概念设计——以长兴县顾渚村为例[J]. 设计, 2015 (19): 16-18.

[219] 杨绣娟,王爱萍,董琦,等. 基于AHP法的休闲农业景观评价指标体系研究[J]. 中国农学通报, 2018, 34 (22): 77-81.

[220] 杨宇,李小云,董雯,等. 中国人地关系综合评价的理论模型与实证[J]. 地理学报, 2019, 74 (6): 1063-1078.

[221] 姚成胜,邱雨菲,黄琳,等. 中国城市化与粮食安全耦合关系辨析及其实证分析[J]. 中国软科学, 2016 (8): 75-88.

[222] 尹一帆. 云南山地农业景观种植模式研究[J]. 江西农业学报, 2014, 26 (4): 33-35, 38.

参考文献

[223] 于婷婷，袁青，冷红. 县域乡村景观脆弱性评价研究——以哈尔滨县域为例[J]. 中国园林，2019，35（11）：87-91.

[224] 余慧容，杜鹏飞. 农业景观保护路径历史回顾及启示[J]. 地理研究，2021，40（1）：152-171.

[225] 余慧容，刘黎明. 城镇化进程中乡村景观保护机制的构建——基于政府行为视角[J]. 城市规划，2018，42（12）：25-32.

[226] 俞孔坚. 景观的含义[J]. 时代建筑，2002（1）：14-17.

[227] 宇振荣，谷卫彬，胡敦孝. 江汉平原农业景观格局及生物多样性研究——以两个村为例[J]. 资源科学，2000，22（2）：19-23.

[228] 宇振荣，张茜，肖禾，等. 我国农业农村生态景观管护对策探讨[J]. 中国生态农业学报，2012，20（7）：813-818.

[229] 喻红，曾辉，江子瀛. 快速城市化地区景观组分在地形梯度上的分布特征研究[J]. 地理科学，2001，21（1）：64-69.

[230] 袁海红，牛方曲，高晓路. 城市经济脆弱性模拟评估系统的构建及其应用[J]. 地理学报，2015，70（2）：271-282.

[231] 袁敬，林箐. 乡村景观特征的保护与更新[J]. 风景园林，2018，25（5）：12-20.

[232] 叶宗裕. 关于多指标综合评价中指标正向化和无量纲化方法的选择[J]. 浙江统计，2003（4）：25-26.

[233] 袁力. 景观农业视域下的特色产业园区多元效益论[J]. 农业经济，2019（9）：25-27.

[234] 曾红霞，赵成章，王毓芳，等. 盐池湾高寒湿地景观格局演变及其影响因素[J]. 干旱区研究，2021，38（6）：1771-1781.

[235] 张凤太，邵技新，苏维词. 贵州喀斯特山区乡村景观生态优化模式研究[J]. 热带地理，2009，29（5）：418-422.

[236] 张金屯，邱扬，郑凤英. 景观格局的数量研究方法[J]. 山地学报，2000，18（4）：346-352.

[237] 张梅, 罗小青. 乡村振兴战略下的闽南区域休闲农业景观布局优化[J]. 闽台文化研究, 2019, 60 (4): 109-115.

[238] 张敏, 宫兆宁, 赵文吉, 等. 近30年来白洋淀湿地景观格局变化及其驱动机制[J]. 生态学报, 2016, 36 (15): 4780-4791.

[239] 张秋菊, 傅伯杰, 陈利顶. 关于景观格局演变研究的几个问题[J]. 地理科学, 2003, 23 (3): 264-270.

[240] 张全景, 欧名豪, 王万茂, 等. 从土地环境解读我国的土地问题[J]. 地理与地理信息科学, 2004, 20 (5): 45-49.

[241] 张瑞, 严军, 吴小娟. 基于多宜性分析的庐江农业观光园土地利用布局研究[J]. 安徽师范大学学报(自然科学版), 2018, 41 (2): 177-181.

[242] 张艳芳, 任志远. 陕西秦巴山地农业景观空间格局与动态研究——以柞水县下梁镇为例[J]. 陕西师范大学学报(自然科学版), 2000, 28 (4): 115-119.

[243] 张益宾, 郝晋珉, 黄安, 等. 感知要素与遥感数据结合的乡村景观分类研究[J]. 农业工程学报, 2019, 35 (16): 297-308.

[244] 张永生, 欧阳芳, 袁哲明. 华北农田生态系统景观格局的演变特征[J]. 生态科学, 2018, 37 (4): 114-122.

[245] 张月, 张飞, 王娟, 等. 干旱区艾比湖流域典型区域景观格局脆弱性时空格局变化研究[J]. 灾害学, 2016, 31 (3): 222-229.

[246] 张佰林, 高波江, 高阳, 等. 中国山区农村土地利用转型解析[J]. 地理学报, 2018, 73 (3): 503-517.

[247] 张智奎. 三峡库区生态农业园与共建模式[J]. 改革, 2012 (6): 72-76.

[248] 张涛, 张颖, 杨力鹏, 等. 内蒙古自治区呼和浩特市1990—2010年景观格局变化及其驱动力[J]. 水土保持通报, 2018, 38 (2): 2, 217-223.

[249] 张文杰, 袁红平. 灰色关联理论在城市污水处理影响因素分析中的应用[J]. 华侨大学学报(自然科学版), 2018, 39 (5): 726-731.

[250] 赵华甫, 张凤荣. 北京市农业景观格局变化及功能区划[J]. 农业工程学

报，2008，24（S1）：78-84.

[251] 赵文武，房学宁. 景观可持续性与景观可持续性科学[J]. 生态学报，2014，34（10）：2453-2459.

[252] 赵羿，郭旭东. 景观农业研究的兴起及其实际意义[J]. 生态学杂志，2000，19（4）：67-71.

[253] 赵志刚，王凯荣，向开成，等. 冀东平原农业景观格局与生态服务价值研究——以滦县为例[J]. 水土保持研究，2012，19（3）：221-226，230.

[254] 郑淋峰，李占斌，李鹏，等. 丹江土石山区景观格局模拟与社会经济响应关系[J]. 水土保持研究，2019，26（1）：338-343.

[255] 郑文俊. 旅游视角下乡村景观价值认知与功能重构——基于国内外研究文献的梳理[J]. 地域研究与开发，2013，32（1）：102-106.

[256] 钟晓娟，孙保平，赵岩，等. 基于主成分分析的云南省生态脆弱性评价[J]. 生态环境学报，2011，20（1）：109-113.

[257] 钟学斌，喻光明，张敏，等. 丘陵山区土地利用的景观空间格局与农业景观生态设计[J]. 山地学报，2008，26（4）：473-480.

[258] 周连斌. 彩色农业与乡村景观的互动研究[J]. 经济地理，2010，30（7）：1174-1180.

[259] 周松秀，田亚平，刘兰芳. 南方丘陵区农业生态环境脆弱性的驱动力分析——以衡阳盆地为例[J]. 地理科学进展，2011，30（7）：938-944.

[260] 周忠学. 城市化背景下农业景观变化对生态服务影响——以西安都市圈为例[J]. 干旱区地理，2015，38（5）：1004-1013.

[261] 朱国宏. 人地关系论[J]. 人口与经济，1995（1）：18-24，35.

[262] 朱琪，周旺明，贾翔，等. 长白山国家自然保护区及其周边地区生态脆弱性评估[J]. 应用生态学报，2019，30（5）：1633-1641.

[263] 邹君，刘媛，谭芳慧，等. 传统村落景观脆弱性及其定量评价——以湖南省新田县为例[J]. 地理科学，2018，38（8）：1292-1300.

[264] Aminzadeh B, Khansefid M. A case study of urban ecological networks and

a sustainable city: Tehran's metropolitan area[J]. Urban Ecosystems, 2010, 13 (1): 23-36.

[265] Andersen E. The farming system component of European agricultural landscapes[J]. European Journal of Agronomy, 2017, 82 (S1): 282-291.

[266] Bao C, Fang C L. Water Resources Flows Related to Urbanization in China: Challenges and Perspectives for Water Management and Urban Development[J]. Water Resources Management, 2012, 26 (2): 531-552.

[267] Bevacqua A, Yu D L, Zhang Y J. Coastal vulnerability: Evolving concepts in understanding vulnerable people and places[J]. Environmental Science & Policy, 2018, 82: 19-29.

[268] Birch E L. Climate Change 2014: Impacts, Adaptation, and Vulnerability[J]. Journal of the American Planning Association, 2014, 80 (2): 184-185.

[269] Bowen M E, Mcalpine C A, House A P N, et al. Agricultural landscape modification increases the abundance of an important food resource: Mistletoes, birds and brigalow[J]. Biological Conservation, 2009, 142 (1): 122-133.

[270] Bradley M P, Smith E. Using science to assess environmental vulnerabilities [J]. Enviramental Monitoring and Assessment, 2004, 94 (1-3): 1-7.

[271] Burgi M, Hersperger A M, Schneeberger N. Driving forces of landscape change-current and new directions[J]. Landscape Ecology, 2004, 19 (8): 857-868.

[272] Burton L, Kates R W, White G F. The Environment as Hazard[M]. Oxford: Oxford University Press, 1993.

[273] Charles Elton. Animal Ecology[M]. Lodon: Sidgwick Jackson, 1927.

[274] Chambers R. Vulnerability, coping and policy (Editorial Introduction) (Reprinted from IDS Bulletin, vol 20, 1989)[J]. Ids Bulletin-Institute of Development Studies, 2006, 37 (4): 33-40.

参考文献

[275] Cumming GS, Barnes G, Perz SG, et al. An exploratory framework for the empirical measurement of resilience[J]. Ecosystems, 2005, 8 (8): 975−987.

[276] Corry R C. How measures of agricultural landscape patterns are affected by crop rotation dynamics[J]. Landscape Ecology, 2019, 34 (9): 2159−2167.

[277] Cook E A, Lier H. Landscape planning and ecological networks[M]. Amsterdam: Elseier Science, 1994.

[278] Castella JC, Lestrelin G, Hett C et al. Effects of Landscape Segregation on Livelihood Vulnerability: Moving From Extensive Shifting Cultivation to Rotational Agriculture and Natural Forests in Northern Laos[J]. Human Ecology, 2013, 41 (1): 63−76.

[279] De Groot R. Function-analysis and valuation as a tool to assess land use conflicts in planning for sustainable, multi-functional landscapes[J]. Landscape and Urban Planning, 2006, 75 (3−4): 175−186.

[280] Erickson D L, Ryan R L, De Young R. Woodlots in the rural landscape: landowner motivations and management attitudes in a Michigan (USA)case study[J]. Landscape and Urban Planning, 2002, 28 (2−4): 101−112.

[281] Erwin K L. Wetlands and global climate change: The role of wetland restoration in a changing world[J]. Wetlands Ecology and Management, 2009, 17 (1): 71−84.

[282] Engle N L. Adaptive capacity and its assessment[J]. Global Environmental Change-Human and Policy Dimensions, 2011, 21 (2): 647−656.

[283] Forman R T T. Some general-principles of landscape and regional ecology[J]. Landscape Ecology, 1995, 10 (3): 133−142.

[284] García-Munõz E, Gilbert J D, Guerrero F, et al. Wetlands classification for amphibian conservation in Mediterranean landscapes[J]. Biodiversity and Conservation, 2010, 19 (3): 901−911.

[285] Hu T G, Liu J H, Zheng G, et al. Evaluation of historical and future wetland

degradation using remote sensing imagery and land use modeling[J]. Land Degradation and Development, 2020, 31 (1): 65−80

[286] Han Y, Wang J L, Li P. Influences of landscape pattern evolution on regional crop water requirements in regions of large-scale agricultural operations[J]. Journal of Cleaner Production, 2021, 327: 1−17.

[287] Hanjra M A, Qureshi M E. Global water crisis and future food security in an era of climate change[J]. Food Policy, 2010, 35 (5): 365−377.

[288] Hietala-Koivu R. Agricultural landscape change: a case study in Yläne, southwest Finland[J]. Landscape and Urban Planning, 1999, 46 (1−3): 103−108.

[289] Hossell J E. Landscape sensitivity[J]. Global Environmental Change, 1993, 3 (4): 389−389.

[290] Hersperger A M, Burgi M. Going beyond landscape change description: Quantifying the importance of driving forces of landscape change in a Central Europe case study[J]. Land Use Policy, 2009, 26 (3): 640−648.

[291] Jay S, Jones C, Slinn P, et al. Environmental impact assessment: Retrospect and prospect[J]. Environmental Impact Assessment Review, 2007, 27 (4): 287−300.

[292] Joseph G. The Niche-Relationships of the California Thrasher[J]. The Auk, 1917, (4): 427−433.

[293] Kristensen S B P, Reenberg A, Pena J J D. Exploring local rural landscape changes in Denmark: A human-environmental timeline perspective[J]. Geografisk Tidsskrift-Danish Journal of Geography, 2009, 109 (1): 47−67.

[294] Khan S, Hanjra M A, Mu J. Water management and crop production for food security in China: A review[J]. Agricultural Water Management, 2009, 96 (3): 349−360.

[295] Kumaraswamy, S, Kunte K. Integrating biodiversity and conservation with

modern agricultural landscapes[J]. Biodiversity And Conservation, 2013, 22 (12): 2735-2750.

[296] Lambin E F, Geist H J, Lepers E. Dynamics of land-use and land-cover change in tropical regions[J]. Annual Review of Environment and Resources, 2003, 28: 205-241.

[297] Liu X P, Li X, Chen Y M, et al. A new landscape index for quantifying urban expansion using multi-temporal remotely sensed data[J]. Landscape Ecology, 2010, 25 (5): 671-682.

[298] Li E J, Endter-Wada J, Li S L. Dynamics of Utah's agricultural landscapes in response to urbanization: A comparison between irrigated and non-irrigated agricultural lands[J]. Applied Geography, 2019, 105: 58-72.

[299] Lee Y C, Ahern J, Yeh C T et al. Ecosystem services in pen-urban landscapes: The effects of agricultural landscape change on ecosystem services in Taiwan's western coastal plain[J]. Landscape and Urban Planning, 2015, 139: 137-148.

[300] Lee Y J. Social vulnerability indicators as a sustainable planning tool[J]. Environmental Impact Assessment Review, 2014, 44 (1): 31-42.

[301] Maria Berrouet L, Machado J, Villegas-Palacio C. Vulnerability of socio-ecological systems: A conceptual Framework[J]. Ecological Indicators, 2018, 84: 632-647.

[302] Metzger M J, Rounsevell M D A, Acosta-Michlik L, et al. The vulnerability of ecosystem services to land use change[J]. Agriculture Ecosystems & Environment, 2006, 114 (1): 69-85.

[303] Miles J, Cummins R P, French D D, et al. Landscape sensitivity: An ecological view[J]. Catena, 2001, 42 (2-4): 125-141.

[304] Mitchell J K, Devine N, Jagger K. A contextual model of natural hazard[J]. Geographical Review, 1989, 79 (4): 391-409.

[305] Mücher C A, Klijn J A, Wascher D M, et al. A new European Landscape Classification (Lanmap): A transparent, flexible and user-oriented methodology to distinguish landscapes[J]. Ecological Indicators, 2010, 10 (1): 87-103.

[306] Masny M, Zauskova L. Multi-temporal analysis of an agricultural landscape transformation and abandonment (Lubietova, Central Slovakia)[J]. Open Geosciences, 2015, 7 (1): 888-896.

[307] Naveh Z. Ten major premises for a holistic conception of multifunctional landscapes[J]. Landscape and Urban Planning, 2001, 57 (3-4): 269-284.

[308] O'Neill R V, Riitters K H, Wickham J D, et al. Landscape pattern metrics and regional assessment[J]. Ecosystem Health, 1999, 5 (4): 225-233.

[309] Pan D Y, Domon G, De Blois S, et al. Temporal (1958-1993)and spatial patterns of land use changes in Haut-Saint-Laurent (Quebec, Canada)and their relation to landscape physical attributes[J]. Landscape Ecology, 1999, 14 (1): 35-52.

[310] Petit S, Usher M B. Biodiversity in agricultural landscapes: the ground beetle communities of woody uncultivated habitats[J]. Biodiversity and Conservation, 1998, 7 (12): 1549-1561.

[311] Polsky C, Neff R, Yarnal B. Building comparable global change vulnerability assessments: The Vulnerability Scoping Diagram[J]. Global Environmental Change-Human and Policy Dimensions, 2007, 17 (3-4): 472-485.

[312] Poudevigne I, Vanrooij S, Morin P, et al. Dynamics of rural landscapes and their main driving factors: A case study in the Seine Valley, Normandy, France[J]. Landscape and Urban Planning, 1997, 38 (1-2): 93-103.

[313] Rao K S, Pant R. Land use dynamics and landscape change pattern in a typical micro watershed in the mid elevation zone of central Himalaya,

India[J]. Agriculture Ecosystems and Environment, 2001, 86 (2): 113-123.

[314] Ryszkowski L, Bartoszewicz A, Kedziora A. Management of matter fluxes by biogeochemical barriers at the agricultural landscape level[J]. Landscape Ecology, 1999, 14 (5): 479-492.

[315] Ruiz J, Domon G. Analysis of landscape pattern change trajectories within areas of intensive agricultural use: case study in a watershed of southern Qu, bec, Canada[J]. Landsacpe Ecology, 2009, 24 (3): 419-432.

[316] Sahoo S, Dhar A, Kar A. Environmental vulnerability assessment using Grey Analytic Hierarchy Process based model[J]. Environmental Impact Assessment Review, 2016, 56: 145-154.

[317] Su S L, Ma X Y, Xiao R. Agricultural landscape pattern changes in response to urbanization at ecoregional scale[J]. Ecological Indicators, 2014, 40: 10-18.

[318] Schirpke U, Altzinger A, Leitinger G, et al. Change from agricultural to touristic use: Effect on the aesthetic value of landscapes over the last 150 years[J]. Landscape and Urban Planning, 2019 (187): 23-35.

[319] Sousa J S B, Longo M G, Santos B A. Landscape patterns of primary production reveal agricultural benefits from forest conservation[J]. Perspectives in Ecology and Conservation, 2019, 17 (3): 136-145.

[320] Statuto D, Cillis G, Picuno P. GIS-based Analysis of Temporal Evolution of Rural Landscape: A Case Study in Southern Italy[J]. Natural Resources Research, 2019, 28: 61-75.

[321] Sung D G, Lim S H, Cho G S, et al. Scenic evaluation of landscape for urban design purposes using GIS and ANN[J]. Landscape and Urban Planning, 2001, 56 (1-2): 75-85.

[322] Samuel D, Derero A, Kebebew Z, et al. Tree species diversity and spatial distribution patterns on agricultural landscapes in sub-humid Oromia,

Ethiopia[J]. Agroforestry Systems, 2019, 93 (3): 1015-1029.

[323] Su Shiliang, Jiang Zhenlan, Zhang Qi, et al. Transformation of agricultural landscapes under rapid urbanization: A threat to sustainability in Hang-Jia-Hu region, China[J]. Applied geography, 2011, 31 (2): 439-449.

[324] Tscharntke T, Clough Y, Wanger T C, et al. Global food security, biodiversity conservation and the future of agricultural intensification[J]. Biological Conservation, 2012, 151 (1): 53-59.

[325] Turner, M G. Spatial and Temporal Analysis of Landscape Patterns[J]. Landscape Ecology, 1990, 4 (1): 21-30.

[326] Turner M G, Romme W H, Gardner R H, et al. A revised concept of landscape equilibrium-disturbance and stability on scaled landscapes[J]. Landscape Ecology, 1993, 8 (3): 213-227.

[327] Turner T. Landscape planning[M]. New York: Nichols Publishing, 1987.

[328] Forman T T. Land Mosaics: The Ecology of Landscapes and Regions[M]. New York: Cambridge Univesrity Press, 1995.

[329] Timmerman P, Fearnside P M, Edgerton L T, et al. Vulnerability, residence and the callapse of society[C]. Proceedings of the Institute for Environmental Studies Toronto, 1981.

[330] Valbuena D, Verburg P, Veldkamp A, et al. Effects of farmers' decisions on the landscape structure of a Dutch rural region: An agent-based approach [J]. Landscape and Urban Planning, 2010, 97 (2): 98-110.

[331] Varis O, Vakkilainen P. China's 8 challenges to water resources management in the first quarter of the 21st Century[J]. Geomorphology, 2001, 41 (2-3): 93-104.

[332] Vezina K, Bonn F, Van, C P. Agricultural land-use patterns and soil erosion vulnerability of watershed units in Vietnam's northern highlands[J]. Landscape Ecology, 2006, 21 (8): 1311-1325.

参考文献

[333] Willemen L, Verburg P H, Hein L, et al. Spatial characterization of landscape functions[J]. Landscape and Urban Planning, 2008, 88 (1): 34-43.

[334] Willemen L. Space for people, plants, and livestock？Quantifying interactions among multiple landscape functions in a Dutch rural region[J]. Ecological Indicators, 2010, 10 (1): 62-73.

[335] Wadduwage S. Peri-urban agricultural land vulnerability due to urban sprawl-a muiti-criteria spatially-explicit scenario analysis[J]. Journal of Land Use Science, 2018, 13 (3): 358-374.

[336] Yan F Q, Zhang S W, Kuang W H, et al. Comparison of Cultivated Landscape Changes under Different Management Modes: A Case Study in Sanjiang Plain[J]. Sustainability, 2016, 8 (10): 1-16.

[337] Zongjun Liu, Fangjun Liao, Yajian Zhang, et al. Analysis of Landscape Pattern Changes and Driving Forces in Nanling National Nature Reserve[J]. Agricultural Science & Technology, 2017, 18 (12): 2463-2467, 2502.

[338] Zev N, Lieberman A S. Landscape ecology: theory and application[M]. New York: Springer Verla, 1984.

[339] Zomeni M, Tzanopoulos J, Pantis J D. Historical analysis of landscape change using remote sensing techniques: An explanatory tool for agricultural transformation in Greek rural areas[J]. Landscape and Urban Planning, 2008, 86 (1): 38-46.

[340] Zhang J C, Gao P, Dong X D, et al. Ecological Vulnerability Assessment of Qingdao Coastal Zone Based on Landscape Pattern Analysis[J]. Journal of Ecology and Rural Environment, 2021, 37 (8): 1022-1030.